GRANDS ET PETITS SECRETS DU MONDE DE L'ART

DES MÊMES AUTEURS

Danièle Granet

Les Partis politiques et l'école (ouvrage collectif), Seuil,
   1972.
Le Journal d'une institutrice, Lattès, 1973.

Catherine Lamour

Le Pari chilien, Stock, 1971.
Les Grandes Manœuvres de l'opium, Seuil, 1973.
Enquête sur une armée secrète, Seuil, 1975.

Danièle Granet et Catherine Lamour

Comme tu veux, mon chéri, roman, Grasset, 1984 ; Le Livre
   de poche, 1985.
Médiabusiness. Le nouvel eldorado, Fayard, 2006 (Prix 2007
   des Assises internationales du journalisme).

Danièle Granet
Catherine Lamour

Grands et petits secrets du monde de l'art

Fayard

ISBN : 978-2-213-62260-3

La machine à fabriquer de l'art

Le monde de l'art est aussi complexe que l'art lui-même. Journalistes indépendantes, nous avons commencé à explorer cet univers bien avant la crise financière de l'automne 2008, qui a provoqué quelques mois plus tard l'explosion de la plus folle des bulles, celle de l'art spéculatif. Tous les éléments étaient rassemblés : l'argent défiscalisé provenant des paradis fiscaux et des bonus des traders ; la facilité de dissimulation des œuvres d'art dans des ports francs extraterritorialisés ; les plus-values considérables réalisées à très court terme. L'art restait un sanctuaire pour les milliardaires.

Nous nous sommes vite aperçues que nous pénétrions dans un univers assez nébuleux aux multiples facettes. Un monde qui pesait 50 milliards d'euros, où l'argent coulait à flots.

Les collectionneurs qui avaient spéculé sur l'art pendant dix ans ont décrété que 2009 sonnait la mort du marché de l'art. Nous ne le croyons pas. De fait, on a vu les cotes de certains artistes stars s'effondrer, des galeries fermer leurs portes, les chiffres d'affaires des maisons de ventes plonger. Mais le système s'adapte, avec un objectif : que tout change pour que rien ne change. Comme nous le racontons dans ces pages, il avait déjà considérablement évolué avec la mondialisation, qui a fait de l'art une bonne affaire planétaire.

Les grands acteurs du monde de l'art cherchent de nouveaux eldorados. L'Asie va être la nouvelle terre promise, les collectionneurs latino-américains commencent à remplacer les oligarques russes, et les mirifiques bonus continuent de croître.

Nous nous sommes lancées dans une promenade au pays des artistes sans *a priori*, avec seulement quelques questions simples : comment fonctionne la machine à fabriquer de l'art ? Comment devient-on un artiste tendance ? Qui sont les maîtres du jeu ? Pourquoi les hypermilliardaires consacrent-ils des fortunes à des œuvres dont la valeur estimée par des experts-conseillers est loin d'être garantie sur la durée ? La crise va-t-elle entraîner un retour aux « vraies » valeurs de l'art, comme l'espèrent les professionnels, qui déplorent le fait qu'il y ait « de moins en moins d'art et de plus en plus de marché » ?

Nous avons passé plus de deux ans à interroger artistes, galeristes, marchands d'art et courtiers, directeurs de foires, responsables de musées et de maisons de ventes, banquiers et financiers, les uns nous envoyant voir les autres. C'est un peu le hasard de ces rencontres qui a guidé nos pas et notre enquête.

Nous avons peu à peu réussi à entrer dans le monde fermé, très fermé des initiés. Nous avons été fascinées, parfois déconcertées par des œuvres. Nous avons constaté que certains grands collectionneurs américains ou européens choisissent eux-mêmes les tableaux, sculptures ou installations qu'ils achètent, tandis que d'autres s'appuient sur *leurs* « experts ». Certains aiment passionnément les œuvres d'art qu'ils possèdent, d'autres aiment surtout leur valeur monétaire. Mais tous jouent un rôle de leaders d'opinion : leurs choix confortent la réputation d'un artiste auprès des amateurs.

C'est un « tout petit monde ». Petit par le nombre de collectionneurs qui y évoluent, mais puissant par l'ampleur de leurs investissements. Un monde qui ne cesse de s'agrandir, puisque tous les hyper-riches de la planète se sont mis en tête d'entrer dans le « club » des deux cents plus grands collectionneurs. Un monde très singulier, où l'argent et l'ego sont omniprésents et indissociables. Un « pays des merveilles » secret, imprévisible, séduisant, qui procure un enchantement toujours renouvelé. Mais qui nous invite aussi à porter un regard critique sur nos manières de voir, et à repenser notre relation au monde et à nous-mêmes.

Cet univers fortement médiatisé attire de plus en plus d'amateurs – fortunés ou non –, qui aiment suivre les tendances. Ils cherchent à comprendre le message délivré par ces artistes dont les œuvres pèsent plusieurs millions d'euros. À l'heure où tout « vaut » quelque chose, de la carte postale aux dessins d'architecte, de la photo vintage aux meubles en plastique des années 1960, l'art est devenu lui aussi un objet de consommation.

Pourquoi le monde de l'art devrait-il rester le domaine réservé d'un petit nombre de privilégiés ? Aujourd'hui, l'art sous toutes ses formes imprègne totalement la société. Il inspire la mode, la rue, le marketing, l'ensemble des lieux de vie. On est *arty* en ce début de XXIe siècle comme on était *rock* dans les années 1960. C'est une conséquence nouvelle et inattendue de la mondialisation.

Nous vous invitons à nous suivre à la découverte de cet univers fascinant, celui de l'art « qui ne sert à rien, mais n'a pas de prix[1] ».

---

1. Pour reprendre l'expression d'Éric Mézan, créateur et directeur d'Art Process.

Délices d'initiés

Le monde de l'art a sa Mecque : Bâle. Tous les ans, au début du mois de juin, marchands d'art du monde entier, collectionneurs, experts en tout genre, journalistes spécialisés se retrouvent dans cette tranquille cité suisse pour participer à la foire la plus prestigieuse d'art moderne et contemporain. Les initiés réservent même leur chambre d'une année sur l'autre.

Pendant une semaine, de l'accrochage à la clôture, le centre de foires, situé au cœur de Bâle, est pour les pros du marché de l'art le lieu où il faut être vu. Tous savent qu'ils ont une chance de trouver ici des œuvres de grands maîtres qui ne sont pas sorties des coffres de leurs propriétaires depuis longtemps. C'est aussi l'endroit où repérer de nouveaux artistes contemporains. Bâle a réussi à opérer cette fusion particulière, celle de l'art moderne et de l'art contemporain, permettant ainsi au public de comprendre l'histoire des mouvements artistiques et leurs prolongements actuels. De visiter un musée immense où tout serait à vendre.

Si, d'ordinaire, l'inconnu qui pousse la porte d'une galerie reçoit un accueil peu chaleureux, à Bâle chaque amateur a l'impression d'entrer dans une grande famille. Pour tout marchand d'art, faire partie des galeries présentes à la foire est une consécration. On compte 1 000 demandes d'exposants pour 300 places. Les heureux élus, qui représentent en tout environ 2 000 artistes, se montrent donc attentifs et disponibles.

Mais cette première impression est trompeuse. L'amateur anonyme sera certes bien accueilli, mais qu'il ne tente pas d'acheter une des œuvres phares exposées : elles sont réservées aux grands collectionneurs. Et qu'il n'espère pas non plus côtoyer ces derniers lors des cocktails et des dîners où tout se passe : il n'y sera bien sûr pas invité.

Toute foire est d'abord un marché de gré à gré, mais une foire d'art a son mode d'emploi, ses règles secrètes, ses codes, inconnus du public. Car le marché de l'art est aussi mystérieux que l'acte de création lui-même…

Un monde de réseaux

Le monde de l'art est fait de réseaux internationaux très enchevêtrés. Chacun d'eux met en relation des individus qui partagent la même esthétique et la même stratégie. En France, le mot « réseau » est doté d'une connotation sulfureuse. Il évoque les clans, les manipulations, les combines. En l'entendant, les galeristes, directeurs de musée et commissaires d'exposition poussent des cris d'orfraie. Ailleurs, ce terme est assumé et même revendiqué. Le Suisse Lorenzo Rudolf[1], à l'allure d'un

---

1. Lorenzo Rudolf, ancien directeur de la foire de Bâle et de ShContemporary 2007, a rejoint en janvier 2009 le groupe Luxrule, principal actionnaire d'ArtParis, pour y développer la stratégie internationale. ArtParis+Guests est organisé par Lorenzo Rudolf, Caroline Clough-Lacoste et Henri Jobé-Duval.

sénateur romain, explique : « Le réseau, c'est comme une famille. Lorsque j'étais le patron de la foire de Bâle et que nous avons lancé la "Miami Basel Art Fair", la première initiative que j'ai prise a été de constituer un réseau. » Le réseau, c'est la force de frappe. Il permet de découvrir les nouvelles galeries prometteuses, de trouver les œuvres rares, de défendre le jeune artiste à promouvoir, de construire une politique de communication, et ainsi d'inciter les amateurs à acheter les œuvres.

Ce mode de fonctionnement ne date pas d'hier. Les grands marchands internationaux des années 1950 à 1980, comme l'Américain Leo Castelli[1], le Français Daniel Kahnweiler[2] ou le Suisse Ernst Beyeler[3], avaient établi de puissants systèmes de connexions afin de dénicher des œuvres majeures dans les collections, de les promouvoir et de les vendre. Certaines d'entre elles étaient déjà répertoriées, comme les quatre-vingt-dix œuvres de Giacometti appartenant au collectionneur américain G. David Thompson et qu'Ernst Beyeler acheta à la fin des années 1940 pour les revendre aux collectionneurs et aux musées suisses. Raymonde Moulin, sociologue fondatrice du Centre de sociologie du travail et des arts à l'École des hautes études en sciences sociales, raconte : « Un conservateur européen décrivant ce qu'il appelle successivement la "petite mafia" ou le

---

1. Leo Castelli (1907-1999) est un des plus grands marchands d'art du XXᵉ siècle, promoteur notamment de l'art américain. Voir Annie Cohen-Solal, *Leo Castelli et les siens*, Gallimard, 2009.

2. Daniel Kahnweiler (1884-1979), collectionneur, marchand, fut le promoteur de Braque, Picasso, Juan Gris et Derain dès 1907.

3. Ernst Beyeler est un marchand d'art suisse, cofondateur de la foire de Bâle en 1971 et président de la Fondation Beyeler.

"club" y fait figurer deux critiques d'art, italien et allemand, quatre conservateurs de musées européens, cinq
marchands dont deux Américains, deux Allemands et un
Français. Ils se sont mis au service de l'art "non ven-
dable" [ce sont des œuvres hors format] et ont trouvé
dans ce nouveau produit artistique le moyen de prendre
place sur le marché[1]. »

Bâle a depuis longtemps essaimé. Les réseaux se sont
renforcés et multipliés, certains régnant en maîtres sur
les foires d'art. Aujourd'hui, chaque grande capitale
mondiale, chaque grande métropole régionale a compris
l'intérêt économique de posséder une foire d'art contemporain. Si bien que tout au long de l'année, partout dans
le monde, trois cents foires s'enchaînent. Presque une par
jour. Même la Chine a désormais les siennes.

À Shanghai, en septembre 2007, le système du réseau
fonctionnait à plein. Deux Suisses, aidés par des Italiens,
étaient aux commandes de la première édition de ShContemporary. Ils sont connus et reconnus dans le tout petit
monde du marché de l'art. Le premier, Pierre Huber, est
un galeriste-collectionneur de Genève. Propriétaire de la
galerie Art & Public, il fut l'un des rénovateurs de la
foire de Bâle. Comme tous les marchands, il passe la
majeure partie de son temps à rechercher de nouveaux
talents, dont il collectionnera également les œuvres – car
il faut savoir que la plupart des marchands sont aussi des
collectionneurs. Le second, Lorenzo Rudolf, que nous
avons déjà rencontré, connaît tous les rouages de ce type
de manifestation après neuf années passées à diriger la
foire de Bâle.

---

1. Raymonde Moulin, *L'Artiste, l'institution et le marché*, Flammarion, « Champs », 1992.

Lors de cette première foire d'art en Chine continentale, le partage des rôles entre ces deux hommes était simple. À l'un l'artistique, à l'autre le marketing. Leur soutien financier et logistique était un Italien très puissant : Luca di Montezemolo, président de Fiat et de Ferrari. Et aussi patron de Bologna Fiere SPA, la société organisatrice de la foire de Shanghai. Ses compatriotes le surnomment « il Pluripresidente ».

L'année 2007 fut fructueuse pour le trio. L'économie était en pleine expansion, la Chine aussi. Pour les promoteurs de la foire, l'enjeu était stratégique. Afin de découvrir de nouveaux artistes, Pierre Huber avait sillonné l'Asie pendant des mois, guidé par le peintre Zhou Tiehai – premier lauréat, en 1998, du prix de l'Art chinois contemporain, fondé par l'ancien ambassadeur de la Suisse à Pékin, le collectionneur Uli Sigg. Il avait misé sur certains artistes rencontrés dans leurs ateliers ou dans des écoles d'art.

À Shanghai, le quartier des galeries, ancien quartier d'entrepôts, s'appelle Moganshan. Il est situé au nord-est de la mégapole, dont l'étendue s'accroît jour après jour. À Moganshan se trouve LA galerie à la mode, ShanghArt, propriété de Lorenz Helbling, suisse lui aussi. Ce galeriste à l'allure juvénile, toujours vêtu de noir, s'est installé là après des débuts à Hong Kong. Zhou Tiehai est l'un des peintres représentés par sa galerie. Son parcours révèle le type de connexion et de consensus qui peut s'établir entre artistes, marchands, collectionneurs et directeurs de foire. Lorenz Helbling se souvient : « Lorsque je l'ai rencontré, il dessinait sur le verso des pages de vieux journaux. » C'est sa série *Joe Camel* – des personnages à tête de chameau – qui l'a rendu célèbre. Les collectionneurs occidentaux ont pu voir ses œuvres pour la première fois en 2000, à la foire de Bâle. Elles étaient alors proposées à 15 000 euros environ. Cette année-là, Lorenz Helbling était le seul galeriste d'Asie à avoir été invité à exposer à Bâle. Zhou Tiehai fut en 2003 l'un des artistes présentés lors de l'exposition « Alors, la Chine[1] ? » au Centre Pompidou (Paris), puis au Whitney Museum of American Art (New York). Le peintre est aussi répertorié parmi les cinq cents artistes mondiaux qui comptent sur le marché de l'art (liste établie par Artprice.com).

À Miami, le réseau est exceptionnel. Ce ne sont plus les marchands, mais les collectionneurs qui tiennent le haut du pavé. La ville de loisirs, lieu d'élection des riches retraités américains et européens, est aussi celle où promoteurs et entrepreneurs ont bâti d'immenses fortunes, dans l'immobilier, les services financiers, le commerce de luxe… Certains sont devenus de très riches collectionneurs. À la tête d'un comité d'une centaine de milliardaires et de personnalités, le concessionnaire de voitures et de bateaux Norman Bramer, l'un des deux cents plus grands collectionneurs mondiaux, a été mandaté à la fin des années 1990 pour démarcher les dirigeants de la foire de Bâle et les convaincre de dédoubler cette dernière en organisant une édition en hiver à Miami, six mois après l'édition de juin en Suisse. L'objectif des collectionneurs de Floride était d'élever Miami au rang de ville culturelle internationale – une excellente manière de valoriser leur fortune en art et de donner un coup de fouet à l'économie, en ouvrant la saison touristique un mois plus tôt que d'habitude. Un contrat fut signé en

---

1. L'exposition était organisée à l'occasion de l'année de la Chine en France (2003-2004).

juin 2000 entre Miami Beach et la foire de Bâle, représentée par son directeur d'alors, Samuel Keller[1].

Le réseau est tout naturel pour le grand collectionneur
français d'art contemporain François Pinault, qui s'appuie
sur des courtiers-conseillers ou des commissaires d'exposition. De même qu'il est naturel d'être le premier
informé par tout moyen, puisque le marché de l'art est le
seul où le délit d'initié n'existe pas. Il y est même recom-
mandé... À Bâle, qu'a donc fait le courtier-conseiller en art
contemporain Philippe Ségalot pour son collectionneur
favori ? Il lui a fourni un pass de marchand afin qu'il
puisse entrer, avant tous les autres collectionneurs, dans
le grand bâtiment dédié à la foire pendant l'accrochage
des tableaux – lui permettant ainsi de repérer avant tout
le monde les pièces qu'il voulait acheter.

Un monde de séduction et de spéculation

Dans les grandes foires d'art moderne et contemporain
comme celles de Bâle ou de Miami, on ne peut manquer
le stand des Nahmad de Londres et de New York. Ils font
partie du peloton de tête des plus grands galeristes d'art
moderne du monde. À Bâle, en 2008, ils avaient créé sur
leur stand un espace d'un noir profond destiné à mettre
en valeur une exposition exceptionnelle : seize tableaux
d'une série de vingt-sept signés Miró, tous peints en
1936, tous de la même taille. Cet ensemble de peintures

---

1. Samuel Keller a pris la direction de la Fondation Beyeler au
début de 2008. Auparavant, il avait dirigé pendant sept ans la foire
de Bâle, succédant à Lorenzo Rudolf. En 2002, il a lancé Art Basel
Miami Beach.

sur bois aggloméré est appelé *The Masonite Series*. Les œuvres accrochées sur fond noir étaient éclairées par de petites rampes lumineuses. Ce n'était pas une galerie dans une foire d'art, mais un musée éphémère. Cet ensemble tel qu'il était présenté là, personne ne le reverrait jamais. Son concepteur, David Nahmad, ne possédait que quatre des seize tableaux ; les autres lui avaient été confiés par des musées ou des propriétaires privés. Quatre tableaux vendus à 3 millions de dollars pièce, c'est-à-dire 2,4 millions d'euros.

Qui a été, lors de la foire de cette année-là, le plus entreprenant, le plus important, le plus séduisant : Nahmad le Londonien ? Gagosian l'Américain ? Krugier le Suisse ? Présenter ses artistes, leurs œuvres majeures, montrer tous ses atouts, toute sa puissance, c'est le jeu pour séduire les grands collectionneurs. Les séduire afin qu'ils achètent ici, et non pas en salle des ventes. Les séduire pour qu'ils vous vendent certaines œuvres de leur collection, avant que les experts des maisons de ventes aux enchères ne les convainquent de leur confier leurs trésors. Pendant la période « bénie » de la bulle financière, quand l'argent des très riches coulait à flots, les marchands se sont trouvés dans une situation où il y avait moins d'œuvres disponibles que d'argent à placer. Plus de demande que d'offre. Ce déséquilibre a contribué à accélérer le développement de l'art contemporain, qui peut proposer des œuvres nouvelles sans limitation de quantité. Ce n'est pas le cas de l'art classique et moderne, aux valeurs sûres mais contingentées.

Le plus gros marchand du monde, l'Américain Larry Gagosian, s'occupe d'art moderne et contemporain, un domaine où la spéculation est encore plus importante

– rappelons que les prix de l'art contemporain ont augmenté de 800 % entre 2003 et 2008 ! Après New York et Los Angeles, Gagosian a commencé à conquérir l'Europe. Il a d'abord opté pour Londres, puis Athènes, puis Rome, ouvrant une galerie à la façade néo-antique près de la place d'Espagne, dans un ancien siège de banque. Le marchand américain mise toujours sur les grands noms de l'art contemporain. Pour attirer l'attention des collectionneurs lors de l'inauguration de sa galerie romaine, en décembre 2007, il n'a exposé que trois immenses toiles, les *Three Notes from Salalah* de Cy Twombly, le célèbre peintre américain qui vit en Italie depuis cinquante ans. Trois toiles qui étaient vendues – deux à des Américains, une à un Européen – avant même d'avoir été accrochées. « Plus de 5 millions d'euros », avouait du bout des lèvres la jeune directrice de la galerie, Manuela Cuccuru. Qu'attend Larry Gagosian de son installation à Rome ? Les principales galeries d'art contemporain sont depuis toujours à Milan, à Turin, là où vivent les riches collectionneurs italiens issus du monde de l'industrie ou de la finance. Le marchand américain a-t-il choisi la Ville éternelle parce qu'il pense y trouver le filon d'un des grands mouvements italiens de la fin du XXᵉ siècle, l'*arte povera*[1] ? Est-ce là une de ses nouvelles cibles ? Veut-il enrichir son carnet d'adresses international, élargir son réseau ? Rencontrer les collectionneurs qui possèdent des œuvres de peintres de la fin des années 1960 est certainement la meilleure manière d'acquérir des pièces encore

---

1. L'*arte povera* (1967-1977) désigne les nouvelles pratiques d'artistes italiens qui privilégient l'instant, le naturel, l'éphémère. Ils utilisent des matériaux bruts : bois, terre, sable, goudron, cordes, toile de jute…

peu connues. Et de prendre une longueur d'avance sur les conseillers des maisons de ventes à la recherche de « marchandises ». Pour Gagosian, Paris est le prochain objectif.

Séduire et communiquer : telle est la devise des grands du marché de l'art, qu'ils soient marchands ou collectionneurs. Et c'est désormais le monde entier qui est leur terrain de jeu. Lors d'un autre événement rituel, l'Armory Show[1], qui a lieu chaque année à New York en mars, les grands collectionneurs ouvrent leurs maisons. Susan et Michael Hort rassemblent depuis plus de vingt ans des œuvres d'artistes émergents. Dans leur immense triplex de Tribeca, ils présentent celles qu'ils ont acquises récemment. Chaque année, ils ouvrent leur résidence de 2 000 mètres carrés à des amateurs d'art qui se sont inscrits pour la visite et le brunch du dimanche. L'ensemble des pièces est accessible, les salons comme les chambres, les salles de bains comme le bureau ; tous les murs sont couverts d'œuvres contemporaines. Les Hort sont accueillants, chaleureux. Ils sont américains. La communication fait partie de leur culture. Ils acceptent bien volontiers photos et films. Leur collection attire toutes sortes d'amateurs, mais aussi des professionnels, comme le commissaire-priseur parisien Me Pierre Cornette de Saint-Cyr, grand promoteur de l'art contemporain en France. Montrer, pour les Hort, c'est aussi donner aux autres l'envie d'acheter les mêmes artistes qu'eux. Leur mise en majesté dans cette prestigieuse demeure est

---

1. La première édition de l'Armory Show (du nom du lieu où elle s'est tenue), organisée en mars 1913, rassemblait les artistes européens et américains avant-gardistes. La presse de l'époque jugea scandaleuses les œuvres exposées. Parmi elles, le *Nu descendant un escalier* de Marcel Duchamp, composé d'images en superposition.

excellente pour leur cote. Peut-être les toiles et les photos exposées seront-elles un jour proposées à la vente. Cela dépend du prix.

Un monde discret et opaque

La discrétion sied aux collectionneurs suisses. Certains d'entre eux ont créé des fondations, comme la famille Hoffmann, propriétaire d'une entreprise internationale de pharmacie et de santé. Les œuvres que possèdent les Hoffmann sont abritées dans une forteresse en béton, le Schaulager, situé à quelques kilomètres de Bâle, dans une zone industrielle. D'autres sont moins connus. Marc Rich, qui fut longtemps poursuivi par les autorités américaines pour évasion fiscale, achète depuis des années à Bâle, mais ne se montre pas. La Bâloise Esther Grether est à la tête de l'une des deux cents plus grandes collections mondiales – environ six cents œuvres d'art moderne et contemporain. Elle la protège dans l'immeuble bunkérisé où elle habite. Les visiteurs qui ont pu admirer ses Picasso, ses Braque ou ses Bacon se comptent sur les doigts de la main.

À Miami, les Rubell, qui ont hérité d'un empire hôtelier, possèdent l'une des plus vastes collections d'art contemporain du monde, en sécurité dans des entrepôts. Ils l'ont commencée dans les années 1960. Chez les Rubell, l'art est devenu une affaire – et une affaire de famille, puisque parents et enfants travaillent ensemble. Personne ne connaît les œuvres « au secret ». Les Rubell ont simplement acheté l'ancien entrepôt des douanes, dans le vieux quartier de Miami, devenu le quartier des galeries, pour en faire une fondation. Là, ils organisent des expositions visant à promouvoir les artistes qu'ils ont dénichés. C'est dans les anciens pays de l'Est qu'ils font aujourd'hui leurs découvertes. La ville de Leipzig (ex-RDA) est une de leurs dernières destinations en date. Ils écument les ateliers, choisissent la production des jeunes artistes, achètent un maximum de pièces, comme le ferait un galeriste, puis ils associent les musées en revendant certaines de ces œuvres, en gardent d'autres, exposent les artistes repérés...

L'opacité est la face noire du marché de l'art. Une œuvre d'art, c'est comme un lingot d'or : facile à dérober, facile à transporter, il suffit d'enlever le cadre et de rouler la toile. Une œuvre d'art peut être subtilisée, cachée, « blanchie » et revendue à des marchands cyniques, ou copiée par des faussaires de génie. Le marché de la demande d'œuvres d'art est devenu international, le trafic d'œuvres aussi. On retrouve les têtes de Bouddha d'Afghanistan à Bruxelles, les antiquités du musée de Bagdad à New York. Pour « blanchir », il faut réussir à déposer l'œuvre dans une zone de transit, comme les ports francs, et laisser « reposer ». Plus tard, un marchand peu scrupuleux se chargera de la première affaire auprès de pros de l'art tout aussi peu scrupuleux. Enfin, l'œuvre volée, comme les autres, sera revendue au prix du marché. « En termes de flux ou de volumes financiers, le trafic d'œuvres d'art arrive en troisième position, juste derrière les stupéfiants et les armes[1]. »

Lorsque les jeunes experts de Christie's et de Sotheby's se rendent dans les entrepôts des marchands, leur premier souci est de vérifier la provenance des œuvres d'art qui

---

1. Gilles Musi, « Gendarmes et voleurs, un duel de spécialistes », *L'Expansion*, juillet-août 2009.

seront prochainement mises en vente. S'ils ne trouvent pas la réponse à leurs questions, ils doivent consulter le Registre des œuvres d'art perdues (Art Loss Register) afin de déterminer s'il s'agit ou non d'œuvres spoliées par les nazis. Pour se prémunir encore davantage contre d'éventuels procès, Sotheby's a même créé un département « restitutions ». Christie's fait appel à une équipe d'avocats. « Pour nous c'est l'enfer, dit un expert de la société, il y a de plus en plus d'avocats qui cherchent les héritiers des œuvres spoliées. » Contre le trafic illicite, Interpol a mis à la disposition du public une banque de données mondiale qui répertorie les œuvres volées les plus recherchées.

La traçabilité d'une œuvre copiée est parfois tellement bien reconstituée que même les conservateurs de musée s'y laissent prendre. Le Britannique Shaun Greenhalgh, aujourd'hui en prison, avait ainsi copié *Le Faune*, une sculpture de Gauguin. Cette copie avait été réalisée d'après un dessin, car la vraie sculpture avait disparu. Elle fut confiée à la vente chez Sotheby's par la mère du faussaire, qui disait la tenir du peintre irlandais Roderick O'Connor, ami de Gauguin. Le 30 novembre 1994, elle fut adjugée 33 000 dollars à deux marchands londoniens. Ceux-ci la revendirent à l'Art Institute of Chicago en 1997 pour environ 125 000 dollars, d'après le mensuel britannique *The Art Newspaper*. Le British Museum, berné aussi par le faussaire, finit par porter plainte. Shaun Greenhalgh et ses parents passèrent aux aveux après une perquisition effectuée par Scotland Yard. Pendant dix ans, l'Art Institute of Chicago avait exposé *Le Faune*. Aucun conservateur ni critique d'art n'avait détecté l'imitation lors de l'exposition « Van Gogh et Gauguin » qui s'y était tenue en 2001.

Un monde de fêtes et d'envies

L'art contemporain est plus accessible que l'art moderne ou classique, puisque les artistes vivants continuent de produire. Il possède un autre atout : il contribue à faire du petit monde de l'art une nouvelle jet-set. Ceux qui la composent se donnent rendez-vous dans les foires et les vernissages aux quatre coins du monde, partagent les mêmes goûts, recherchent les mêmes émotions. Pour les collectionneurs, les galeristes, les conservateurs de musée et les journalistes qui participent à ces rassemblements d'un bout à l'autre de la planète, les soirées sont très occupées : cocktails, dîners privés, fêtes somptueuses...

L'inauguration en 2007 de la première grande foire d'art contemporain en Chine leur a donné l'occasion de découvrir le luxe qui règne à Shanghai, cette ville en pleine reconstruction qui a tout pour leur plaire. Un luxe étonnant, agressif, dérangeant. Destinés à accueillir les immenses tours de demain, des quartiers entiers sont détruits sous les yeux des habitants. Rares sont les pâtés de maisons historiques qui abritent encore quelques familles d'artisans et d'employés.

À la fin de la première journée de ShContemporary 2007, cocktail au Glamour Bar, le lieu le plus à la mode de Shanghai. La carte VIP qui pend à un cordon autour du cou n'est pas un sésame suffisant pour accéder aux ascenseurs qui le desservent. Il faut une « invitation spéciale ». Les videurs peinent à contenir des groupes de jeunes Chinois élégants qui veulent à tout prix entrer dans le bar, réservé pour la soirée privée. Les vastes baies vitrées, au sixième étage, offrent une vue plongeante sur les gratte-ciel illuminés de Pudong, de l'autre côté du fleuve. On pourrait tout aussi bien se trouver à New York ou à Chicago. Et, à Shanghai comme ailleurs, dès que les discours qui ouvrent la soirée s'achèvent, c'est la ruée sur les alcools servis au bar, installé en plein milieu de la grande salle. La musique couvre les conversations décousues sur les ventes de la journée.

Le lendemain de l'inauguration, Pearl Lam, une milliardaire de Hong Kong, grande collectionneuse tombée amoureuse de Shanghai, donne un cocktail suivi d'un dîner. Fille d'un des principaux promoteurs de Hong Kong, elle a installé sa Contrast Gallery dans le district de l'ancienne concession française de Shanghai. Ce quartier préservé est l'un des rares où les maisons des années 1920, entourées de platanes, demeurent plus nombreuses que les immeubles de verre et d'acier. Pearl Lam ne reçoit pas dans son loft de 900 mètres carrés au vingt-deuxième étage d'une de ces tours, mais au rez-de-chaussée, donnant sur des jardins. À l'entrée, deux jeunes Chinoises longilignes, vêtues de robes traditionnelles, sont postées de chaque côté de la porte. Une noria de taxis et de limousines déposent les invités. À notre arrivée, le hall et les salons ouvrant sur la terrasse qui surplombe le jardin sont noirs de monde.

Ce soir-là, les Asiatiques sont plus nombreux que les Occidentaux. L'art en Chine est devenu non seulement un standard de réussite sociale, mais un levier de développement économique. Nous rencontrons un jeune couple venu de Pékin, dont les parents ont fait fortune dans l'immobilier de la capitale. Ce qui les passionne avant tout, c'est de faire construire un complexe galerie d'art-restaurant derrière le Bund. Ils attendent les autorisations nécessaires. Les propos de ces deux jeunes

25

Chinois nous montrent que l'art contemporain est entré dans leur vie de tous les jours, qu'il a imprégné leur manière de se divertir, mais aussi de consommer et bientôt de produire. Le couple sera peut-être l'un des premiers à lancer à Shanghai le *fooding*, une approche artistique de la cuisine. Le maître de la cuisine moléculaire, le Catalan Ferran Adrià, ne représentait-il pas l'Espagne à la Documenta de Kassel en 2007, au même titre que les autres artistes contemporains ?

« L'art contemporain est le miroir qui reflète les changements de notre société », a coutume de dire Lorenzo Rudolf. Et chacun peut y participer, dans la mesure de ses moyens. « C'est comme le marché de la mode, poursuit Rudolf. Il y a la haute couture qui fait de la création originale pour les *happy few* ; ensuite le prêt-à-porter pour ceux qui ne peuvent s'offrir le grand luxe ; et enfin H&M pour les moins argentés. Dans l'art contemporain, on retrouve exactement les mêmes segments de marché. »

À Miami, pendant la semaine de la foire, on ne s'ennuie pas. Du matin au soir, visites et fêtes se succèdent, toutes centrées sur l'art. On y voit des directeurs de musée, d'habitude si sérieux et si courtisés, danser des rocks endiablés et finir joyeusement la nuit en compagnie d'artistes et de galeristes dans les piscines à débordement de grands hôtels. C'est souvent là que se concluent les affaires. Les Russes font montre d'une énergie de nouveaux venus. En proposant l'exposition « Russian Dreams » (« Rêves russes ») au Bass Museum of Arts, en décembre 2008, la commissaire de l'exposition, Olga Sviblova, dévoilait les œuvres de vingt-trois artistes d'une nouvelle génération déjà installée dans les musées de Moscou. Un vernissage suivi d'une fête rassembla le « Tout-Miami » jusqu'à l'aube sur une terrasse dominant la baie, au dernier étage d'un hôtel ultramoderne. La vodka coulait à flots, tandis que des créatures de rêve se livraient à un ballet aquatique sur des bouées en forme de ballons recouvertes d'une poudre luminescente.

Chaque année, le clou de la foire est le brunch final dans les jardins du Sagamore Hotel. Cinq cents collectionneurs, directeurs de musée, galeristes, journalistes, magnats de l'immobilier et de la finance y sont conviés. Dernières transactions, derniers échanges de cartes de visite pour les habitués venus de New York, de Los Angeles ou de Moscou, parmi lesquels quelques Français. Pour les galeristes, l'important est de remballer le moins de marchandise possible.

Un monde imprévisible

Quand et pourquoi l'art contemporain a-t-il pris le pas sur l'art ancien et moderne, avec une envolée des prix qui aurait été inimaginable vingt ans plus tôt pour des œuvres d'artistes parfois débutants ?

Autrefois, les amateurs d'art se référaient majoritairement aux artistes du passé. Soudain, ils ont voulu vivre avec les artistes de leur temps. Les découvrir, les fréquenter. S'ils peuvent s'opposer par leurs goûts et leurs choix, ce qui les rassemble est le parti pris de s'intéresser à des créateurs « d'aujourd'hui et de maintenant ». Pas n'importe quels artistes : ceux qui transmettent les préoccupations de leur époque. « L'art qui n'est pas dans le présent ne sera jamais[1] », disait Pablo Picasso.

---

1. Pablo Picasso, conversation avec Marius de Zayas, *The Art*, 25 mai 1923.

Le père de cet art contemporain – abrégé en « AC » par les professionnels – est le Français Marcel Duchamp. « Peut-on faire une œuvre qui ne soit pas de l'art[1] ? » s'était-il demandé, lui qui ne voulait pas être désigné comme peintre. En 1915, il avait décrété qu'un objet usuel retouché ou transformé, ou tout simplement détourné de sa valeur d'usage, pouvait devenir une œuvre d'art, à condition que l'artiste le signât. Ce fut la révolution du *ready-made.* Le fait que ce fût l'artiste, et non plus les institutions, qui décidât du statut et de l'intérêt d'une œuvre d'art provoqua un énorme scandale dans le milieu artistique. Les mécènes new-yorkais de Duchamp, en quête de nouveauté, furent conquis par cette rupture. Depuis, des milliers et des milliers d'artistes ont suivi les préceptes du Français, avec plus ou moins de bonheur et de succès. Pour que le procédé fonctionne, il faut que ces œuvres, souvent très conceptuelles, rencontrent l'attente des « accros » de l'art et soient acceptées et promues par des réseaux. Ainsi que par ceux que l'on qualifie de médiateurs.

« Penser avec les sens, sentir avec les idées » : telle était la thématique proposée par le commissaire de la Biennale de Venise 2007, l'Américain Robert Storr. Un programme pour combattre les idées reçues, mis au point par l'un des hommes les plus influents du monde de l'art, peintre, critique, conservateur et doyen de l'école d'art de l'université Yale. L'essentiel est ce que l'artiste veut dire, et non ce que nous voyons : voilà le message. Ce n'est pas forcément beau et séduisant, mais l'artiste est porteur d'une autre vocation : expliquer ce que l'on ne voit pas, rendre visible l'invisible.

---

1. Judith Housez, *Marcel Duchamp. Biographie*, Grasset, 2007.

Le chroniqueur spécialisé de l'*International Herald Tribune* ajoute : « Ce qui est le plus important, c'est le discours généré par l'art, pas la réalité visuelle, qui peut être d'une diversité infinie. Dans l'art contemporain, l'enthousiasme est commandé par l'esprit au moins autant que par les yeux. Cela en fait une pierre de touche extrêmement sensible, et imprévisible, à partir du moment où ce qu'il s'agit d'estimer, c'est la psychologie des acteurs du marché[1]. »

Nous avons tenté de forger notre propre grille de compréhension. Pour nous, l'art contemporain rassemble les artistes vivants qui sont sur le marché international, qui expriment nos préoccupations quotidiennes et parlent de notre histoire. Le succès de leur travail est étroitement lié aux décisions d'hommes et de femmes influents dans ce milieu. Ce sont eux qui découvrent, lancent et promeuvent les artistes qui vont faire courir les riches collectionneurs. Certains d'entre eux ont versé dans la spéculation et transformé le monde de l'art en machine à cash. Jusqu'à quand pourront-ils soutenir la cote de leurs artistes stars ? Comment vont-ils résister à la crise ?

Un monde en mouvement perpétuel

La ville de Berlin est devenue l'un des passages obligés des collectionneurs à l'affût des nouveaux créateurs. Depuis les années 1980, les artistes français, comme les artistes américains, s'y installent. Se loger coûte cher à Paris et les institutions sont de peu de secours. Ville de la culture alternative depuis la chute du Mur en 1989, Berlin

---

1. Souren Melikian, *International Herald Tribune*, 29 février 2008.

a attiré des collectifs de peintres et de musiciens. Les galeries de Cologne, Munich, Hambourg ou Stuttgart ont peu à peu ouvert des espaces dans le quartier de Mitte, anciennement est-allemand. Les lieux sont vastes, les loyers assez bas. Berlin, pour de nombreux artistes, est l'antichambre de New York. C'est là que l'on fait ses armes.

Les jeunes artistes sont repérés par les galeristes allemands ainsi que par les galeries parisiennes qui fréquentent l'Art Forum, la foire d'art internationale de Berlin. Dans la cour intérieure de l'ancienne poste de la ville, les écuries du Postfuhramt sont utilisées comme des lieux d'exposition. Lors de l'édition 2008 de l'Art Forum, la commissaire et critique Maïté Vissault, qui vit entre Berlin et Bruxelles, a présenté les œuvres de l'artiste français Stéphane Pencréac'h au sein de l'exposition « Des chats et des loups-garous ». Pencréac'h, artiste de la galerie Anne de Villepoix, s'intéresse à « la dialectique des pulsions primaires : la violence, la dualité, le sexe, les obsessions, les mythes ». Le neurochirurgien Bernard Massini est un collectionneur de ses créatures hybrides, figures de cauchemar.

Berlin, Köpenickerstrasse : sur cette avenue large et morne, un passage mène à une usine qui semble abandonnée. Deux étages plus haut se trouve un loft dont les immenses baies donnent sur une fabrique désaffectée ; c'est un « espace original de production et de diffusion de l'art contemporain » appelé « Mars ». Une galerie en étage, pour être plus simple, qui présente les œuvres d'une jeune artiste française, Alexine Chanel.

Celle-ci explique son travail, ou plutôt sa démarche, son concept. Elle arrive chez des amis, des relations, se déshabille et s'installe dans leur salle de bains, qu'elle nomme « laboratoire ». Dans cet espace appartenant à d'autres, elle va imaginer une scénographie, se prendre ou prendre des parties de son corps en photo. *In Other People's Bathroom*, « Dans la salle de bains des autres », est un ensemble de dix mille images. L'exposition en présente une trentaine. Alexine Chanel a réussi à montrer quelques-unes de ses photos au commissaire de la Biennale de Venise 2007, Robert Storr. Elle l'a abordé alors qu'il passait par hasard devant elle, assise sur les marches de San Giacomo dell'Orio, à Venise. Il lui a dit : « Vos photos nous regardent et leur profusion me renvoie à mes instants de vie les plus pleins... » Le travail sur le corps chez cette artiste est intrigant, dérangeant, il s'inscrit dans la lignée de stars de l'art contemporain comme Nan Goldin ou Sophie Calle, qui ont toutes deux choisi de faire de leur quotidien et de celui de leurs proches la matière de leurs œuvres.

À Londres, les artistes et les galeries ont investi l'East End lointain, dont les rues ne figurent pas sur les anciens plans de la ville. Villages underground, comme à Shoreditch, ou galeries nouvelles dans Vyner Street, une petite rue aussi excentrée que branchée située dans un vieux quartier d'entrepôts. Tous les accros de l'art connaissent cette rue. Cinq galeries s'y sont établies, d'autres encore sont en cours d'installation. Toutes présentent de très jeunes artistes. L'une d'elles, Ibid Projects, expose des sculptures de Karla Black, artiste de Glasgow[1]. Cette dernière utilise des matériaux tels que des crèmes pour le corps, du shampoing, du dentifrice, du vernis à ongles et d'autres produits ménagers ou de beauté, sortis de pots, de tubes, de bouteilles. Ils engendrent des formes aux

---

1. La galerie parisienne Art Concept a organisé en 2007 une exposition collective sur le thème de l'œuvre sur papier. Karla Black était l'une des cinq artistes invités.

31

coloris douceâtres sur des feuilles de papier froissées qui pendent comme de la peau... Karla Black a reçu en octobre 2007 le prix Champagne Perrier-Jouët de la meilleure artiste.

La jeune foire Frieze de Londres a été lancée en 2003 par deux trentenaires amis de longue date, Matthew Slotover et Amanda Sharp, fondateurs du mensuel d'art contemporain *Frieze*. En deux éditions, elle s'est imposée auprès de la jet-set et des milliardaires. Résolument internationale, cette foire accueille 85 % de galeries étrangères et de jeunes artistes venus du monde entier. En 2006, elle a damé le pion à la Fiac de Paris – Frieze étant plus « tendance », plus « *hype* », disent les branchés –, mais c'était l'époque du grand boom du marché de l'art.

Le monde international de l'art va au même rythme que les capitaux des places boursières. Un système mondialisé s'est mis en place pour donner à l'art contemporain une valeur non vérifiable, c'est-à-dire un prix spéculatif. Le phénomène n'est pas nouveau. Marcel Duchamp – toujours lui ! – s'exclamait déjà il y a un siècle : « Nous avons tellement d'étalons : l'étalon-or, l'étalon-platine, et maintenant l'étalon-toile ! »

Un monde de com'

Vous ne pouvez rien, mais rien manquer. Un mois avant l'ouverture des grandes expositions, des grandes ventes, des foires d'art (à Paris : Fiac en octobre, Mois de la photo en novembre, ArtParis en mars), le tam-tam se met en marche. Tous les médias se relaient, chaque jour ou presque, pour annoncer l'« exceptionnel ». L'art a quitté l'espace restreint des magazines spécialisés et remplit les quotidiens nationaux, qui affichent en une les merveilles à voir, suivis par les journaux télévisés. Il est lancé par les directions de la communication et les cabinets de relations publiques comme un produit de consommation. Et la culture devient une fête à laquelle il est obligatoire de se rendre, sous peine de passer pour un marginal.

L'exposition « Picasso et les maîtres », qui s'est tenue à l'hiver 2008 au Grand Palais de Paris, a attiré 750 000 visiteurs. Avant sa fermeture ont été organisées trois nocturnes : le Grand Palais était ouvert vingt-quatre heures sur vingt-quatre, et le dernier soir, à minuit, il fallait faire une heure et demie de queue pour aller contempler les 210 toiles de Picasso et de ceux qui l'avaient inspiré – Raphaël, Rembrandt, Goya, Velázquez, Ingres. « J'avais vu ça à la télé, je voulais à tout prix en profiter[1] », expliqua une jeune apprentie comédienne.

Des expositions organisées et promues comme des *shows*. De même que les chanteurs stars de la variété ne se produisent pas tous les ans, les grandes expositions à thème ne seront pas présentées deux fois. Chacune est une « occasion unique ». Et, comme pour les *shows*, une nouvelle production chasse l'autre. Aussi la communication à haute dose est-elle indispensable pour garantir le succès immédiat et les recettes.

Dans ce contexte, les médias n'ont plus seulement pour mission d'informer. Ils deviennent indispensables pour vendre et faire vendre. Souvent, ils se prêtent sans retenue et sans réserve au jeu facile de la communication, ouvrant leurs colonnes, leurs pages, leurs écrans. Les éditeurs de presse y trouvent leur intérêt : les articles lauda-

---

1. Anne-Marie Kleiber, « Picasso et les visiteurs de l'aube », *Le Journal du dimanche*, 1er février 2009.

tifs n'entraînent pas de contestation. Ils satisfont les annonceurs puissants, souvent mécènes des expositions, et parfois dopent la diffusion.

L'art peut devenir un outil efficace de marketing. Surfant sur la vague, *Le Figaro* a organisé sur son site, avant l'été 2008, un sondage pour demander à ses internautes et lecteurs quels étaient leurs peintres et sculpteurs favoris parmi les quarante « signatures du siècle ». Dix mille personnes ont voté. Trois pages du quotidien ont été consacrées aux résultats. Paul Cézanne est arrivé en tête pour l'art moderne, Francis Bacon pour l'art *postwar* (après-guerre), Pierre Soulages pour l'art contemporain et Alberto Giacometti pour la sculpture[1].

En plein boom du marché de l'art, on a vu le grand magazine américain *Time* consacrer sa une et six pages de photos à l'artiste « ludion » Damien Hirst. *Paris-Match* a aussi publié un cahier photos entier sur lui lorsqu'il fit l'actualité en organisant une vente de ses œuvres à Londres. Une vente formidablement soutenue par le battage médiatique. Il faut dire que c'était la première fois qu'un artiste vendait lui-même ses œuvres, sans passer par un marchand. Une révolution dans les pratiques du monde de l'art. Quant à la vente de la collection Saint Laurent-Bergé – baptisée « vente du siècle » –, à Paris, en février 2009, il fallait vivre sur une autre planète pour ne pas savoir que c'était l'événement artistique mondial à suivre, comme la Coupe du monde de football, les Jeux olympiques ou l'enterrement de la princesse de Galles...

Pour Lorenzo Rudolf, « avec l'accroissement fulgurant de la vitesse de circulation de l'information, la plupart

---

1. Valérie Duponchelle, « Cézanne champion des artistes du XXᵉ siècle », *Le Figaro*, 6 juillet 2009.

des artistes sont maintenant concernés par tout ce qui bouge dans le monde, dans tous les domaines de la création. Dans ce même contexte, l'influence des artistes sur le marché augmente. Aujourd'hui, être artiste, ce n'est pas seulement posséder un talent de créateur. C'est aussi savoir l'exploiter : ils sont de plus en plus nombreux à vouloir s'occuper eux-mêmes de la commercialisation et du marketing de leurs œuvres, à l'exemple de Damien Hirst, qui s'est adressé directement à ses collectionneurs par le biais d'une salle des ventes ».

En art comme en politique, pour que l'information soit percutante et la communication efficace, il est indispensable de raconter une histoire. Cela s'appelle le *storytelling*. Les grandes maisons de luxe ont compris comment elles pouvaient l'utiliser à leur profit, en inventant elles-mêmes l'histoire sur laquelle sera bâtie une exposition clefs en main. Ce sont elles qui créent alors l'information, et la presse ne peut que suivre. Exemple : le tombereau d'articles qui ont relaté l'organisation, à l'automne 2009, de l'exposition « Trésors de Cartier : roi des joailliers, joaillier des rois », à la Cité interdite de Pékin. Une exposition qui avait déjà eu les honneurs du Metropolitan Museum of Art de New York, du musée du Kremlin et du National Museum de Tokyo.

Un monde en mutation

L'art, et surtout l'art contemporain, a fait croître les fortunes au cours des deux dernières décennies. Entre 1990 et 2000, les collectionneurs, spéculateurs ou non, ont vu leurs investissements dans l'art multipliés par 120. « Les prix de l'art contemporain explosaient de + 85 %

entre janvier 2002 et janvier 2008. Entre 2005 et 2008, le nombre d'enchères millionnaires pour des œuvres contemporaines progressait de près de 620 %. Entre juillet 2005 et juin 2006, 7 artistes se partageaient 18 enchères millionnaires. Deux ans plus tard, ils étaient 25 à atteindre 120 fois ce seuil[1] ! »

La crise financière et économique mondiale de l'automne 2008 a certes écorné les plus-values, mais elle n'a pas fait chuter dramatiquement les prix des œuvres rares, même si les maisons de ventes Christie's et Sotheby's estiment qu'entre février 2008 et février 2009 leurs enchères ont été réduites de 25 %. Certes, à l'échelle mondiale, quelque 300 milliardaires ont disparu, victimes de la bulle spéculative. Les banques ont cessé de prêter pour acheter des œuvres d'art, les maisons de ventes aux enchères ont licencié. Le nombre d'œuvres invendues a augmenté. Les prix des artistes phares, comme Damien Hirst, ont diminué parfois de moitié.

Mais il ne faut pas oublier que la flambée du marché et des cours pendant les années 2006 et 2007 avait été étourdissante. « En 2007, 38 millions d'œuvres d'art ont changé de mains dans le monde, frôlant les 50 milliards d'euros, du jamais vu[2] ! »

Propulsés par les leaders d'opinion, les grands marchands et les grands collectionneurs, certains artistes se sont retrouvés promus au rang de stars. Beaucoup d'entre eux ont été soumis à une forte pression pour produire toujours plus, parce qu'il n'y avait pas assez d'œuvres d'artistes connus pour répondre à la demande. La spécu-

---

1. *Le Marché de l'art contemporain 2008/2009*, rapport annuel d'ArtPrice.
2. Vincent Noce, *Libération*, 12 mars 2008.

lation aidant, le marché s'est fait vorace, poussant des artistes à se convertir en « producteurs d'art ». La médiatisation accélérant encore le processus, l'art contemporain est devenu une « bonne affaire mondiale ». Une affaire qui a placé l'art au centre de notre société de consommation.

Comme le Phénix, le commerce de l'art semble renaître sans cesse de ses cendres. Il a déjà vécu d'autres crises, celles de 1980, de 1990, de 2001 – tous les dix ans, en somme. Mais, chaque fois, il est reparti à la hausse. Le 4 novembre 2009, malgré un climat très pessimiste, sept œuvres d'art moderne de la collection Durand-Ruel ont été vendues à New York plus cher que l'estimation haute, soit 12,8 millions d'euros. Ces œuvres tiraient leur valeur de leur extrême rareté : elles n'étaient jamais sorties de la famille du grand marchand des impressionnistes. Un an après l'éclatement de la bulle financière, il était clair que les acheteurs recherchaient la qualité et la sécurité. « Les collectionneurs avaient faim, les téléphones n'arrêtaient pas de sonner. Les appels venaient du monde entier, de Russie comme du Moyen-Orient », commenta le directeur du département d'art impressionniste et contemporain de Sotheby's, organisateur de la vente.

Deux raisons majeures à ce retour de flamme après une année de vaches maigres : tout d'abord, l'art, valeur spéculative en période de croissance, est une valeur refuge en période de crise ; ensuite, les nouvelles fortunes d'Europe, d'Amérique, de Chine, d'Inde, de Russie, du Moyen-Orient ou du Brésil continuent de trouver dans l'art le moyen d'affirmer leur statut social.

On compte aujourd'hui dans le monde plus de 100 000 particuliers dont les avoirs personnels sont supérieurs à 30 millions d'euros. Parmi les membres du « club des grandes fortunes », 94 970 « très riches » détiennent 13 milliards de dollars (près de 9 milliards d'euros). Le club des millionnaires n'a cessé de croître[1], surtout avec les nouveaux venus des quatre grands pays émergents, les fameux BRIC (Brésil, Russie, Inde, Chine), dont les taux de croissance restent spectaculaires comparés à ceux des pays occidentaux. Le nombre des millionnaires a augmenté de 20,5 % en Inde, de 15,5 % en Russie, de 10 % au Brésil, de 7 % en Chine.

Ce sont eux qui ont contribué à soutenir fortement le marché de l'art contemporain international. Après l'explosion des cotes de peintres chinois comme Zeng Fanzhi[2], ou indiens comme Subodh Gupta[3], les collectionneurs-spéculateurs et les fonds d'investissement se sont rués sur ces artistes issus des pays émergents, lesquels, n'étant pas chers au départ, permettaient de réaliser de grosses plus-values.

La crise permet d'« assainir le marché », selon les experts, mais elle en dévoile aussi la profonde transfor-

---

1. Pour la première fois en sept ans, l'ensemble de leurs avoirs a enregistré en 2006 une croissance à deux chiffres, atteignant un total de près de 30 milliards d'euros, avec un pronostic de près de 35 milliards à l'horizon 2011. Étude publiée par Merrill Lynch et Cap Gemini sous le titre *World Wealth Report*, 27 juin 2007.

2. En 1998, chez Christie's Londres, l'amateur pouvait acheter une toile de la série *Mask*, de Zeng Fanzhi, pour 4 000 livres. En mai 2007, une toile de ce peintre dépassa pour la première fois le million d'euros.

3. Avant 2005, les toiles de Subodh Gupta des années 1990 étaient proposées entre 4 000 et 10 000 euros. Le 3 avril 2008, la sculpture *Vehicle for Seven Seas* – une installation en aluminium et en bronze qui présente un modèle de trolley et des valises tels qu'on en voit dans les aéroports en Inde –, mise aux enchères chez Art-curial, à Paris, fut vendue 425 000 euros.

mation. « Désormais, Taïwan, la Corée du Sud, Singapour, le Japon sont des places de marché incontournables sur la cartographie mondiale. Ils constituent, avec la Chine, une force de frappe capable de renverser l'ordre établi depuis les années 1960 par les Américains[1]. »

Mais, que le jeu soit occidental ou mondial, il y règne toujours un interdit majeur : la transparence.

1. *Le Marché de l'art contemporain 2008/2009, op. cit.*

CHAPITRE 1

Comment un artiste devient tendance

L'artiste, c'est le producteur, celui qui est à la source du commerce mondial de l'art. Toute la chaîne vit par lui : le galeriste, le commissaire d'exposition, le directeur de musée, les experts en tout genre, les maisons de ventes, les critiques, les magazines et sites spécialisés… En retour, pour être lancé, le créateur a besoin de la reconnaissance de toute cette chaîne. Sans lui rien n'est possible, mais il n'est pas le maître du jeu, il en est le captif.

Or, pour pouvoir dire sa vérité, « l'artiste doit vivre librement, travailler librement », selon l'historien d'art Alfred Barr, premier directeur du Musée d'art moderne de New York, le fameux MoMA. Dans son livre fondateur sur la naissance de l'art moderne, écrit dans les années 1940, on pouvait lire : « En démocratie, l'artiste original, le novateur, doit souvent faire face à l'indifférence ou à l'intolérance du public, à l'ignorance des gens haut placés, à l'ironie des artistes conservateurs, à la paresse de la critique, à l'aveuglement ou à la timidité des acheteurs privés et des musées[1]. »

---

1. Alfred Barr, Jr., *La Peinture moderne, qu'est-ce que c'est ?*, New York, 1943, trad. fr. RMN, 1993 (épuisé). Des extraits ont été repris

En France, 42 076 peintres, plasticiens et graphistes sont inscrits à la Maison des artistes. Aux États-Unis, le National Endowment for the Arts recense 216 996 peintres, sculpteurs, directeurs artistiques et artisans d'art[1], qui représentent toutes les tendances de l'art. La plupart d'entre eux resteront inconnus du grand public, se résignant à enseigner pour vivre. Certains parviendront à mener à bien leurs ambitions sur leur marché national. Mais moins d'un millier d'entre eux réussiront à se faire une place sur le marché international de l'art. Parmi ceux-là, quelques centaines se hisseront au niveau des stars des enchères, dont les cotes varient entre 50 000 et 11 millions d'euros[2].

Selon Fabrice Hergott, le directeur du Musée d'art moderne de la Ville de Paris, un artiste reconnu « a comme une constellation qui le soutient autour de lui, composée de marchands, de collectionneurs, de certains musées, de revues ».

Mais comment se constitue ce consensus *a priori* improbable sans lequel un artiste, quel que soit son talent, ne percera pas ? Qui identifie le créateur, qui le fait connaître aux autres ? Le grand mystère du succès ou de l'échec ne peut se dévoiler qu'à travers des histoires vécues. En voici cinq.

---

dans l'article « Le MoMA à l'avant-garde », *Le Monde Magazine*, 24 octobre 2009.

1. Chiffres pour la période 2003-2005.

2. Source : Tendances du marché de l'art 2009, Artprice.com. Ce site payant analyse quotidiennement toutes les ventes aux enchères au niveau mondial et publie chaque année le « Top 500 » des artistes, classés en fonction de leur chiffre d'affaires. Y sont inclus des artistes contemporains vivants, mais aussi les grands peintres modernes et classiques.

L'artiste et le collectionneur

Il est anglais. Très connu des acteurs du monde international de l'art. Il a révolutionné leurs choix artistiques dans les années 1990. Charles Saatchi fait partie des dix personnalités les plus marquantes de cet univers, dont il a réussi à modifier les codes, comme, avant lui, le galeriste Leo Castelli, et comme, peut-être, le collectionneur François Pinault.

Quand sa famille quitte l'Irak, en 1947, il a 4 ans. Charles et son frère Maurice vont faire carrière dans la publicité. En 1970, ils fondent leur agence, Saatchi & Saatchi, qui s'impose bientôt comme le numéro un mondial. Ce sont eux qui trouvent le slogan de la campagne des conservateurs britanniques conduite par Margaret Tchatcher en 1978 : « *Labour isn't working*[1]. »

Fortune faite, Charles Saatchi quitte la publicité en 1995 pour conquérir un nouveau territoire, celui du marché de l'art. « J'ai commencé à collectionner, dit-il, avant d'entrer dans la publicité[2]. » Il a en effet inauguré ses achats d'art minimal avec sa première femme, Doris Lockhart, une critique d'art américaine. Conseillé par le poids lourd des marchands, le galeriste américain Larry Gagosian, il acquiert des œuvres de pop art et d'autres de peintres aux cotes déjà établies, comme Cy Twombly[3] ou

---

1. En jouant sur le mot *work* (« travail »), cette phrase induisait que le Labour, le Parti travailliste, « parti des travailleurs », ne serait pas capable de donner du travail à ses électeurs.

2. Charles Saatchi, *My Name is Charles Saatchi and I Am an Artoholic*, Phaidon Press, 2009, p. 140.

3. Le 6 février 2008, la toile *Rome* de Cy Twombly fut vendue chez Christie's Londres pour 4 674 000 euros.

Anselm Kiefer[1]. Petit à petit, de collectionneur il devient son propre marchand. D'abord en vendant ses acquisitions aux enchères, avec un sens aigu de la spéculation. Puis en présentant les œuvres qu'il a achetées pour ses galeries successives. Il ouvre la première en 1985, au nord de Londres, et y montre ses découvertes, des œuvres d'artistes minimalistes américains. Il expose et influence. C'est lui qui dicte le timing des modes en liquidant une partie de sa collection pour miser sur de nouveaux artistes.

Est-ce une galerie ou un faux musée privé ? Ni l'un ni l'autre, plutôt un lieu d'exposition qui permet le lancement de ses poulains. La journaliste Georgina Adam[2] explique : « C'est une figure clef dans le monde de l'art en Angleterre. C'est la première personne à avoir ouvert une galerie privée d'art contemporain. Quand il s'intéresse à un artiste, même sans l'acheter, on dit : "Charles Saatchi l'a repéré", et on suppose immédiatement que sa cote va monter. »

Comment Charles Saatchi a-t-il pu prendre un tel ascendant ? À la fin des années 1980, il mise sur un jeune artiste, Damien Hirst, et le transforme en mine d'or (voir cahier central, p. 4). Damien Hirst, c'est le genre mauvais garçon, turbulent et provocateur. Il sort du Goldsmith's College, l'une des deux prestigieuses écoles d'art londoniennes avec le Saint Martin's College. Dans un entrepôt des docks de Londres, alors qu'il n'est qu'en deuxième année, le jeune homme organise sa première

---

1. En février 2007, trois mois avant l'ouverture de son exposition au Grand Palais, la toile d'Anselm Kiefer *Laßt Tausend Blumen blühen !* (« Laissez fleurir un millier de fleurs ! ») était vendue aux enchères pour 2,4 millions d'euros.

2. Journaliste spécialiste du marché de l'art, Georgina Adam est éditorialiste au mensuel *The Art Newspaper* (Londres).

exposition avec une quinzaine de camarades. Il se démène pour que cela se sache, essayant d'attirer personnalités et journalistes.

Charles Saatchi le rencontre un an après sa sortie de l'école. Pour son diplôme, Damien Hirst a présenté quatre boîtes genre armoires à pharmacie remplies de petites étagères sur lesquelles s'étalent des médicaments, des flacons de pilules de toutes tailles, de toutes couleurs, bien rangés et regroupés selon leur posologie. Ce sont de nouveaux *ready-made*, conçus selon les préceptes de leur inventeur, Marcel Duchamp : des objets usuels détournés qui deviennent des œuvres d'art puisque l'artiste a décrété qu'ils en étaient et les a signés. Ces œuvres ont un sens : le monde moderne dynamique n'aime pas que l'on parle de maladie, il faut toujours être en forme. Pour parvenir à combattre sa souffrance physique ou psychique, on peut utiliser le remède adéquat, chaque maladie ayant le sien. L'artiste montre là l'« envers du décor[1] ».

À cette époque, les artistes britanniques sont relativement peu connus sur la scène artistique internationale ; ce sont les Américains qui tiennent le haut du pavé. Résolu à inverser la tendance, Charles Saatchi imagine un grand coup. Il construit un mouvement autour du jeune Hirst, inspiré par la mort et le morbide, sujets tabous par excellence. Il lance une marque, les Young British Artists, rassemblant un groupe de jeunes artistes provocateurs. Cette génération, née dans les années 1960, ne crée pas en utilisant la toile et la peinture. Elle emploie divers matériaux pour fabriquer des installations qui expriment sa vision d'un monde dominé par la violence et l'absurde.

---

1. Élisabeth Couturier, *L'Art contemporain, mode d'emploi*, Flammarion, 2009, p. 214.

Charles Saatchi achète ces artistes, les chaperonne, les promeut. Il utilise tous ses réseaux d'influence, les galeries d'art, les musées, la presse. Et toutes les techniques du marketing, qu'il maîtrise mieux que personne. Pour « vendre » les Young British Artists, l'ancien publicitaire recourt aux méthodes qu'il employait pour diffuser les produits de ses annonceurs dans le grand public : créer une signature pour la marque, puis l'imposer par la communication. C'est une véritable révolution dans le monde de l'art.

Trois ans après son lancement par Charles Saatchi, Damien Hirst obtient le Turner Prize[1], la récompense suprême pour les artistes contemporains britanniques. Il devient une star de l'art, et Charles Saatchi est sacré « découvreur d'artistes ». Le collectionneur va désormais pouvoir imposer sa marque. En 1997, il obtient d'organiser à la Royal Academy de Londres une exposition des travaux de ses protégés, qu'il baptise « Sensation ». Et c'est bien de sensationnalisme qu'il s'agit lorsqu'il présente à la presse et aux amateurs d'art les cent dix œuvres de ces quarante-deux artistes. Les médias s'emparent de l'événement et le montent en épingle. On ne parle plus que du requin de Damien Hirst, enfermé dans une châsse de verre remplie de formol, ou de son aquarium hermétique contenant une tête de vache, des mouches, des asticots, du sucre et de l'eau. Pleins feux aussi sur Jake et

---

1. Le Turner Prize a été créé en 1984 par un groupe de mécènes de la Tate Britain de Londres pour célébrer l'art contemporain. Il récompense chaque année un artiste britannique de moins de 50 ans, qui reçoit 40 000 livres. L'artiste est sélectionné par un jury anglais et européen, différent chaque année – le seul juré permanent est le directeur de la Tate. L'impact du prix sur la carrière d'un artiste s'est souvent révélé décisif.

Dinos Chapman, avec leurs mannequins dont les nez ont été remplacés par des sexes d'homme et les bouches par des anus. Et sur l'incroyable Tracey Emin, qui expose une tente dont les parois intérieures servent de tableaux où sont inscrits les noms des cent deux personnes avec lesquelles elle a eu des relations sexuelles. Les médias se déchaînent contre cette « pornographie explicite ». Trois cent mille visiteurs se bousculent à l'exposition. Les prix explosent. Entre 1997 et 2005, la cote des Young British Artists va progresser de 269 %[1] !

Mais ce n'est pas assez. Charles Saatchi veut faire connaître ses artistes et leur mouvement dans le monde entier. Il décide d'exposer à Berlin, à Melbourne, à New York. Dans la capitale allemande, l'exposition sera prolongée. Les Australiens, en revanche, refusent qu'elle se tienne à Melbourne. Les Américains, eux, l'accueillent à New York. L'événement se déroule au Brooklyn Museum of Art, deux ans après Londres. L'Anglo-Nigérian Chris Ofili – Turner Prize 1998 –, un autre membre du groupe des Young British Artists, y provoque un vrai scandale. Il mélange des déjections d'éléphant à de la résine et orne avec cette matière ses tableaux de photographies de postérieurs.

Son portrait de la Vierge Marie, toute clinquante de paillettes et couverte de coupures de journaux, posé sur un socle jonché de déjections, déchaîne les foudres du maire de New York d'alors, Rudy Giuliani, ainsi que du cardinal-archevêque John O'Connor, des catholiques et des orthodoxes. La mairie menace le directeur du musée, Arnold Lehman, de poursuites judiciaires. Les intellectuels se mobilisent au nom de la liberté et financent une page

---

1. D'après le site Artprice.com.

de publicité dans le *New York Times* afin de soutenir l'artiste. Le critique d'art du *New York Observer*, Jeffrey Hogrefe, écrit : « Ils voulaient de la publicité, ils l'ont obtenue. Je pense que c'était bien calculé. » Charles Saatchi est passé maître en matière de promotion de l'art contemporain : tous les mégacollectionneurs de la planète – François Pinault, les Américains Steven A. Cohen, Jose Mugrabi et Aby Rosen, le Coréen Lee Kun-Hee, ancien président de Samsung, le patron de l'aluminium russe Vassily Anisimov, la famille royale du Qatar... – auront leur Damien Hirst.

Comment définir le rôle et la place de Damien Hirst dans le Panthéon de l'art contemporain ? Est-il un *primus inter pares* parmi les artistes élus par des milliardaires en rivalité permanente, qui veulent être à la pointe de la tendance en matière de création contemporaine ? Ou bien un artiste révolutionnaire qui a su capter et exprimer les désarrois du monde actuel, et qui restera à ce titre dans l'histoire de l'art ? Écoutons Georgina Adam : « Je pense qu'il fait partie, comme Jeff Koons, des artistes qui reflètent notre temps. C'est clinquant, c'est brillant, c'est grand. Ce sont des artistes qui correspondent aux goûts et aux aspirations des nouveaux riches. »

Par la suite, Charles Saatchi tente de relancer des « opérations découverte », en 1999 avec « Neurotic Realism », en 2000 avec « Ant Noises », en 2006 avec « New Sensations ». Les critiques sont violentes, dénonçant des œuvres obscènes. Les quotidiens comme le conservateur *Daily Mail* et le populaire *London Evening Standard* se déchaînent en accusant Saatchi de promouvoir des mouvements qui sont « des trucs de publicitaire pour faire monter la valeur de ses dernières acquisitions ». Puisque la magie n'opère plus, Saatchi passe un accord avec la chaîne de télévision britannique Channel 4 pour créer le prix annuel des quatre meilleurs diplômés des écoles d'art anglaises : « 4 New Sensations ».

Mais c'est partout dans le monde qu'il veut continuer à dénicher de nouveaux talents. Il a ouvert aux artistes du monde entier un site gratuit : www.saatchi-gallery.co.uk. « Une plate-forme pour tous ceux qui ne sont pas représentés par une galerie, explique Rebecca Wilson, la responsable du site. Aujourd'hui, nous avons 80 000 artistes en ligne. Chacun d'entre eux peut y montrer ses travaux et vendre librement ses œuvres par Internet à qui veut les acheter[1]. » On ne parle pas de commissions sur les ventes, ce serait mesquin. Mais Charles Saatchi veut tout voir. Ses collaborateurs lui présentent chaque jour les nouvelles œuvres qui sont mises en ligne. Il finira bien par y découvrir une pépite ! Il a aussi lancé en octobre 2009 une sorte d'Académie de l'art, une « Art-Ac », en partenariat avec la BBC TV. La marque de ce grand collectionneur marchand est tellement médiatisée, tellement connue, qu'il peut se permettre de baptiser son nouvel événement « Saatchi Art Stars » (« Les artistes stars de Saatchi »). La question posée aux candidats est simple : « Pensez-vous avoir le talent et l'ambition pour faire partie d'un nouveau groupe d'artistes britanniques ? » Les artistes intéressés envoient leurs œuvres sur un site dédié. Cinquante d'entre eux sont sélectionnés par un jury d'experts et d'artistes pour être exposés. Charles Saatchi se réserve le droit de choisir parmi eux six finalistes,

---

1. Le chiffre de 80 000 artistes est de 2008, ce qui représente 3 millions de connexions par mois ; il est de 120 000 en 2009. Chiffres cités par Charles Saatchi, *My Name is Charles Saatchi and I Am an Artoholic, op. cit.*, p. 83.

lesquels participeront au show télévisé où ils parleront de leur travail. Le vainqueur bénéficiera d'une exposition personnelle à Saint-Pétersbourg. S'adapter, vivre avec son temps : voilà l'obsession et le moteur de la réussite de Charles Saatchi...

L'artiste et le galeriste

Entre l'amorce d'une tendance artistique et son adoption par les acheteurs, il y a un temps de latence : le temps des « prêcheurs », comme l'appelle la dynamique et déterminée galeriste parisienne Anne de Villepoix. Les prêcheurs, ce sont les galeristes, les marchands, ceux qui prennent leur bâton de pèlerin pour imposer petit à petit un artiste. Même à l'ère de la vitesse, le monde de l'art a besoin d'être imprégné longuement avant d'être convaincu de l'intérêt d'un courant artistique.

« Je tenais la petite galerie d'Yvon Lambert lorsque j'ai rencontré le peintre chinois Yan Pei-Ming, raconte Anne de Villepoix. Yan Pei-Ming est venu avec son carton sous le bras et m'a montré ses dessins. Il travaillait au fusain. À ce moment-là, la mode était au minimalisme : on avait relégué la peinture aux oubliettes, on en était à la photo plasticienne. Lui faisait du figuratif. Lorsque j'ai ouvert ma propre galerie en septembre 1990, il est revenu me voir avec des tableaux. Ce qui m'avait touchée la première fois, et continuait de m'émouvoir, c'était sa manière de peindre, ce combat qu'il menait avec sa peinture. Dans ses portraits de Mao (voir cahier central, p. 2), il avait réussi à faire passer l'amour et la haine, il y avait une dimension psychanalytique dans ses toiles. Je l'ai exposé en 1991. Lui tout seul, avec ses Mao de trois mètres sur quatre. Des tableaux qui de loin paraissaient abstraits et de près étaient figuratifs. Certains de mes collectionneurs n'ont pas compris mon choix. »

Comment a-t-elle réussi à imposer l'artiste ? « En m'obstinant, répond-elle, en organisant des expositions, en le montrant dans les foires d'art. Les directeurs de musée sont venus voir. Suzanne Pagé[1] en a acheté un pour le Musée d'art moderne de la Ville de Paris, en 1991, et un autre l'année suivante. »

Mais, au début des années 1990, aucun des grands conservateurs parisiens d'art contemporain ne souhaite aller plus loin et programmer une exposition centrée sur l'artiste. C'est trop tôt, trop risqué. Pour monter une grande exposition, si semblable à un spectacle, mieux vaut choisir les artistes qui obtiennent les résultats les plus brillants dans les ventes organisées par les trois principales maisons d'enchères mondiales. À cette époque, les artistes chinois n'étaient pas encore en vogue dans les ventes de prestige à Londres, New York ou Hong Kong.

C'est à la fin de la décennie 1990 que naît l'engouement pour les artistes chinois d'avant-garde. Leur découvreur est Harald Szeemann, le directeur de la Kunsthalle de Berne, qui a métamorphosé l'institution provinciale et l'a positionnée comme une référence d'avant-garde. Commissaire d'exposition révolutionnaire, il sélectionne pour la Biennale de Venise 1999 une trentaine d'artistes chinois. Beaucoup d'entre eux se sont réfugiés en France avant les événements de Tian'anmen. Malgré l'engoue-

---

1. Ancienne directrice du Musée d'art moderne de la Ville de Paris, Suzanne Pagé est responsable de la future fondation Louis Vuitton pour l'art contemporain.

ment de pionniers comme Anne de Villepoix ou Catherine Thieck, une autre galeriste parisienne, les grands musées mettront du temps à reconnaître des artistes venus des pays émergents.

Bernard Zürcher a ouvert sa galerie parisienne avec sa femme Gwénolée en 1992[1]. Dans son petit bureau, installé dans un ancien entrepôt du Marais, cet historien d'art de formation expose avec sa verve et son enthousiasme habituels la situation dans laquelle se trouve aujourd'hui l'œuvre d'art. Que l'on soit ou non en période de crise.

« L'œuvre d'art possède un statut très singulier de par son caractère paradoxal, c'est ce qui en fait tout l'intérêt. C'est à la fois une œuvre de l'esprit et un produit. Si on ne la vend pas, elle reste à l'état spirituel, c'est-à-dire purement artistique. Si elle a du succès, la valeur produit va grandir et peut-être l'emporter sur la valeur artistique, bien que celle-ci soit la condition même de son existence. C'est ce qui s'est passé avant la crise de l'automne 2008 : la valeur d'investissement avait pris le pas sur la valeur artistique. Mais j'insiste : aucune œuvre d'art ne peut valablement être assurée de sa pérennité si elle n'est pas d'abord garantie par sa valeur artistique. »

C'est la conviction – l'« intime conviction », dit Bernard Zürcher – d'être en présence d'un talent qui guide le choix du galeriste. Selon ses goûts, sa sensibilité, la tendance qu'il défend, chaque marchand aura un penchant pour un certain type d'œuvres. Il va se sentir comme

---

1. Bernard Zürcher est l'auteur de *Van Gogh, vie et œuvre*, OLF, 1985 ; *Braque, vie et œuvre*, Nathan/OLF, 1988 ; *Les Fauves*, Hazan, 1995 ; *L'Art, avec pertes ou profit ?*, en collaboration avec Karine Lisbonne, Flammarion, 2007.

aimanté s'il reconnaît que l'artiste qu'il vient de découvrir apporte quelque chose de nouveau à l'histoire de l'art. À partir de là, c'est-à-dire à partir de zéro, le galeriste va essayer de créer un marché. Son objectif est de faire émerger l'artiste, qui sera ensuite évalué par les institutions et par ses pairs. Le galeriste devient en quelque sorte l'imprésario du créateur, l'aidant financièrement à produire ses œuvres. Mais il est difficile de prédire ce qu'il deviendra, quel chemin il suivra, comment son œuvre évoluera. Le pari artistique, c'est le risque du galeriste.

« C'est alors, conclut Bernard Zürcher, qu'arrivent les investisseurs, qui, bien souvent pour de mauvaises raisons – purement spéculatives –, vont essayer de s'approprier l'artiste par tous les moyens possibles, même s'ils se "foutent" du destin final des œuvres. »

En 1993, Gwénolée et Bernard Zürcher remarquent un ensemble de tableaux du peintre Marc Desgrandchamps dans une exposition locale, à La Roche-sur-Yon, en Vendée. Quelques années auparavant, en 1987, l'artiste avait fait partie au Centre Pompidou d'une exposition collective organisée par deux jeunes conservateurs, Fabrice Hergott et Didier Ottinger. Ces deux audacieux avaient fait fi de la doctrine officielle d'alors, qui voulait que la peinture de chevalet ne soit plus un mode d'expression du temps présent. Ils avaient accroché trois toiles d'artistes figuratifs, dont une de Marc Desgrandchamps. Les thuriféraires de la vidéo et des installations avaient fait un scandale. Le vernissage avait failli tourner à l'émeute !

« À La Roche-sur-Yon, j'ai été surpris par ses peintures très fortement structurées », raconte Bernard Zürcher. Des tableaux associant figures humaines évanescentes et paysages indéterminés. Le quasi-inconnu, installé à Lyon, avait trouvé sa pratique et abandonné les influences de ses années d'apprentissage ainsi que son trait noir.

Bernard Zürcher défend ardemment la peinture. Il croit à la figuration, tenue à l'écart des grandes manifestations institutionnelles des années 1980-2000, centrées sur l'art conceptuel, les performances et les installations. Une quinzaine d'années plus tard, la peinture figurative contemporaine retrouve sa place, comme le montre la vogue actuelle d'artistes comme Marlene Dumas, Peter Doig, Lucian Freud, Elizabeth Peyton, Djamel Tatah... Ces artistes ont tous un point commun : ils radiographient la société dans laquelle ils évoluent. Ils ne font pas partie d'un mouvement collectif, mais leurs démarches individuelles procèdent du même esprit : rendre, par la peinture délavée ou épaisse, la violence (Marlene Dumas), le trouble (Peter Doig), le réalisme (Lucian Freud), l'intimité (Elizabeth Peyton), la mélancolie (Djamel Tatah), ou encore l'inquiétude (Marc Desgrandchamps).

À la Fiac 2008 – la Fiac de la crise –, Bernard Zürcher était l'un des rares galeristes à avoir « fait une bonne foire ».

« Pendant des années, je n'ai rien vendu, dira Marc Desgrandchamps. Les choses ont commencé à changer à partir du moment où j'ai été montré dans une galerie[1]. » Les collectionneurs parisiens présents à la Fiac n'étaient pas passés à côté de l'artiste. À New York, même les Hort, qui collectionnent principalement des œuvres américaines et allemandes, étaient venus en voisins découvrir le Français au Zürcher Studio, quelques semaines après son ouverture.

---

1. Philippe Dagen, « Marc Desgrandchamps peint l'effacement », *Le Monde*, 26 juin 2004.

« Il y a quelques années, explique Bernard Zürcher, des collectionneurs américains m'ont dit : "On ne sait pas ce qui se passe chez vous, en France." C'est pour cela que nous avons ouvert à New York le Zürcher Studio, au printemps 2008. Pour mieux faire connaître nos artistes. Car, aujourd'hui, nous n'avons pas assez d'artistes nationaux bien positionnés au niveau international. Résultat : un artiste français reconnu va passer de 3 000 à 22 000 euros en douze ans. Dans le même temps, un peintre allemand bondira de 3 000 à 2 millions d'euros. »

L'artiste et l'Institution

Vif, inventif, industrieux, Fabrice Hyber est artiste plasticien, peintre, réalisateur, médiateur, entrepreneur – en deux mots, producteur d'art. Il fait partie de la génération qui a baigné dans la culture « duchampienne ». L'artiste crée des « œuvres-idées » et demande à l'observateur d'adopter une démarche intellectuelle spécifique pour les aborder.

Élève à l'École des beaux-arts de Nantes, il obtient d'une société de cosmétiques vingt tubes de rouge à lèvres pour réaliser son premier tableau, *Le Mètre carré de rouge à lèvres*. Nous sommes en 1981. Il a 20 ans. Que fait-il ?

Le critique d'art Bernard Marcadé explique les intentions du jeune artiste : « Ce bloc monochrome est la radicalisation picturale de l'admiration du jeune Fabrice pour *Le Baiser n° 2*, de František Kupka. Dans ce tableau de 1908, on aperçoit une femme qui met du rouge à lèvres. Tout le visage est en volume, sauf les lèvres, qui forment un aplat rouge […]. Sa peinture est une réponse à la tradition formaliste du monochrome [...]. Il transforme le carré (emblème de l'Absolue Modernité chez Malevitch, Mondrian ou Albers) en mètre carré, c'est-à-dire en unité de mesure, à la fois scientifique et commerciale[1]. »

Neuf ans plus tard, Fabrice Hyber étend le champ de l'art à l'univers de l'entreprise en faisant fabriquer un savon de 22 tonnes, le plus gros du monde. Avec l'aide de la Compagnie des détergents et du savon de Marseille, il le fait mouler directement dans une benne de camion. Après avoir été présenté à la première Biennale d'art contemporain de Lyon en 1991, il sera exposé sur les parkings d'une dizaine de centres Leclerc, grâce à la complicité de Michel-Édouard Leclerc. Fabrice Hyber cherche à démystifier l'œuvre d'art : « Mes travaux, dit-il, sont davantage des bricolages, des engagements larvaires, visuels, linguistiques, basés sur des fictions, des erreurs, des mensonges, des spéculations[2]... »

Dès sa sortie des Beaux-Arts, ce touche-à-tout passionné par le monde des scientifiques va travailler selon la méthode inductive. Il expose ses premières « peintures homéopathiques », montrant le déroulement du travail mental sur l'œuvre en train de se faire, décrivant toutes les confrontations auxquelles il se heurte au cours de leur élaboration. Un travail original qui plaît beaucoup à l'Institution, elle-même en rupture avec la tradition de la peinture de chevalet.

---

1. Bernard Marcadé, « L'art, c'est toutes les possibilités du monde », *in* Bernard Marcadé, Bart De Baere et Pierre Giquel, *HYBER*, Flammarion, 2009, p. 7-81.

2. Fabrice Hybert et Frédéric Bouglé, *1 − 1=2. Entretiens avec Fabrice Hybert*, Nantes, Joca Seria, 1992.

En 1982, le ministère de la Culture a créé les Fonds régionaux d'art contemporain (Frac). Ils démultiplient en région la politique d'achat du Fonds national d'art contemporain (Fnac), relancé par André Malraux en 1959. Les patrons de ces centres sont moins des spécialistes de l'art que des représentants du milieu enseignant ou associatif, prosélytes de tous les changements.

En 1986, le critique Guy Tortosa, alors responsable du Frac des Pays de la Loire, invite Fabrice Hyber à participer à des ateliers à l'abbaye royale de Fontevraud. Celui-ci y peint ses premières toiles. Il prend part ensuite à de nombreuses expositions collectives organisées par les Frac de l'Auvergne, des Pays de la Loire, du Limousin, de Poitou-Charentes, du Languedoc-Roussillon, de Provence-Alpes-Côte d'Azur... Toutes ces fonds d'art lui achètent des œuvres.

Quand on lui demande s'il a beaucoup bénéficié de l'aide de l'Institution, Fabrice Hyber répond : « J'ai eu deux bourses dans ma vie. Une du Frac des Pays de la Loire pour avoir un atelier. L'autre de la Villa Médicis, hors les murs, c'est-à-dire une bourse de près de deux mois pour aller au Japon. Il y avait eu la grande vague d'art contemporain financée par l'État par l'intermédiaire des Frac. Il y avait beaucoup, beaucoup d'argent, ça finissait par influencer la forme même de l'art. Les artistes organisaient leur travail en fonction de ces subsides. Moi, je suis arrivé à la fin de cette vague, et je me suis aperçu que cette formule ne me convenait pas. Être soutenu par le ministère de la Culture n'est pas la meilleure des choses qui puissent vous arriver : on existe avant même d'exister ! Mon séjour au Japon a été déterminant. J'y ai appris par l'exemple que personne n'attend l'artiste. C'est lui qui doit créer son domaine d'intervention, son territoire, son espace. »

Fabrice Hyber est très vite sorti du lot des artistes « officiels », c'est-à-dire soutenus par les institutions françaises. Choisissant à leur idée des artistes pour les opérations de relations culturelles à l'étranger, les responsables du ministère de la Culture ou du ministère des Affaires étrangères les désignent ainsi comme les représentants de la création contemporaine française. Le marché, qui fait les cotes, est mis entre parenthèses. Résultat ? Un manque de résultats.

Revenons à Fabrice Hyber. Assez vite, des galeries s'intéressent à ce jeune artiste qui multiplie les inventions, appelées POFs (prototypes d'objets en fonctionnement) : il détourne de sa fonction habituelle l'objet usuel, à l'image du « ballon carré ». Fabrice Hyber créera même l'UR (Unlimited Responsability), une société de production destinée à réaliser ses œuvres et celles d'autres artistes, à organiser des événements et à commercialiser des produits non commercialisables. Une sorte de lieu de rencontres et d'échanges.

L'artiste mutant reste le chouchou de l'institution culturelle française, même s'il s'en défend. En 1997, il est sélectionné pour représenter la France à la 47e Biennale de Venise. Il ne choisit pas, comme le veut la tradition, un commissaire d'exposition pour l'aider dans son projet, mais un producteur délégué : Guy Tortosa, qui l'a soutenu et promu dès ses débuts.

Fabrice Hyber fait du pavillon français, qu'il installe sous une tente berbère, un studio d'enregistrement et de diffusion d'émissions de télévision. Il crée ainsi un espace en transformation permanente où, pendant quinze jours, les visiteurs sont à la fois spectateurs et acteurs de l'événement. Il joue sur le sens anatomique du mot « pavillon ». « C'est une oreille en contact avec les ondes sonores, les images, les corps et les idées qui circulent à Venise et au-delà[1] », explique-t-il au conservateur Hans Ulrich Obrist. L'expérience d'une télévision désirée, appelée « Eau d'or, eau dort, Odor », séduira le jury. Fabrice Hyber obtient le Lion d'or de la meilleure participation nationale.

L'artiste voyageur multiplie les projets et les événements à travers le monde : en France, au Japon, au Mexique, en Chine. Il joue sur tous les registres : dessin, peinture, sculpture, installation, vidéo, et même rallyes avec énigmes pour faire découvrir une œuvre. « L'artiste, c'est un touriste, dit-il. Un touriste qui travaille tout le temps. Il recueille, déplace et transporte les informations avec lui. L'artiste dans sa mansarde, c'est une vision romantique qui a fait son temps. L'artiste, il est là, partout, à vos côtés. »

L'artiste et le critique

Le sculpteur chinois Wang Du est aujourd'hui une célébrité internationale. Il est installé dans une ancienne usine métallurgique à Alfortville, au sud-est de Paris. En façade, une porte de garage et une petite porte de fer par laquelle on pénètre dans un espace encombré, qui dessert à droite l'atelier, à gauche la partie privative. Derrière, un petit jardin clos de murs. L'accès aux chambres à l'étage se fait par un escalier de bois. Rien n'est esthétique. Rien ne semble terminé.

---

1. *In* Fabrice Hyber et Hans Ulrich Obrist, *Oumert*, Le Creux de l'enfer, 1994. Hans Ulrich Obrist, né en 1968 à Zurich, est essayiste, théoricien de l'art et commissaire d'exposition. Il est aujourd'hui directeur des projets internationaux de la Serpentine Gallery à Londres.

Wang Du nous reçoit dans une pièce en verrière, sorte de salon-bureau qui sert aussi de salle à manger. Seul confort : de grands canapés de cuir noir, qui se font face. Sur la table, un réchaud, une bouilloire, de multiples boîtes de thé, de petits bols. Wang Du nous offre un thé vert très aromatisé de l'est de la Chine, que l'on ne trouve pas en France. Après une infusion minutée, il verse la boisson dans de minuscules coupelles.

Wang Du appartient à la génération qui a grandi pendant la Révolution culturelle. Envoyé à la mine, il part ensuite à Canton faire les Beaux-Arts et devient professeur de dessin au département d'architecture de l'école. N'étant pas un artiste académique, il s'engage dans l'avant-garde et s'impose comme le chef de file d'un groupe de créateurs pluridisciplinaires. Accusé de ne pas être dans la ligne, il fera neuf mois de prison, avant de venir s'installer en France avec sa femme, « une journaliste française de gauche qui parlait très bien le chinois ».

« Je savais seulement ce que je ne voulais pas faire, explique posément cet homme massif. De l'académisme. J'étais en rupture avec le concept de base de la création chinoise, que l'on peut définir par deux mots indissociables : romantisme et réalisme. Je voulais vivre avec mon temps. D'abord, je me suis cherché, j'ai vu des expositions, étudié ce que faisaient Jeff Koons, Cindy Sherman, dont je connaissais les œuvres. Je n'avais aucun moyen de me faire des relations, aucun réseau. J'apprenais le français et je faisais des maquettes. Grâce à un professeur de mathématiques que nous avions rencontré en Chine, j'ai fait la connaissance du critique d'art Hou Hanru. Il était alors stagiaire d'un commissaire d'exposition. Il a obtenu de la galeriste Anne de Villepoix qu'elle m'expose gratui-

tement pendant deux jours. J'ai pu montrer pour la première fois dix-huit de mes œuvres. »

Hou Hanru s'engage. L'écrivain, critique d'art et commissaire d'exposition milite pour le multiculturalisme, la
mondialisation et la pluridisciplinarité, comme son collègue
et ami Hans Ulrich Obrist. Il fait participer Wang Du à des
expositions collectives en Europe, en Italie, en Autriche.
Ce qui passionne l'artiste chinois, c'est le monde des
images et leur pouvoir de manipulation sociale, politique,
économique ou intellectuelle. Il se sert de pages de journaux froissées ou de programmes diffusés en boucle sur
des séries de postes de télévision pour mettre en exergue le
télescopage de l'image et de la réalité.

C'est à Vienne, en 1997, que le marchand d'art suisse
Pierre Huber voit une des sculptures de Wang Du,
Hélène Duval, sorte de pin-up aux jambes nues, à la fois
difforme et sensuelle. Cette sculpture a été réalisée à partir d'une image collectée sur un site Web japonais et
recyclée. Le galeriste collectionneur achète *Hélène Duval*
et les dix tirages de l'œuvre. « Pas cher, quelques milliers d'euros, se rappelle Wang Du, mais ça m'a encou-
ragé, et il m'a pris dans sa galerie de Genève. »

Cette année-là, le peintre chinois Yan Pei-Ming, installé
en France depuis 1980, le présente aux galeristes bruxellois
Baronian-Francey. Ceux-ci le prennent sous contrat. Yan
Pei-Ming, qui vit et travaille toujours à Dijon, le fait inviter
par le Consortium[1], un lieu d'exposition de jeunes talents
que fréquentent les galeristes parisiens du premier marché[2].

---

1. Le Consortium de Dijon, dirigé par Xavier Douroux, est un
centre d'art contemporain, conventionné depuis 1982 par la déléga-
tion aux arts plastiques du ministère de la Culture. Il organise des
expositions de groupe et monographiques.
2. Voir *infra*, chapitre 2, p. 76 et suivantes.

Les galeries Air de Paris et Emmanuel Perrotin sont intéressées. Mais c'est un commissaire d'exposition, Pierre Bal-Blanc, qui lui fera rencontrer le Parisien Laurent Godin, son galeriste désormais. « Je l'ai choisi parce que je m'entendais bien avec lui », explique simplement Wang Du.

À Genève, le conservateur phare de la profession, Harald Szeemann, découvre le travail du sculpteur chinois dans la galerie de Pierre Huber. Il est, en cette année 1999, le commissaire de la Biennale de Venise ; il a donc tout pouvoir pour coopter les artistes qui seront exposés au pavillon international. Il choisit une installation de onze personnages, *Marché aux puces.* Sur une table de neuf mètres de long se côtoient Yasser Arafat, Monica Lewinsky, Patrick Poivre d'Arvor… tous ceux qui font l'actualité du moment. L'artiste veut ainsi se faire l'écho de la cacophonie médiatique internationale. Pendant la Biennale, la photo de l'œuvre fera la une des quatre grands quotidiens italiens. Le commissaire-priseur Simon de Pury achète *Marché aux puces* à Pierre Huber. Sept ans plus tard, l'œuvre sera vendue à New York par sa maison d'enchères : estimée entre 120 000 et 180 000 dollars (94 000 et 140 000 euros), elle atteindra 280 000 dollars (219 000 euros).

Au printemps 2006, Nicolas Bourriaud et Jérôme Sans, les deux directeurs du Palais de Tokyo, à Paris, ont fêté leur départ en présentant une exposition-bilan : « Notre histoire ». Parmi les vingt-neuf artistes qui, selon eux, feront l'art du XXIe siècle, ils ont sélectionné Wang Du. À l'entrée des salles d'exposition, nous avons pu marcher sur son œuvre, un gigantesque conglomérat de journaux froissés – *Métro*, *Le Parisien*, *Le Monde*.

Deux ans plus tard, à Shanghai, lors de ShContemporary, nous avons retrouvé l'énorme boule de journaux chiffonnés. Mais cette fois elle était éditée en bronze et, avec ses deux mètres de haut et de large, elle trônait au centre du stand des Bruxellois Baronian-Francey.

L'artiste et le marché « globalisé »

Paris, hiver 2008. Après être passées à la galerie In Situ, nous continuons notre promenade dans les galeries voisines du VIe arrondissement qui accueillent des artistes de Berlin. Le galeriste bien-aimé des revues d'art, Kamel Mennour, a invité quatre artistes. Il vient de s'installer dans un hôtel particulier du XVIIe siècle situé au fond d'une cour pavée. Notre visite nous réservera bien des surprises.

Ce ne sont pas les dessins, peintures et vidéos d'artistes berlinois qui attirent d'abord notre attention, mais les dizaines de maquettes blanches représentant des villes et des ponts, posées sur le sol des deux grandes pièces du rez-de-chaussée. De petites constructions, réalisées avec des matériaux simples : du carton, du Rhodoïd… L'auteur, Yona Friedman, est un architecte qui a longtemps été considéré comme un utopiste. Futuriste aux idées altruistes, il dessine sans relâche depuis les années 1960. Avec toujours la même obsession : l'architecture doit être au service des autres, et non pas de l'architecte. Un concept jugé iconoclaste par ses pairs, même s'il n'a jamais été ouvertement contredit.

Que s'est-il passé pour que celui qui ne parvenait pas à se faire reconnaître comme un bâtisseur crédible en France, son pays d'adoption, devienne une sommité dans les milieux artistiques, un artiste reconnu, invité pour la troisième fois à la Biennale de Venise ?

Yona Friedman n'a jamais changé sa pratique. Ce théoricien émancipé des dogmes et des idéologies continue de suivre son idée de départ : l'architecte n'est plus un concepteur-organisateur, mais un conseiller des utilisateurs. Il défend les principes de l'autoplanification. Habitant le XVe arrondissement depuis les années 1970, il travaille dans son appartement, transformé en une sorte de grotte. Les murs de chaque pièce sont couverts de papier kraft et il y dessine au fusain des silhouettes qui ressemblent à celles tracées sur les murs des cavernes par les hommes de la préhistoire. Sur les tables à tréteaux, sur les étagères de toutes les pièces, des dizaines et des dizaines de maquettes. Des boîtes partout disséminées contenant des dessins, des manuscrits. Il faut enjamber œuvres et objets pour se frayer un passage. L'artiste nous montre ses archives. Elles viennent d'être acquises pour une part par le Getty Museum de Los Angeles, et pour l'autre par le Fonds national d'art contemporain. « Même mes panneaux muraux ont été achetés par la Direction du patrimoine, s'amuse-t-il. Avant les années 2000, on se foutait de moi. En 2007, ça plaît ! »

Yona Friedman raconte : « Dans les années 1970, 1980, je n'existais pas pour les architectes français. Leur attitude était même inamicale. J'ai dû partir à l'étranger, où j'ai reçu des prix. Puis, pendant dix ans, j'ai travaillé aux Nations unies. Grâce à l'appui d'Indira Gandhi, l'Organisation a financé mes recherches en créant un centre de communication dont je m'occupais. » Ce centre était dévolu à la publication de ses manuels sur l'habitat, l'eau, l'agriculture, pour montrer ce qui pouvait être produit à partir de matériaux basiques. Ses « utopies » se sont parfois concrétisées ; en témoigne le Musée de la technologie de Madras, fabriqué à partir de matériaux locaux, comme le bambou.

La reconnaissance du créateur en France va venir de l'étranger et des étrangers. Yona Friedman est dans le viseur d'un des grands commissaires d'exposition mondiaux, Hans Ulrich Obrist. À l'affût des moindres singularités du monde de l'art, ce critique-théoricien-globe-trotter va tout mettre en œuvre pour « déghettoïser » l'artiste. Il utilise les réflexions de Yona Friedman sur la ville spatiale pour élaborer l'exposition internationale « Cities on the Move » (« Villes en mouvement »)[1], qu'il conçoit avec le critique Hou Hanru. Obrist et Friedman rédigeront d'ailleurs un livre ensemble[2].

Mais ce sont les Hollandais qui vont faire sortir Yona Friedman de l'ombre. Et le hasard : « Un jour, raconte-t-il, j'ai reçu un coup de fil du Netherlands Architecture Institute. Rotterdam voulait me consacrer une grande rétrospective. Ils ont même réalisé une monographie, et c'est ainsi que j'ai été rangé dans le camp des artistes anglophones dans les années 2000. Et, à ce moment-là, j'ai été lancé comme théoricien et comme artiste. Tout le monde venait me voir pour que je participe à des expositions. "Vous êtes demandé par deux commissaires d'exposition", m'a écrit un jour le patron de Cultures-France[3]. Voilà comment ça s'est passé. »

« J'ai été adopté par un certain milieu, plaisante encore Yona Friedman, qui aura dû attendre l'âge de 80 ans passés pour devenir célèbre. On me demande partout, en

1. L'exposition a voyagé de 1997 à 1999 à Shanghai, Vienne, Bordeaux, New York, Copenhague, Londres et Bangkok.

2. Yona Friedman et Hans Ulrich Obrist, *The Conversations Series* (en anglais), vol. 7, Le Moniteur, 2007.

3. L'agence CulturesFrance, chargée de la promotion à l'étranger de la création et dirigée par Olivier Poivre d'Arvor, est sous la tutelle des ministères des Affaires étrangères et de la Culture.

Autriche, en Italie, en Chine, en Afghanistan. Pour Venise 2009, j'ai dessiné un énorme bâtiment de trente mètres de long ; c'est une équipe de la Biennale qui réalise la maquette en carton. La ville de Shanghai expose mes maquettes de ponts. Parmi ces projets, un ou deux seront choisis pour être réalisés en grandeur nature. Pour les construire, un concours mettra en compétition plusieurs architectes chinois. Maintenant, on adopte mes concepts… »

Qu'est-ce qui a changé ? Réponse : le marché. L'art s'est globalisé. Lorenzo Rudolf, directeur stratégie d'Art-Paris, explique : « Prenons des villes comme Shanghai et Tokyo. Shanghai se développe d'une manière différente, dans un temps différent. Tokyo a eu besoin de cent ans, Shanghai aura besoin de dix ans. Dans l'art, il se passe la même chose. Il y a quelques années, les artistes asiatiques ont dû aller en Europe ou en Amérique pour se faire connaître. Maintenant, des scènes artistiques s'ouvrent partout. Et ce sont leurs compatriotes qui se sont mis à collectionner les artistes des pays émergents. » En pleine crise financière et économique, le 1ᵉʳ décembre 2008, l'immense *Mao-Soleil rouge* de Yan Pei-Ming était vendu aux enchères de Hong Kong pour 555 900 euros !

La mondialisation a aussi influencé le goût des collectionneurs et des amateurs d'art. Et, vingt ans après la découverte de ces artistes d'« ailleurs », l'Institution ne peut pas rester hors jeu. Quand le Louvre créa un poste de chargé de mission pour l'art contemporain, ce fut un véritable choc pour la majorité des conservateurs de ce prestigieux musée plusieurs fois centenaire. En 2009, Marie-Laure Bernadac, conservateur et commissaire d'exposition en charge de cette mission, a invité Yan Pei-Ming à participer à une confrontation entre artistes contemporains et maîtres anciens. Yan Pei-Ming a choisi de se confronter à Léonard de Vinci, ou plutôt d'entrer en correspondance avec lui. Un ensemble de cinq toiles monumentales, appelé *Les Funérailles de Mona Lisa*, a ainsi entouré la Joconde pendant quelques jours.

Si elle crée des opportunités nouvelles pour les artistes, quelle que soit leur origine, la globalisation accélérée du monde de l'art n'est pas de tout repos pour eux. Elle est synonyme d'une perte de repères et d'une difficulté à appréhender un environnement si vaste, toutes deux source d'une grande anxiété.

« Je me vois comme l'employé d'une entreprise, d'une usine sans nom, dont je me sens parfois l'esclave », se désole l'Italien Maurizio Cattelan, internationalement reconnu parmi les artistes phares de l'art contemporain et acheté à prix d'or par les plus grands collectionneurs. « Nous mettons nos bébés au monde, nous récupérons nos coûts de production avec un petit extra, puis ces bébés parcourent la terre entière. Ce sont des orphelins qui vont de famille en famille. Certains ont de la chance et vont dans une famille qui les aime. D'autres sont exploités et passent d'une mauvaise famille à une autre[1]. »

---

1. Propos parus dans *Libération*, 12 septembre 2009, repris dans la rubrique de Stéphanie Moisdon, « Revue de presse », *Beaux-Arts Magazine*, novembre 2009.

CHAPITRE 2

Les cent qui mènent la danse

Dans le monde, ils sont cent à mener la danse, de l'Amérique à l'Asie en passant par l'Europe. Ils font la promotion du marché de l'art contemporain, en perpétuelle évolution, ou de celui de l'art moderne, aux signatures consacrées. Ils appartiennent à des réseaux de toutes sortes – commerciaux, culturels, mondains, journalistiques. Des réseaux complexes, changeants, voire des chapelles. Sans frontières. Ces cent se connaissent, se fréquentent régulièrement, se concurrencent toujours, s'allient parfois. Ils sont mégacollectionneurs, grands marchands, grands directeurs de foire, grands conservateurs de musée, grands commissaires d'exposition, grands courtiers et conseillers, grands théoriciens. Peu importe leur profession ; ce qui compte, c'est qu'ils soient « grands », par l'argent qu'ils misent ou par l'influence qu'ils exercent. Chaque année, les mensuels américains et britanniques consacrés au marché de l'art dressent des listes pour révéler qui a le pouvoir dans le monde de l'art. *Art Review* publie son *who's who* des cent plus grands[1]. *ARTnews* recense les personnalités les plus

---

1. www.artreview100.com/2009-artreview-power-100/. *Art Review* est un mensuel anglais d'art contemporain relancé en juillet 2006. Le site www.artreview.com est un site gratuit.

influentes du monde de l'art, celles qui, selon le mensuel, font et défont le marché[1]. Comme les sondages politiques, les classements varient d'une revue et d'une année à l'autre. Les ingrédients sont toujours les mêmes : ventes exceptionnelles pour les artistes stars et leurs galeristes, acquisitions pour les collectionneurs, réalisation d'expositions pour les directeurs de musée, les conservateurs, les commissaires d'exposition. Les décideurs perdront ou gagneront des places dans le classement général, effectué par un panel de juges anonymes, selon l'impact qu'aura eu l'événement couvert par la presse quotidienne et spécialisée. C'est la com' qui décide du poids de chacun.

Une position exceptionnelle

Pour la catégorie collectionneurs, la tête de liste est François Pinault. Un *art patron*, comme on le désigne dans le milieu de l'art contemporain, où l'anglais est la langue véhiculaire. Pourquoi détrône-t-il les trente-cinq plus grands collectionneurs mondiaux de la liste d'*ARTnews* et les douze cités par *Art Review* ? Est-ce parce qu'il a installé, à Venise, une fondation au Palazzo Grassi et un nouveau musée à la Pointe de la Douane ? Non, d'autres que lui possèdent tout autant d'œuvres d'art. Mais il est le seul à contrôler Christie's, l'une des deux plus puissantes maisons de ventes aux enchères de la planète. En 1998, il en est devenu le propriétaire. Sa position est donc unique : il est à la fois collectionneur et premier

---

1. http://artnews.com/issues/article.asp?art_id=2702. Ce mensuel d'art américain fondé en 1902 est diffusé à 200 000 exemplaires dans 123 pays.

marchand parmi les grands marchands. En 2008, Christie's et sa concurrente américaine Sotheby's ont réalisé à elles seules 73 % des ventes aux enchères mondiales. Qu'il utilise ou non cette position avantageuse, le collectionneur français est l'homme le mieux placé au monde pour bénéficier d'informations de première main.

L'information est stratégique dans l'univers des grands collectionneurs mondiaux, puisque tous cherchent la même chose : les œuvres de référence des artistes établis ou de ceux qui sont en passe de l'être. Tous veulent savoir quel artiste va devenir tendance. Savoir où se trouvent les meilleures œuvres des artistes à succès. Savoir qui sera vendeur ou acheteur. Tous sont aux aguets.

Ceux qui mènent la danse poursuivent le même intérêt : protéger la cote des artistes phares dans lesquels ils ont investi. C'est vrai des collectionneurs, mais plus encore des marchands. Prenons le cas d'un des plasticiens stars du moment, Jeff Koons, la coqueluche des milliardaires mondiaux. « Il faut absolument entretenir l'illusion. Jeff Koons est un baromètre à New York, une sorte d'étalon-or. Si Jeff Koons se vend bien, tout va bien pour les marchands et les collectionneurs. En novembre 2007, il y a eu un léger doute sur sa cote et tout le monde était paniqué à Chelsea, le quartier des galeries de New York[1] », raconte Alain Quemin, chercheur en sociologie de l'art. Jeff Koons est classé en treizième position par *ARTnews* et *Art Review*. Il fait partie, avec Damien Hirst, Richard Prince et Takashi Mura-

---

1. Alain Quemin est professeur de sociologie à l'université Paris-Est. Chercheur, il travaille sur l'internationalisation de l'art contemporain.

kami[1], du quatuor mondial de l'art contemporain. Pour soutenir un tel artiste, rien ne vaut une belle opération de com', avec tambours et trompettes en renfort. Une exposition comme celle de Koons à l'automne 2008 dans les salons et les chambres du château de Versailles, c'est l'acmé. Le président de l'Établissement public du château, Jean-Jacques Aillagon[2], ne s'est pas trompé en choisissant l'artiste kitsch américain pour imposer sa marque. Jeff Koons réunit toutes les qualités requises : c'est un artiste international représentant le post-pop art, l'un de ceux que collectionne à grands frais François Pinault, enfin un plasticien dont les œuvres suscitent une vive polémique parmi les amateurs d'art. Jean-Jacques Aillagon a donc fait d'une pierre deux coups : faire parler de Versailles à travers les centaines d'articles et les débats fiévreux auxquels a donné lieu cette exposition, et faire plaisir à François Pinault en mettant en majesté celui dans lequel le milliardaire a beaucoup investi.

Pendant le mois qui a précédé son ouverture, les services de communication de l'exposition l'ont martelé dans tous les médias : Jeff Koons allait donner « de la fraîcheur aux tableaux qui ont une densité historique ». Pour les amateurs d'art contemporain, il était exclu de

---

1. Takashi Murakami, diplômé de peinture traditionnelle japonaise, étudie ensuite au PS1 International Studio Program de New York. Son travail exploite la veine manga. Le style de ses peintures, les *Superflats*, se caractérise par des aplats de couleurs. L'artiste décline tous les modes d'expression contemporains, de la performance à la sculpture, de la peinture monumentale au merchandising.

2. Jean-Jacques Aillagon, enseignant, a fait toute sa carrière dans les institutions culturelles. Il a été ministre de la Culture et de la Communication de 2002 à 2004. Depuis le 6 juin 2007, il est président de l'Établissement public du château de Versailles.

manquer la présentation de ces dix-sept œuvres appartenant à divers milliardaires, dont François Pinault (pour six d'entre elles).

Trois mois plus tôt, la télévision avait été convoquée pour filmer l'artiste – en costume gris – et le président de l'Établissement public descendant les marches qui conduisent au parterre de l'Orangerie, lieu choisi pour installer *Split-Rocker*, une sculpture de douze mètres de haut, moitié cheval à bascule, moitié dinosaure, sur laquelle poussaient 80 000 fleurs. La presse nationale s'est emparée de l'événement pendant l'été, chacun y allant de ses commentaires sur les motivations de l'ancien ministre de la Culture, devenu en 2004, après son éviction, conseiller auprès du milliardaire collectionneur François Pinault. Idée de l'un ? Idée de l'autre ? Idée du commissaire de l'exposition, le conservateur Laurent Le Bon ? Qu'importe. « Avec tous les jardiniers dont vous disposez, vous allez pouvoir exposer mon *Split-Rocker* ! » aurait lancé François Pinault au futur responsable de Versailles avant même qu'il ait pris ses fonctions. La fameuse sculpture était remisée dans un hangar depuis 2000, date de l'exposition « La Beauté » à Avignon, dont Jean-Jacques Aillagon avait été le maître d'œuvre[1]. Personne ne l'avait revue depuis[2]. Le *Split-Rocker*, fait d'acier inoxydable, de terre, de géotextile, et muni d'un système d'irrigation interne pour les fleurs, s'en fut donc à Versailles. François Pinault a aussi prêté

1. Il était le commissaire général de la célébration du passage à l'an 2000. L'exposition phare de cette célébration s'était soldée par un déficit de 35 millions de francs. Source : *Journal des arts*, 5 janvier 2001.

2. François Pinault a acquis la sculpture pour 1,5 million d'euros auprès de la galerie Jérôme de Noirmont, à Paris, après l'exposition d'Avignon. Source : *Connaissance des arts*, septembre 2008.

GRANDS ET PETITS SECRETS DU MONDE DE L'ART

pour l'occasion *Hanging Heart* (l'immense cœur rouge
suspendu), le *Balloon Dog* framboise, *Moon* (la lune
bleue) et les bouées hippopotame et tortue de la série
Popeye. Et il a offert un million d'euros sur les 2,2 millions du budget de l'exposition.

Septembre 2008. Les visiteurs attendent en rangs ser-
rés pour visiter le château. Bousculés par le flot des touristes qui arpentent les salons de Vénus ou de Mercure au
pas de charge, les Amis du Musée d'art moderne, venus
pour Jeff Koons, ont du mal à rester groupés pour écou-
ter le conférencier sollicité pour l'occasion : « Jeff Koons
vient du pop art. Il travaille sur des objets familiers avec
lesquels tout un chacun peut entretenir un lien… Il est
dans l'univers du jeu. Les objets qu'il crée exigent une
perfection dans leur réalisation. Ce sont des formes mou-
lées, polies et peintes dont la fabrication exige deux, trois
ans de manipulations. Elles sont réalisées en acier
chromé inoxydable… Et attention, de l'acier qui fait
miroir. »

Certes, de grands collectionneurs n'ont pas hésité à
signer des chèques de plusieurs millions d'euros pour
acquérir des œuvres de Jeff Koons, et beaucoup, comme
François Pinault, se démènent pour conforter sa cote.
Mais les œuvres gigantesques du plasticien n'ont jamais
fait l'unanimité. Déjà, dans les années 1980, le journaliste amoureux de l'art contemporain Jean-François
Bizot[1], qui ne s'en laissait pas conter, écrivait : « Depuis
quatre ans, Jeff Koons prospère sous l'aile de la grande

---

1. Jean-François Bizot (1944-2008), journaliste, écrivain, découvreur de talents, défenseur des minorités et passionné par les
cultures alternatives, fut aussi cofondateur du journal *Actuel* et de
Radio Nova, et créateur du groupe de presse Novapress.

galerie new-yorkaise d'Ileana Sonnabend, qui a révélé le pop art. Sa trajectoire est parfaite. Ce beau garçon, un poil arrogant, fut auparavant trader à Wall Street. Notre époque est du toc, poursuit-il, moqueur. [...] Tout est basé sur le commerce : alors pourquoi s'en priver ? »

Quelques mois plus tard, Mera Rubell, l'une des grandes collectionneuses de Floride (n° 24 de la liste d'*ARTnews*, n° 77 de celle d'*Art Review*), nous donna son interprétation de l'engouement suscité par Jeff Koons : « Mon mari et moi avons acheté, dans les années 1980, un *ready-made* de Jeff Koons, *New Hoover*, et bien entendu ce n'était pas très cher alors[1]. [L'aspirateur était aussi exposé à Versailles, sous un coffrage en Plexiglas avec lumière fluorescente, dans la chambre des filles de Louis XV.] Les aspirateurs font partie de mon histoire, et de celle de la société de consommation de l'après-guerre, florissante dans les années 1950. Lorsque je suis arrivée aux États-Unis, à l'âge de 15 ans, je venais de Pologne avec ma famille. La découverte de tous ces objets de commodité, qui rendaient la vie facile et agréable, a été pour moi un choc. Jeff Koons a détourné cet objet comme emblème de la condition féminine et de la nouvelle classe moyenne américaine. »

Manifestement sincères dans leur admiration, Donald et Mera Rubell, comme François Pinault, Eli Broad[2] (n° 5 de la liste d'*ARTnews*, n° 7 de celle d'*Art Review*),

---

1. Il fallait compter 700 dollars pour le *Hoover* et une applique de lumière fluorescente à la galerie new-yorkaise Mary Boone. Un exemplaire de cette œuvre a été mis en vente le 13 novembre 2003 chez Phillips de Pury, à New York, pour 560 000 dollars.
2. Eli Broad est promoteur et cofondateur de Kaufman & Broad. Classé 42e parmi les 400 Américains les plus riches, le milliardaire a créé une fondation d'art contemporain.

Peter Brant[1] ou Dakis Joannou[2] (n° 25 de la liste d'*ARTnews*, n° 36 de celle d'*Art Review*), ont gagné beaucoup d'argent avec Koons. Ce qui n'empêche pas la rockeuse et photographe Patti Smith, exposée à la Fondation Cartier en 2008, de déclarer : « Quelqu'un comme Jeff Koons est comme un détritus sur terre. Quand je regarde ses trucs, je suis révoltée. Je n'arrive pas à comprendre où ce genre de type veut en venir[3]. » Quoi qu'on en pense, dans le monde de l'art contemporain, Jeff Koons est une valeur. Une valeur financière ? Une valeur artistique ? L'histoire de l'art jugera.

Les découvreurs du premier marché

Sur les cent premiers des listes d'*ARTnews* et d'*Art Review*, les marchands arrivent, par le nombre, en première position, devant les collectionneurs. Des méga-marchands, new-yorkais, anglais, suisses, allemands, qui couvent leurs poules aux œufs d'or. Mais les poules ne pondent pas de tels œufs d'emblée. Pour faire d'un inconnu un artiste mondial, il faut du temps et du travail.

Les découvreurs sont plutôt de moyens ou petits galeristes qui ne peuvent pas se permettre d'immobiliser des capitaux importants pour gérer la carrière d'artistes déjà reconnus. Leur sort est lié à leur flair, à leur capacité de jugement sur le devenir d'un artiste. Et aussi aux découverts que les banques veulent bien leur consentir entre le

---

1. Peter Brant est un magnat de l'imprimerie. Il a créé le Brant Foundation Art Study Center, à Greenwich (Connecticut).
2. Dakis Joannou, industriel grec, a créé à Athènes la Deste Foundation.
3. Patti Smith, TheArtNewspaper.com, 20 mars 2009.

moment où ils lancent un créateur et celui où il commence à se vendre. C'est ce qu'on appelle le « premier marché » : c'est sans doute le plus excitant, mais il est semé d'embûches.

Au départ, l'investissement financier est relativement modeste. Seuls comptent le mouvement spécifique que défend le nouvel artiste et le fait de savoir s'il s'inscrit dans la ligne éditoriale de la galerie. C'est au hasard de visites d'ateliers, d'écoles d'art, d'expositions collectives que le galeriste repère les œuvres de l'inconnu et détecte son potentiel. Il fait ensuite son travail de marchand en l'exposant, en le recommandant à ses clients collectionneurs, en le présentant dans les foires d'art, en investissant dans des catalogues et des monographies. Le pari est toujours risqué. L'artiste trouvera-t-il son marché ?

« Je suis le petit jeune homme débutant parmi les grands squales. Nous, pour les grandes galeries, nous sommes les "dénicheurs" », dit Virgil de Voldère, un Français d'une trentaine d'années qui s'est établi à New York il y a un peu plus de dix ans. Parti d'un cinquième étage de la 24e rue dans le quartier de Chelsea, il a peu à peu conquis sa place dans les foires parallèles qui se sont développées autour de celles de Miami, de Bâle ou de Manhattan. « En 2003, il n'y avait pas beaucoup de foires ou de salons spécialisés dans l'art contemporain, raconte-t-il. Dans le 250 mètres carrés qu'on m'avait prêté à Soho, j'installais mes expos, des artistes qui étaient encore à l'école ou à l'université, je faisais de belles photos bien cadrées en évitant soigneusement de montrer les bureaux du négociant d'appartements anciens qui m'abritait. J'envoyais ça aux directeurs de foire, avec un beau dossier et mon programme. J'ai réussi à entrer à Scope, une foire parallèle de Miami, en décembre 2004. J'y exposais un artiste espagnol qui faisait de très grandes sculptures. On a loué un camion-remorque avec ma femme Suzanne. Le voyage nous a pris trois jours. Et en deux heures on avait tout vendu. C'était incroyable ! »

La difficulté, pour Virgil de Voldère, ce n'est pas tellement de trouver des artistes « nouveaux et intéressants ». C'est de les garder, d'éviter qu'une plus grande galerie vienne les débaucher quand ils ont acquis une petite notoriété. Il n'a pas les moyens de les retenir : son artiste espagnol l'a quitté très rapidement, dès qu'il a reçu des offres plus alléchantes. Virgil n'a pas non plus les moyens de se tourner vers des artistes plus avancés dans leur carrière. « Pour prendre des artistes déjà matures, il y a un prix à payer : il faut éditer des catalogues, une plaquette de présentation de l'œuvre, financer le tournage d'une vidéo. Souvent, on leur paie leur atelier, leurs assistants, leurs voyages, ça peut aller très loin, jusqu'à leurs vacances et celles de leur famille... »

Le dilemme quotidien consiste à arbitrer entre deux options : vendre à des particuliers ou vendre à des marchands – sachant que ces derniers lui enlèveront un artiste s'ils l'ont eux-mêmes revendu avec succès.

« La problématique pour moi, poursuit Virgil de Voldère, c'est d'évaluer pourquoi et quand c'est intéressant pour un artiste de partir, et pour moi de le laisser partir. Ou, au contraire, comment faire pour le garder le plus longtemps possible. S'il a des propositions de galeries qui sont vraiment mieux que la mienne à tout point de vue – image et puissance financière –, je ne peux pas le garder. Ce n'est pas possible, et il ne faut pas. Ce serait une erreur. Savoir que tel artiste est parti dans une grande galerie et que sa cote va monter amène mes clients à se dire : il faut qu'on aille chez Virgil voir ce qu'il propose,

LES CENT QUI MÈNENT LA DANSE

parce que si on achète de jeunes artistes chez lui, on les paiera dix fois moins cher que dans une grande galerie trois ans plus tard. »

Peu de grands galeristes internationaux travaillant sur le premier marché sont de réels découvreurs. On cite toujours le Franco-Américain Leo Castelli, découvreur du pop art, de Robert Rauschenberg, de Jasper Johns, le plus grand parmi les représentants de l'expressionnisme abstrait. Leo Castelli est devenu une icône des années 1960. De son côté, Jeffrey Deitch (n° 54 de la liste d'*ARTnews*), galeriste depuis 1996 après avoir quitté le secteur de la banque, a choisi le premier marché pour faire des affaires. À la foire de décembre de Miami 2008, nous ne pouvions pas manquer son stand, qui présentait des projets de jeunes artistes alliant peinture, musique et mode. Le galeriste les cofinance avec son partenaire, la maison de ventes Sotheby's, afin de partager les risques. Jeffrey Deitch fut aussi l'un des premiers à soutenir le peintre Keith Haring. Il s'occupait alors du « business de l'art » à la CityBank, dont il était l'un des vice-présidents. Keith Haring était encore un inconnu qu'exposait Tony Shafrazi, un peintre devenu galeriste.

Si nous rendons visite à Fabienne Leclerc, qui possède la galerie In Situ, dans le VIe arrondissement de Paris, ce n'est pas seulement pour voir l'artiste berlinoise qu'elle expose cette semaine-là, mais aussi pour l'interroger sur un point qui nous intrigue : comment sa galerie, qui travaille sur le premier marché et qui ne figure pas sur les listes d'*ARTnews* et d'*Art Review*, a-t-elle pu inscrire Subodh Gupta (n° 85 de la liste d'*ARTnews*) dans le portefeuille d'artistes qu'elle représente ? Quand elle a choisi d'exposer les œuvres de Subodh Gupta, celui-ci était pratiquement inconnu en Occident… « Lors d'une exposition collective au Palais de Tokyo, à Paris, en 2001, deux ou trois pièces de bronze, d'aluminium ou d'acier inoxydable de l'artiste indien avaient été présentées par les deux directeurs du Palais, Nicolas Bourriaud et Jérôme Sans. Un jour, Nicolas, qui est un de mes proches, m'informe que Subodh va venir en résidence à l'École des beaux-arts de Paris. J'y vais. Je le rencontre, il n'avait pas de galerie en France. Nous nous entendons bien. Je lui propose une exposition dans ma galerie en 2005. Monter une exposition signifie d'abord financer la production des pièces qui seront montrées. En 2006, pour la Nuit blanche, ce sera la production d'une œuvre immense, *Very Hungry God*[1], une vanité colossale fabriquée à partir de l'agrégation d'ustensiles de cuisine. Coût de la production : autour de 60 000 euros. » La vaisselle était arrivée par bateau à Marseille, ensuite la production de l'œuvre avait été faite à Montpellier. Elle a nécessité l'intervention d'un spécialiste, qui a créé les structures destinées à faire tenir ensemble les éléments. Il a travaillé d'après la maquette que lui a fournie l'artiste.

« La pièce, poursuit Fabienne Leclerc, a été installée dans l'église Saint-Bernard, à la Goutte d'Or. On était en pleine période de manifestations en faveur des sans-papiers. J'appelle un des conseillers de François Pinault, Philippe Ségalot, pour lui signaler l'intérêt de la sculpture. Il me dit : François Pinault a justement l'intention d'aller voir ce qui se passe dans les pays émergents, l'Inde, la Chine. François Pinault m'a appelée pour me dire qu'il désirait voir l'œuvre, à condition de pouvoir venir à 8 heures du matin. Il est venu. Il est resté une

---

1. « Dieu très affamé » (2006). Il s'agit d'une tête de mort de 360 × 280 × 330 cm. Voir cahier central, p. 3.

heure devant la tête de mort, visiblement il éprouvait un grand plaisir à la contempler. Il l'a achetée et l'a installée devant le Palazzo Grassi, à Venise, au moment de son inauguration. C'était la première fois que ça m'arrivait. » Une œuvre que le collectionneur prêtera, entre autres, à la galerie moscovite de Dasha Zhukova, Le Garage, pour l'exposition « Un certain état du monde », au printemps 2009.

Une fois qu'il a tiré le gros lot, le découvreur n'a que des moyens limités pour le garder. En effet, il n'existe pas – ou très rarement – de contrat juridique entre l'artiste et son marchand. L'un et l'autre sont libres de tout lien, hormis le lien moral et affectif. L'artiste n'est pas un salarié du marchand d'art, comme au XIXᵉ siècle. Et le galeriste-découvreur du « premier marché » n'est pas propriétaire de ses œuvres, il en est seulement le dépositaire. Le partage de la vente est à 50-50. Lorsque des commandes spécifiques nécessitent de la production, le marchand se réserve 25 %, production déduite. À coups de promesses de promotion et de plus grandes facilités de vente, les galeristes qui ont davantage de moyens, de surface, de contacts avec les collectionneurs internationaux cherchent bien évidemment à faire venir chez eux l'artiste qui commence à se faire un nom. Et, le plus souvent, celui-ci succombe à la tentation. Ainsi le Japonais Takashi Murakami a-t-il quitté en 2007 sa galeriste historique new-yorkaise Marianne Boesky pour le marchand vedette Larry Gagosian (n° 2 de la liste d'*ARTnews*, n° 5 de celle d'*Art Review*). Selon la terminologie des professionnels, ces galeristes qui vont travailler en direct avec les artistes qu'ils n'ont pas découverts font aussi partie du « premier marché », puisque les artistes en question continuent de produire de nouvelles œuvres qu'ils vont vendre. Le

« premier marché » regroupe donc deux types de galeristes : les découvreurs-marchands et les « businessmen » de l'art, qui ont des artistes connus en exclusivité.

Les businessmen de l'art

Toutes les galeries internationales vedettes présentent les œuvres d'artistes reconnus par les juges du marché, directeurs de musée, conservateurs et critiques, des artistes à la cote bien établie. Leur métier : essayer de contrôler l'offre et surtout les prix en mobilisant leur réseau, qui comprend aussi bien les marchands amis que les grands collectionneurs.

Larry Gagosian est un homme mystérieux et secret, qui fixe souvent ses interlocuteurs sans sourire. Il a construit un empire inégalé dans l'univers de l'art. À travers ses sept galeries réparties dans le monde, il fait du commerce avec les œuvres d'art en suivant les mêmes règles que celles qui régissent n'importe quelle autre marchandise. Ses collaborateurs doivent atteindre des objectifs financiers mensuels. Et lorsque, une heure après la vente d'une œuvre, l'acheteur n'a pas réglé la facture, le tableau ou la sculpture est réintégré(e) dans la base de données de la galerie principale, à New York.

Un listing informatisé est consultable par chacune des sept galeries, de New York à Rome, de Los Angeles à Londres. Larry Gagosian n'est pas un « faiseur d'artistes », c'est un « faiseur d'or ». Au bénéfice de lui-même, de ses clients collectionneurs et des quelque quatre-vingt-quinze artistes dont il s'occupe. Personne n'a jusqu'alors réussi à percer le secret de la réussite de celui que les critiques new-yorkais appellent « le requin ». Charles

Saatchi n'hésite pas à dire : « J'adore Larry Gagosian, mais j'entends toujours la musique des *Dents de la mer* lorsque je m'approche de lui[1]. » On sait seulement que ce marchand a commencé en vendant des lithographies à Los Angeles, et qu'il a gagné beaucoup d'argent en jouant les intermédiaires entre les collectionneurs milliardaires de Californie. Une de ses bottes secrètes est de cultiver un carnet d'adresses de clients de « premier rang ». Et de savoir plus vite que d'autres où se trouvent les « bonnes » œuvres pour les proposer aux « bons » collectionneurs.

Larry Gagosian s'est assuré le monopole de talents mondialement reconnus – parfois braconnés chez les autres galeristes – comme Jeff Koons, Damien Hirst, Anish Kapoor ou le sculpteur britannique Sir Anthony Caro. Il est toujours présent quand a lieu une grande vente aux enchères. Aux aguets, prêt à intervenir si aucun acheteur ne se manifeste. Il aura mobilisé ses amis collectionneurs et ses partenaires galeristes pour soutenir la cote de ses artistes à sept chiffres, au cas où. « Un de ses secrets, explique Sarah Douglas, c'est d'avoir compris depuis toujours l'étroite correspondance qui existe entre art et argent[2]. »

Les galeries les plus puissantes imposent les tendances, utilisent le marketing et d'autres méthodes de promotion pour créer ou soutenir la demande, avec l'appui plus ou moins explicite de commissaires d'exposition, de directeurs de musée et de conseillers artistiques

---

1. Charles Saatchi, *My Name is Charles Saatchi and I Am an Artoholic*, *op. cit.*, p. 157.
2. Sarah Douglas est journaliste au mensuel américain *Art+Auction*.

– tous devenus plus importants pour le marché de l'art que l'artiste lui-même. Les jurés d'*Art Review* n'ont-ils pas porté le commissaire d'exposition Hans Ulrich Obrist à la première place du *who's who* de l'art ?

Quand émerge un nouveau mouvement pictural, c'est une sorte de regroupement informel qui l'impose. Avant les années 1980, les galeries internationales de New York passaient des accords avec des galeries nationales, chacune ayant l'exclusivité de l'artiste dans son propre pays et « bénéficiant d'un abattement de 20 à 25 % sur les prix de vente pratiqués par la galerie leader[1] ». L'objectif était de s'assurer le marché le plus large, en attendant qu'un autre mouvement artistique vienne relayer le premier. Les règles du jeu ont changé. Désormais, les œuvres des artistes sont très hétérogènes, le renouvellement est continu, et la notion d'école, de mouvement, tend à disparaître. Auparavant il y avait une dizaine d'artistes qui comptaient, il y en a une centaine aujourd'hui ; auparavant New York abritait une vingtaine de galeries, elles sont six cents aujourd'hui. Résultat : chacun joue pour soi en mobilisant son réseau. Les galeries anglo-saxonnes se réservent souvent l'intégralité du marché mondial d'un artiste, ou bien l'artiste très connu choisit lui-même ses galeries dans les grandes capitales. Les collectionneurs européens ont accès à ses œuvres en s'inscrivant sur des « listes d'attente ». Les gagnants sont les vingt-cinq premiers collectionneurs mondiaux de la liste d'*ARTnews*, parce qu'ils sont les premiers et les mieux informés. Le mécanisme du « second marché » peut s'enclencher.

---

1. Raymonde Moulin, *Le Marché de l'art. Mondialisation et nouvelles technologies*, Flammarion, « Champs », 2003.

Pour Harry Bellet, journaliste au service culturel du quotidien *Le Monde* spécialisé dans l'art contemporain[1], le roman policier de Carol O'Connell, *L'assassin n'aime pas la critique*, propose « l'une des meilleures descriptions de l'évolution du marché de l'art contemporain. Le livre divise les acheteurs en trois catégories gigognes, de la liste A à la liste C. La liste A, c'est le marché principal. Les gens friqués. Ce ne sont pas des amateurs d'art, seulement des gens qui cherchent à investir pour faire travailler leur argent. Pour eux, si un artiste jouissant d'une grande notoriété meurt, c'est une aubaine : ça fait monter les prix parce que les œuvres de ce créateur vont devenir rares. La liste A sait pertinemment quand liquider des œuvres avant que leur valeur ne s'effondre. Elle les vend aux "bonnes poires" de la liste B… qui peuvent à leur tour vendre à la liste C. Ceux-là vont se retrouver avec des œuvres qui ont une notoriété, mais qui ont perdu leur valeur. Les acheteurs de la liste C, ce sont souvent des entreprises, des banques et parfois même des musées. Ils se rendent rarement compte qu'ils ont été dupés, ou bien ils s'en moquent, parce que les œuvres sont inscrites dans les livres et les biens de la compagnie pour leur valeur d'achat. C'est une perte dissimulée, un élément du bilan qui n'apparaît pas en négatif dans les comptes tant qu'il n'est pas liquidé à perte. Voilà, vous savez tout sur l'art ! »

Georgina Adam poursuit l'analyse : « Il y aura toujours un marché pour les valeurs sûres, ce qu'on appelle

---

1. Harry Bellet, historien de l'art de formation, est aussi l'auteur de romans policiers sur l'art : *Le marché de l'art s'écroule demain à 18 h 30*, Nil, 2001 ; *L'Affaire Dreyer*, Nil, 2004 ; *Carré noir*, Robert Laffont, 2007 ; *Passage du vent*, Robert Laffont, 2009.

les *blue-chip artists*. La crise va toucher le *middle market* et le marché des artistes émergents. S'il y a moins de liquidités, le marché subira un recul, peut-être un recul décalé par rapport à la Bourse. Historiquement, le marché de l'art résiste mieux pendant dix-huit mois à deux ans. Actuellement, à cause d'Internet, ce délai tend à se raccourcir. »

Tout comme il y a un « premier marché » comportant deux niveaux, il y en a un « second », où sont proposées les œuvres qui n'appartiennent plus à l'artiste puisqu'elles ont déjà été vendues à un collectionneur ou à un galeriste, qui les remettent en vente à leur tour. Enrico Navarra est un des marchands français phares du « second marché », très présent dans les foires des pays émergents. Ce spécialiste de Basquiat a instauré une structure de galerie différente pour présenter sa collection d'œuvres. Il privilégie les opérations événementielles avec les entreprises pour créer des expositions clefs en main, dont il fournit aussi le catalogue. Mais c'est dans sa maison-galerie de la presqu'île de Saint-Tropez qu'il exerce son art de la vente, invitant amis, collectionneurs et marchands, l'été, à partager des lunchs et des dîners. Ce ne sont pas les artistes qui se produisent, mais le « maître de maison ».

« Entre le premier marché et le second marché, les frontières sont souvent poreuses, explique le galeriste du premier marché Bernard Zürcher. Une galerie peut faire partie du premier marché et vendre parfois des œuvres du second marché. Une galerie du second marché peut aussi représenter des artistes du premier marché. » Il faut bien vivre…

L'estampille américaine

Paris, 17 mars 2009. Nous assistons à une vente particulière, une vente de charité organisée par Christie's au profit de l'association du professeur David Khayat[1]. Pour cette vente, le maître de cérémonie, François Pinault, a sollicité les artistes dont il est proche : Jeff Koons, Damien Hirst, Subodh Gupta, Martial Raysse... Vingt-huit d'entre eux ont offert une toile. Dans la salle du sous-sol de la maison de ventes se retrouvent les membres du comité d'honneur : l'ancien associé de la banque Lazard Bruno Roger, l'industriel Patrick Ricard, le conseiller des princes de l'industrie Alain Minc, Judith Pisar, épouse de l'avocat international Samuel Pisar... Tous des collectionneurs. Les amis aussi sont venus, comme le courtier Philippe Ségalot, les galeristes parisiens Jérôme et Emmanuelle de Noirmont, ou encore Anne de Villepoix. Les artistes liés à leurs galeries ont offert des œuvres. Comme d'habitude, les collaborateurs de Christie's, le téléphone collé à l'oreille, sont en place pour les enchères. Les experts espèrent tirer de la vente 3 millions d'euros.

Elle va en rapporter 4,62 millions. Un succès dont se félicite ce petit monde, qui se salue, s'embrasse, se congratule. Autour d'eux tourbillonnent les collaborateurs. Tout le monde connaît tout le monde. Sauf celle qui va enchérir pour la plus grosse somme – 700 000 euros pour une sculpture en acier de Richard Serra. Une

---

1. Le professeur Khayat est chef du service d'oncologie médicale de l'hôpital de la Pitié-Salpêtrière. Il est aussi président de l'Association pour la vie-Espoir contre le cancer (AVEC).

collectionneuse de langue espagnole, qui sera guidée tout au long des enchères par une amie qui connaît les procédures – pardon, les cotes. C'est comme à la Bourse, il faut savoir jusqu'où il est intéressant de monter pour ne pas s'inscrire dans la « liste C » des « acheteurs gogos ».

Voilà le sport préféré du petit monde de l'art. C'est comme à une table de jeu. Mais, avant de participer, les grands intervenants de la liste veulent l'estampille qui les sécurise. Et, depuis 1964, elle est américaine. Cette année-là a marqué un tournant : le post-dadaïste Robert Rauschenberg a été le premier artiste américain à recevoir le Grand Prix de la Biennale de Venise. La critique Élisabeth Couturier raconte : « La participation américaine constitue, avant même son ouverture, l'événement de la Biennale de Venise 1964. Le pop art déferle sur la Sérénissime, précédé par un battage publicitaire sans précédent. […] En remportant le Grand Prix de la Biennale, Robert Rauschenberg renforce la position hégémonique américaine. Cette date symbolique marque la fin de l'abstraction comme mouvement d'avant-garde, et confirme l'affaiblissement des artistes européens[1]. »

New York a détrôné Paris. Un basculement de pouvoir décisif. N'est-ce pas le Français Marcel Duchamp, exilé à New York pendant la Première Guerre mondiale, qui a remis en question le statut classique de l'œuvre d'art, ouvrant grandes les portes à l'art contemporain ? *Action painting*, « art conceptuel », « art minimal », *body art*[2] :

---

1. Élisabeth Couturier, *L'Art contemporain, mode d'emploi, op. cit.*
2. Tous ces mouvements sont étudiés par Catherine Millet dans *L'Art contemporain. Histoire et géographie*, Flammarion, « Champs », 2006.

tous ces courants naissent à New York parce que l'étrange Marcel Duchamp, l'« anartiste », y a inventé et promu le *ready-made*. Rupture majeure dans la création artistique du XXᵉ siècle. Quatre-vingt-dix ans plus tard, les rares œuvres de Duchamp excitent toujours les accros de l'art. Le 23 février 2009, lors de la vente de la collection Yves Saint Laurent-Pierre Bergé, le courtier Franck Giraud enchérissait jusqu'à 7,9 millions d'euros pour obtenir la pièce unique *Belle Haleine*, un faux flacon de parfum signé Duchamp et mis aux enchères à 700 000 euros ! (Voir cahier central, p. 4.)

Seuls les artistes « de rupture » intéressent les fameux cent. Les Rubell de Floride (n° 24 de la liste d'*ARTnews*, n° 77 de celle d'*Art Review*) sont prescripteurs en matière d'art contemporain sur le marché international, mais ce sont avant tout des Américains. Comme les Hort de New York, qui, eux, ne font pas partie des cent premiers des listes. Des Américains qui achètent des artistes américains. Chaque année, les uns et les autres ouvrent leurs collections aux amateurs venus du monde entier pour assister aux deux grandes foires d'art américaines : l'Armory Show, à New York, en mars ; l'Art Basel Miami, en Floride, en décembre. Leurs goûts influencent les nouveaux convertis. Comme le dit le collectionneur français Bob Calle, l'un des meilleurs connaisseurs de la scène artistique : « Quand un artiste accède à une reconnaissance internationale, son marché explose, mais il est d'abord acheté par les collectionneurs de son pays. Le marché russe, par exemple, est soutenu par les Russes, particuliers et gouvernement. Ils viennent de récupérer [Serge] Poliakoff et, tout à coup, la cote de Poliakoff a triplé. Même chose pour les Chinois, les Allemands, les Anglais et même les Portugais. »

Les juges internationaux

En 1970, les conservateurs du Museum of Modern Art (MoMA) de New York n'hésitent pas à prendre des risques en organisant la rétrospective d'un jeune peintre de 34 ans, Frank Stella, qui va mener l'avant-garde américaine vers le minimalisme. Ils ont vu juste. En réaction aux tableaux colorés ou aux objets élevés au rang d'œuvres d'art par les artistes du pop art, ce mouvement sera à l'origine de l'art conceptuel et d'une part importante de la sculpture contemporaine. C'est le mouvement préféré de François Pinault.

Le choix des artistes porteurs de nouveaux mouvements artistiques dépend d'abord des « juges ». En 2009, ils sont trente et un à figurer dans la liste des cent d'*Art Review* (cela représente près d'un tiers !) : directeurs de foires internationales, directeurs de grands musées, conservateurs et commissaires d'exposition, historiens d'art. Ils étaient vingt-cinq deux ans auparavant sur la liste d'*ARTnews*. Ils sillonnent la planète pour traquer la singularité, capter les tendances. Choisissant d'exposer leurs découvertes dans leurs musées, les sélectionnant pour les biennales, les mettant en lumière lors d'événements marquants, comme la légendaire exposition de Harald Szeemann, « Quand les attitudes deviennent forme », organisée en 1969 à la Kunsthalle de Berne et qui regroupait soixante-neuf artistes partageant une même conviction : le processus créatif compte plus que le résultat.

Ces grandes expositions sont des repères permettant de suivre les mouvements artistiques qui se sont succédé depuis les années 1970. 1971 : « Mythologies individuelles » à la Documenta de Kassel, organisée par le même Harald Szeemann. 1981 : « A New Spirit in Painting » à la Royal Academy of Arts de Londres, initiée par trois conservateurs, dont Nicholas Serota, l'actuel directeur de la Tate Modern. 1989 : « Les Magiciens de la terre », conçue par le conservateur Jean-Hubert Martin au Centre Pompidou. Au printemps 2009, le jeune théoricien de l'art Nicolas Bourriaud, qui vient d'entrer dans le *who's who* d'*Art Review*, lance un nouveau concept, Altermodern, en exposant à la Tate Britain de Londres (où il est commissaire d'exposition depuis 2007) vingt-huit artistes internationaux âgés de 30 à 40 ans. Rappelons que c'est lui qui a découvert le travail singulier de Subodh Gupta lors d'un voyage à Séoul, et qui l'a fait connaître à la galeriste Fabienne Leclerc, à Paris.

Les « juges » ne sont cependant plus les seuls à labelliser l'artiste. Les rôles, hier bien définis, de chaque groupe d'acteurs du milieu tendent à se mélanger. On ne compte plus les casquettes du galeriste atypique Jeffrey Deitch, marchand, commissaire d'exposition, conseiller de collectionneurs, ni celles de l'industriel grec Dakis Joannou ou des héritiers de Jean-Michel Basquiat. Ils n'hésitent pas à entrer dans un conflit esthétique s'il le faut. Alors, que vaut l'influence des « juges » ? Est-ce désormais le marché qui labellise l'œuvre d'art ?

« Le pouvoir de l'argent a de plus en plus d'influence, concède Fabrice Hergott. La formation du goût ne passe pas seulement par les institutions. Prenez Peter Doig, c'est un artiste du marché. Il a bien fonctionné assez vite parce que ses œuvres valaient cher. »

Mais, face aux Anglo-Saxons, même François Pinault a du mal à imposer un peintre ou plasticien de son choix, tel le Français Martial Raysse (voir cahier central, p. 3).

Il faudra du temps pour apprendre à résister au rouleau compresseur américain. Le 20 février 2009, lors de l'émission de télévision *Empreintes* (France 5), qui lui est consacrée, François Pinault raconte qu'un de ses artistes favoris est Martial Raysse, membre du mouvement français des « Nouveaux Réalistes ». Il possède des œuvres de lui datant des années 1960, des œuvres majeures, et va souvent lui rendre visite dans son atelier d'Issigeac, en Dordogne. Il a d'ailleurs réservé une salle entière du Palazzo Grassi à l'artiste.

Un des invités présents au Palazzo Grassi, le producteur, exploitant et distributeur de films Marin Karmitz, lui aussi collectionneur de Martial Raysse, commentait alors : « Il y avait des œuvres de Martial Raysse, ainsi que des œuvres de jeunes artistes contemporains. Par comparaison, les jeunes artistes montrés là apparaissaient d'une faiblesse totale. La plupart étaient américains. Tout à coup, les gens qui étaient là, Italiens ou Américains, et qui ne connaissaient pas Martial Raysse, voulaient savoir qui était cet artiste, et, de fait, reconnaissaient son talent[1]. »

Les chasseurs

Trouver des œuvres, c'est l'obsession quotidienne à la fois des courtiers et des maisons de ventes aux enchères. C'est aussi celle des marchands, qui n'ont plus le temps de découvrir parce qu'ils privilégient le travail de lobbying auprès des acteurs de la profession. Entre galeristes, on ne

---

1. Interview de Marin Karmitz parue dans la revue *Art Absolument*, n° 22, septembre 2007.

recule devant aucun coup bas pour s'approprier l'artiste de l'autre. « C'est aujourd'hui une guerre sans pitié, dit la galeriste parisienne du premier marché Anne de Ville-poix. Comme les œuvres des artistes représentés par les galeries modernes se font rares, ces dernières s'intéres-sent aussi au marché de l'art contemporain et n'hésitent plus à recruter de très jeunes artistes en poussant très vite leur cote. Même des galeries du premier marché jouent ce jeu. L'Anglais Jay Jopling [le puissant galeriste de Damien Hirst, propriétaire de la White Cube Gallery de Londres] m'a piqué Fred Tomaselli, que j'avais décou-vert en 1990. Il l'a remarqué dans une foire, son stand était face au mien. Lorsque le Whitney Museum de New York a acheté une pièce pour 100 000 dollars, les prix des œuvres de l'artiste ont commencé à grimper. Jay Jopling a alors décidé de travailler avec lui. Ses proposi-tions financières l'ont fait basculer de ma galerie à la sienne. »

Les maisons de ventes aux enchères viennent chasser sur les plates-bandes des galeries du second marché en s'occupant elles aussi de ventes privées entre particuliers. Leurs spécialistes connaissent aussi bien les œuvres dont certains collectionneurs veulent se défaire que les désirs des acheteurs. Ce sont des intermédiaires hors pair pour organiser des ventes de gré à gré. Ces transactions discrè-tes, qui ne passent pas en enchères publiques, sont désor-mais autorisées partout, sauf en France, où le Conseil des ventes est chargé de faire la police. Mais il est certain qu'une telle exception ne pourra pas se maintenir indéfi-niment : les maisons de ventes aux enchères sont vent debout pour obtenir cette importante part du marché, jusqu'ici réservée aux marchands et aux galeristes. Elles y voient notamment un moyen de tenir face à la crise.

Parmi les cent de la liste d'*ARTnews* et de celle d'*Art Review*, les experts d'art moderne et contemporain des maisons de ventes figurent en bonne place, dans le premier tiers, comme Brett Gorvy et Amy Cappellazzo de Christie's, ou Tobias Meyer et Cheyenne Westphal de Sotheby's. Pour quadriller le marché, ces deux maisons anglo-saxonnes et l'américano-suisse Phillips de Pury se sont organisées. Elles ont coopté dans leurs conseils d'administration des membres du gotha européen, comme Francesca von Habsburg ou Gloria von Thurn und Taxis, des personnalités appartenant à de puissantes lignées d'industriels qui possèdent des collections historiques, des représentants du monde des affaires. Parfois, on se partage les héritiers, par exemple ceux de la famille italienne Agnelli – Ginevra Elkann siégeant au conseil de Christie's Europe tandis que son frère, Lapo Elkann, est à celui de Phillips de Pury. Ces conseillers prendront évidemment soin d'informer les commissaires-priseurs des maisons auxquelles ils sont liés lorsqu'ils auront connaissance de projets de vente dans leur entourage.

Aux États-Unis, les « mégacollectionneurs » ont aussi fabriqué de véritables réseaux. Ils ont bâti leurs fortunes dans l'immobilier, les services, les *hedge funds*, à Wall Street. Des fortunes colossales que la crise a peut-être écornées, mais sans doute de façon seulement provisoire. Ils se retrouvent dans les grandes ventes comme dans les comités directeurs des grands musées, ce qu'on appelle les *boards of trustees* (conseils d'administration). Pour faire partie du comité du musée Guggenheim de New York, et participer à la politique artistique du musée, la femme d'affaires Janna Bullock, qui réhabilite des immeubles anciens, fait un chèque d'un demi-million de dollars chaque année. Elle est également membre du comité de la maison de ventes aux enchères Phillips de Pury. La donatrice est ainsi aux premières loges. En effet, les membres de ces comités savent bien avant les autres quelle est la future exposition qui mettra en valeur un artiste et, par voie de conséquence, confortera sa cote.

Les grands joueurs du marché de l'art sont souvent d'anciens traders, des financiers, des publicitaires, des promoteurs. En un mot, ils ont appris à faire du « business » avant de l'appliquer à l'art. Ils ont affûté leurs méthodes. Ils sont devenus LE marché. Quelle profession exerçaient auparavant les frères Nahmad, ces marchands collectionneurs aujourd'hui incontournables dans l'art moderne ? Ils étaient dans le commerce de devises. Que faisait le plus grand marchand contemporain, Larry Gagosian, avant de s'occuper d'art ? Il travaillait dans l'immobilier. Comment Jeff Koons, selon la légende, finançait-il la fabrication de ses sculptures ? Il était courtier en valeurs. Où travaillait, à ses débuts, Philippe Ségalot, devenu le conseiller en art d'une vingtaine de mégacollectionneurs, dont François Pinault ? Ce diplômé de HEC aidait le groupe financier Finacor à étendre son activité dans le marché de l'art contemporain. Tous ces grands acteurs du marché, de par les fonctions qu'ils occupaient originellement, l'ont profondément modifié. Pourquoi ? Parce qu'ils ont changé les méthodes de vente de l'art.

Le très urbain et charmeur conseiller artistique français Philippe Ségalot nous reçoit à New York, où il est installé. Il traque partout dans le monde les œuvres exceptionnelles des artistes à sept chiffres pour ses clients – marchands, collectionneurs, musées. Il n'a pas seulement fait ses armes chez Christie's Londres, il a aussi contribué à révolutionner le marché de l'art contemporain : « Chez Christie's, à la fin des années 1990, nous avons changé la manière dont l'art contemporain était présenté au public, explique-t-il. On a fait bouger les frontières entre art moderne et art contemporain, en décrétant que le début de l'art contemporain datait de 1965.

Cette décision va créer un effet multiplicateur sur le marché : désormais, il y aura deux ventes au lieu d'une seule regroupant art moderne et art contemporain. Donc deux catalogues, et deux clientèles.

Les méthodes modernes de marketing sont mises en œuvre comme pour vendre n'importe quel autre produit : « Nous avons monté des ventes comme on monte des expositions. On faisait des soirées flamboyantes : la plus incroyable a été la soirée "rose", la soirée "Think pink", lorsque nous avons mis en vente la *Panthère rose* de Jeff Koons. Tout l'immeuble de Christie's à New York était illuminé en rose, ce 16 novembre 1999. »

Estimation de la *Panthère rose* : 763 000 euros. Prix de vente : 1,6 million d'euros, après une bataille d'enchères entre cinq collectionneurs. La médiatisation à outrance a porté ses fruits. Elle fait désormais partie de la panoplie des outils essentiels au bon fonctionnement d'un marché de l'art mondialisé.

Une histoire anglaise

C'est la journaliste Georgina Adam qui nous permet d'assister au show de la Saatchi Gallery à Londres, à l'automne 2008. « Vous verrez, nous prévient-elle, le maître des lieux ne sera pas là, il n'assiste à aucun de ses vernissages. »

Charles Saatchi (n° 7 de la liste d'*ARTnews*, n° 72, deux ans plus tard, de celle d'*Art Review*) est en effet absent, mais ses invités sont venus en masse aux Duke of York's Headquarters[1] pour inaugurer la nouvelle galerie et découvrir l'exposition chinoise « The Revolution Continues : New Chinese Art ». À cette occasion, Charles Saatchi ne mise pas sur la nouveauté. La galerie présente des artistes chinois achetés au moment du boom des artistes émergents – une déception pour les experts du marché, qui auraient préféré en découvrir de nouveaux. Saatchi quitte son rôle de « découvreur » pour exposer quelques pépites de sa collection – des œuvres qui commencent en réalité à perdre de leur attrait en termes financiers : du fait de la crise, leurs résultats dans les ventes aux enchères ne sont plus aussi brillants qu'au cours des années précédentes. Pourquoi le faiseur de rois les montre-t-il dans ce cadre prestigieux ? Tout simplement parce que l'exposition était prête bien avant la crise financière, et que l'aménagement de ce gigantesque lieu d'exposition a pris du retard.

L'étonnement saisit les invités à mesure qu'ils parcourent les immenses salles de l'ancien centre militaire. On découvre une installation représentant une ville d'Occident abandonnée et en décomposition. Ou une douzaine de vieillards grandeur nature, spectres des décideurs du monde d'hier, se déplaçant d'un bout à l'autre de la pièce dans des fauteuils roulants. Plus loin, de vastes toiles (2 × 2 mètres) de peintres plus connus en Europe, comme Yue Minjun, qui fait partie du mouvement « Cynisme

---

1. L'ancienne caserne militaire Duke of York's Headquarters, construite en 1801, fut vendue en 2000 par le ministère de la Défense. Elle est louée à Charles Saatchi.

réaliste », avec ses hommes clonés aux visages rose vif et aux rires grinçants et figés.

Tout est démesuré. Comme tous les mégacollectionneurs, Charles Saatchi achète le maximum de la production d'un artiste pendant un temps, puis, quand il se désintéresse de lui, revend ses œuvres, dont parfois les prix s'effondrent. C'est ce qui s'est passé avec les œuvres de l'artiste italien Sandro Chia. C'est ainsi que les grands collectionneurs, comme les grands marchands, exercent un véritable pouvoir sur le marché. En raflant le plus grand nombre possible d'œuvres d'un artiste donné, ils contrôlent l'offre, la restreignent et deviennent les maîtres du marché. Ce système fonctionne aussi bien dans l'art contemporain que dans l'art moderne. Ces collectionneurs-là sont en fait des marchands, même si, le plus souvent, ils ne l'avouent ni aux autres ni à eux-mêmes.

Les deux rendez-vous des « cent »

Les deux rendez-vous internationaux incontournables des « cent » du monde de l'art contemporain ont lieu au début de juin : à Venise, pour la Biennale, tous les deux ans, et à Bâle, chaque année. Comme la Documenta de Kassel, qui, elle, se tient tous les quatre ans, la Biennale de Venise est une manifestation non marchande. Chaque année, c'est un nouveau commissaire qui la dirige. Aucun des membres influents du *mundillo* de l'art ne veut manquer ce rendez-vous artistico-mondain. Vernissages et dîners privés se succèdent pendant les quatre jours qui précèdent l'ouverture officielle. Quelque 34 000 badges sont distribués aux VIP, professionnels, collectionneurs et journalistes.

Chaque grand pays a son nom inscrit sur le fronton de l'un des pavillons en dur qui entourent le pavillon international, situé au centre des Giardini. Ce sont les Belges qui ont créé le premier pavillon national, en 1907, sept ans après le lancement de la Biennale. Aujourd'hui, soixante-dix pays sont représentés et chacun expose un artiste qu'il a choisi. La France réunit un comité de huit experts pour sélectionner son artiste[1]. Ensuite, c'est à ce dernier de désigner un commissaire d'exposition pour l'accompagner dans l'élaboration de son projet.

C'est à Venise que les grands collectionneurs font des découvertes. Ils iront ensuite les acheter à la foire de Bâle, qui s'ouvre la semaine suivante. Yachts et voiliers de luxe sont amarrés le long des Giardini. Lors de la Biennale 2009, le milliardaire russe Roman Abramovitch a dû faire contre mauvaise fortune bon cœur. Son *Pelorus*, une sorte de bateau de guerre manœuvré par un équipage de cinquante personnes, n'a pu accoster qu'au bout du port. De leur côté, les collectionneurs belges Guy et Myriam Ullens recevaient sur leur voilier au pont en bois clair de 54 mètres de long. Les VIP invités par François Pinault, qui inaugurait son deuxième musée à la Pointe de la Douane, étaient logés dans les hôtels les plus sélects : Cipriani pour les Chirac, Bauer pour la Shah-

---

1. Le comité français pour la Biennale de Venise 2009 était composé de : Xavier Douroux (directeur du Consortium de Dijon), Nathalie Ergino (directrice de l'Institut d'art contemporain et FRAC Rhône-Alpes, Villeurbanne), Antoine de Galbert (président de la Maison rouge, Paris), Fabrice Hergott (conservateur du Musée d'art moderne de la Ville de Paris), Olivier Kaeppelin (délégué aux arts plastiques, ministère de la Culture et de la Communication), Laurent Le Bon (directeur du Centre Pompidou, Metz), Olivier Poivre d'Arvor (directeur de Cultures-France), Olivier Zahm (critique et commissaire indépendant).

banou... Le sculpteur Claude Lévêque représentait la France avec sa cage scintillante et ses drapeaux noirs en soie – une allégorie du Grand Soir. En 2007, l'artiste Sophie Calle avait présenté *Prenez soin de vous*, un travail sur la rupture amoureuse composé de textes dont elle avait confié la rédaction à cent femmes célèbres ou inconnues.

Lors de cette édition 2009, la France cartésienne théorisait encore et toujours, tandis que la Russie étonnait par le dynamisme de ses artistes, inspirés par une vision optimiste du futur. « Victoire sur l'avenir » est le thème qui a été retenu par sa commissaire, Olga Sviblova. Parmi les œuvres présentées par cinq artistes, une installation multimédia d'Andrei Molodkin, avec des victoires de Samothrace : il s'agit de petites statues projetées sur grand écran, l'une remplie de pétrole, l'autre de sang ; au milieu, la troisième mêle les deux fluides. L'image et le message sont en relation directe, l'impression forte.

Nous croisons le plasticien français Fabrice Hyber, qui nous invite à aller voir les œuvres de l'artiste vidéaste américain Bruce Nauman (n° 10 de la liste d'*Art Review* – il était 45e l'année précédente). « Cet artiste pratique un art qui agresse le spectateur », nous prévient-il. Des crânes assemblés sont suspendus au bout de barres de métal qui tournent en dessinant un cercle, et aux murs sont accrochées des installations en forme de phrases écrites avec des lettres de néon. « Mon œuvre, explique Bruce Nauman, est issue de la colère que provoque en moi la condition humaine. »

Sa performance va recevoir le Grand Prix de la Biennale cette année-là. Un prix politique, diront les critiques, qui, eux, encensent le pavillon tchèque et slovaque. L'artiste Roman Ondák a créé dans cet espace un jardin qui prolonge celui des Giardini. Il n'y a plus de frontière, c'est comme si le jardin avait débordé et pénétré à l'intérieur d'un pavillon qui aurait été laissé à l'abandon. Élisabeth Couturier, que nous retrouvons à l'entrée du bâtiment, décode l'enthousiasme suscité par ce « trompe-l'œil » : « Ce pavillon est pensé comme un tout qui nous interroge vigoureusement sur l'écologie, le grand sujet qui nous concerne tous aujourd'hui. »

Après Venise, le parcours des habitués se poursuit à Bâle. Où, comme chaque année, les « cent » sont présents… « Le prodige de l'opération tient au fait que l'on se rend aujourd'hui à Art Basel, qui est un événement à vocation commerciale, comme on se rendrait à un événement à vocation non commerciale[1]. » La foire est sponsorisée par la banque suisse UBS. Pour les acheteurs, il s'agit d'identifier le plus rapidement possible celles qui ont des œuvres rares à proposer. Selon Emmanuel Barth, de la galerie Enrico Navarra, « les bonnes œuvres, on les trouve dans de bonnes mains et dans de bonnes galeries ».

Facile ! Lorsque sonne l'heure de l'ouverture pour les VIP et la presse, c'est la ruée. Plan en main, les professionnels courent presque entre les deux étages avant de se retrouver quelques heures plus tard dans la cour centrale pour discuter affaires autour d'une chope de bière.

Comme nous l'explique Harry Bellet, « la foire de Bâle arrive à regrouper un ensemble d'œuvres de premier plan qui va du début du XXe siècle à nos jours. Les grands maîtres de l'art moderne ne sortent plus guère des grandes collections privées ou des musées. Quand c'est le cas, ils sont le plus souvent présentés en vente

---

1. Judith Benhamou-Huet, *Art Business. Les dessous du marché de l'art*, Paris, Assouline, 2007 (2e éd.).

publique, où la décision d'achat doit être immédiate car tous les acheteurs sont en compétition, contrairement à une galerie, où le client peut prendre son temps. Le grand enjeu de la foire de Bâle, c'est d'être un des seuls endroits au monde où ces maîtres sont exposés et négociés dans des stands de galeries, avec le même niveau d'urgence dans l'achat et d'excitation qu'aux enchères. Je dois ajouter que les plus beaux tableaux du monde ne passent par aucun de ces intermédiaires : ils se négocient entre le vendeur et l'acheteur, souvent par l'intermédiaire de courtiers spécialisés et très discrets, et on n'en entend jamais parler ».

Parmi les trois cents galeries internationales rassemblées à Bâle pour l'édition 2008 se trouvent toutes celles – souvent américaines – qui sont assez puissantes pour être leaders du marché : Gagosian, David Zwirner, Iwan Wirth, Marian Goodman, PaceWildenstein, Acquavella, Barbara Gladstone, Dominique Lévy et Robert Mnuchin, Jeffrey Deitch... La direction de la foire réserve les meilleures places à ces incontournables. Leurs vastes stands sont situés au rez-de-chaussée, autour du patio. Au premier étage sont installées les galeries plus jeunes, avant tout heureuses d'avoir été retenues. Bien sûr, aucune d'entre elles ne fait partie du réseau des « cent ». La sélection est impitoyable. Elle est effectuée par un comité chargé d'éliminer deux candidatures sur trois, voire trois sur quatre, selon les années, et il n'y a pas de recours possible. Une rude épreuve, qui peut aussi bien propulser un galeriste au firmament du milieu que lui attirer de solides inimitiés. Comment éviter les pressions et les manipulations quand on sait qu'avoir un stand à Bâle est une occasion unique d'accéder aux « cent », qui passeront quelques heures ou plusieurs jours à arpenter les travées ? « Toutes les galeries sélectionnées sont jugées sur leur aptitude à évoluer, et cela toujours en comparaison avec d'autres galeries[1] », se défend Marc Spiegler, qui codirige la foire de Bâle. Pour Harry Bellet, « les gens qui siègent connaissent bien le marché. Ils voyagent énormément. Et surtout ils passent beaucoup, beaucoup de temps – bien plus en tout cas que dans n'importe quelle autre foire – à faire la sélection en question ». Ce n'est pas nécessairement un gage d'objectivité, mais c'est un gage de sérieux. On est en Suisse, que diable !

La crise financière brutale et profonde qui a commencé à l'automne 2008 va permettre de trier le bon grain de l'ivraie, se réjouissent aujourd'hui les professionnels et les collectionneurs, qui rêvent d'un « retour au réel » du marché et de prix justes pour des valeurs sûres.

Qui donc a décidé que l'on pouvait miser 8 millions de dollars sur une œuvre de Damien Hirst – son grand requin naturalisé et conservé dans un aquarium ? Quelques-uns parmi les « cent ». Charles Saatchi a vendu l'œuvre en 2005 au milliardaire des *hedge funds* Steven A. Cohen (n° 9 de la liste d'*ARTnews*, n° 22 de celle d'*Art Review*). Ce dernier devra-t-il bientôt trouver un « pigeon » dans la catégorie C pour s'en débarrasser au meilleur prix ?

---

1. Isabelle de Wavrin, « Art Basel, 40 ans en pleine forme », *Beaux-Arts Magazine*, juin 2009.

Philippe Ségalot, courtier et conseiller en art (*art advisor*)
« Les acteurs les plus importants du marché, ce sont les collectionneurs »

Philippe Ségalot conseille les plus grands collectionneurs d'art contemporain dans le monde. Il recherche pour eux, sur tous les continents, les œuvres rares et les talents de demain. Le trio qu'il forme avec ses deux associés, Franck Giraud et Lionel Pissarro, compte ses concurrents sur les doigts d'une main. Le lendemain du jour où nous l'avons interviewé[1], leur société, Giraud-Pissarro-Ségalot, a fait la une du *New York Times* pour avoir effectué « la vente privée la plus considérable de tous les temps » : une partie de la collection de la légendaire galeriste Ileana Sonnabend, comprenant des œuvres de Jasper Johns, Robert Rauschenberg, Cy Twombly, Andy Warhol, Roy Lichtenstein, Jeff Koons… Une transaction de plus de 400 millions de dollars, dans laquelle Philippe Ségalot et ses associés ont agi à titre d'intermédiaires pour des collectionneurs privés, dont l'identité n'était pas révélée, mais pressentie. Parmi eux, un homme d'affaires mexicain figurant en troisième place sur la liste Forbes des plus grandes fortunes du monde.

Quelle a été votre démarche pour devenir *art advisor* ?
PHILIPPE SÉGALOT – Je n'étais pas destiné à travailler dans ce domaine de l'art. J'ai fait HEC, puis j'ai commencé chez L'Oréal, dans le département marketing, avant de rejoindre le groupe financier Finacor. Mais je voulais

---

1. L'interview se déroule en avril 2008.

être collectionneur, entrer par la grande porte dans le monde de l'art. Il me semble que la position la plus intéressante dans le marché de l'art, c'est celle de collectionneur. J'allais très jeune dans les galeries, dans les musées, dans les ventes publiques, dans les foires. C'est sur le terrain que l'on apprend. À force de voir les œuvres, d'aiguiser son œil, on se forge un goût.

Et puis, un jour, j'ai rencontré Marc Blondeau, l'ancien directeur de Sotheby's France. Il avait quitté la maison de ventes pour monter son bureau d'expertise et de conseil à Paris. Je me suis dit : « Voilà quelqu'un avec qui j'aimerais travailler. » Je l'avais déjà croisé dans le cadre de mes activités chez Finacor. C'est ainsi que tout a commencé : en 1991, après le krach boursier, Finacor Art se contentait de gérer le portefeuille existant. Je me suis alors tourné vers l'expertise. J'ai rejoint Marc Blondeau. Avec lui, nous avons ouvert un espace rue de Verneuil. Et puis Claude Berri a acheté un lieu magnifique rue de Lille et nous en a confié la programmation. Nous y avons organisé un certain nombre d'expositions, de Robert Ryman à Richard Serra, d'Hiroshi Sugimoto à Raymond Pettibon.

Dès le départ, nous avions un *business model* : travailler avec un nombre limité de collectionneurs, en leur signalant les meilleures œuvres à acquérir. Surtout ne pas nous transformer en marchands et nous encombrer d'un stock. Nous avons pris une position très intéressante avec des clients en France et dans le monde. Nous représentions des collectionneurs importants. Cela a duré six ans, de 1991 à 1996.

Dans quelles circonstances êtes-vous entré dans une maison de ventes aux enchères ?

PS – En 1996, Christie's me propose de venir les rejoindre à New York. Je déménage avec femme et enfants, et deviens spécialiste au sein du département d'art contemporain. L'idée était de rester deux ans à New York, puis de revenir à Paris pour prendre des responsabilités chez Christie's France. J'apprends donc le marché américain et rentre à Paris deux ans plus tard, comme prévu. Quelques semaines après mon retour, le téléphone sonne : le directeur du département d'art contemporain de Christie's New York venait de démissionner. On me demande de venir les aider à monter la grande vente de novembre et à recruter un candidat pour le poste. Après quelques entretiens avec des candidats, je me suis dit que ce poste était fait pour moi. De plus, j'avais la conviction qu'il fallait créer un grand département international d'art contemporain, avec une approche globale qui n'existait pas alors. Il y avait un responsable par pays, mais pas de direction mondiale, et je trouvais que cela manquait. J'ai proposé ma candidature et suis revenu à New York pour y diriger pendant trois ans ce *nouveau* département international d'art contemporain.

On a beaucoup innové, changé la façon dont l'art contemporain était présenté en vente publique. Fin 2001, j'ai eu le sentiment d'avoir réalisé mon projet pour ce département. J'ai estimé que le moment était venu de passer la main.

Quels ont été les grands changements qui ont marqué ce métier ?

PS – En 1998, Christie's a décidé de changer les « frontières » du département d'art contemporain pour qu'il aille des années 1960 à nos jours, alors que la période couverte jusque-là commençait à l'après-guerre. Redéfinir ainsi l'art contemporain nous a permis de mettre en avant des artistes plus jeunes : Jeff Koons, Félix González-Torres, Damien Hirst, Charles Ray, Maurizio Cattelan… Leurs œuvres ont fait les couvertures des catalogues de vente de Christie's à New York ou à Londres, et leur marché a alors énormément bougé. Les maisons de ventes ne s'étaient jamais intéressées à eux. Leur marché était alors exclusivement celui des galeries.

Nous avons commencé à monter des ventes comme si nous organisions des expositions d'art contemporain, en essayant de rêver à l'exposition idéale, de savoir quels artistes et même lesquelles de leurs œuvres nous aimerions voir. Et j'allais les chercher. C'est devenu un métier tout à fait différent, un travail de commissaire d'exposition. Il fallait s'occuper de la façon de présenter les œuvres pour la vente. Comme tout d'un coup on s'intéressait à des artistes vivants, et parfois même assez jeunes, nous les avons sollicités pour qu'ils viennent eux-mêmes installer leurs œuvres chez nous. Le rapport des artistes avec les maisons de ventes est devenu plus amical, plus ouvert, car les artistes se méfient toujours un peu des maisons de ventes.

On a vu arriver de nouveaux clients : il y avait des collectionneurs qui ne venaient jamais dans les maisons de ventes ; c'était un univers qui ne leur était pas familier.

En 1998, quand François Pinault a acheté Christie's, c'était déjà un très grand collectionneur : il a construit le corps de sa collection dès le début des années 1990. L'art contemporain étant son domaine de prédilection, son arrivée a donné un élan à cette maison dans ce domaine. Il nous soutenait, nous encourageait, il comprenait que l'on développait le marché de demain.

Avec mon équipe, nous étions une « petite famille » chez Christie's. Les autres collaborateurs de la maison de ventes ne comprenaient pas très bien ce qu'on faisait, mais ça marchait. Nous avons rapidement obtenu des résultats, que le management qui nous avait confié ce département n'aurait jamais imaginés.

J'ai repris ma liberté en décembre 2001 parce que je suis un entrepreneur. J'ai pensé que j'avais fait le tour de la question, que je ne pouvais plus que me répéter. Je ne voyais pas très bien comment je pouvais évoluer chez Christie's, dans la mesure où j'avais le seul job qui m'intéressait.

En janvier 2002, Lionel Pissarro, spécialiste de tableaux impressionnistes, Franck Giraud, spécialiste d'art moderne et lui aussi transfuge de Christie's, dont il dirigeait au niveau mondial le département impressionniste et moderne, et moi-même créons Giraud-Pissarro-Ségalot, avec l'idée de conseiller un petit nombre de collectionneurs dont nous étions proches. Nous avons un bureau à Paris et un à New York, donc un ancrage de chaque côté de l'Atlantique. Notre travail est d'aller chercher pour nos clients les meilleures œuvres là où elles se trouvent, c'est-à-dire parfois en vente publique ou dans le commerce international, mais essentiellement dans les collections privées. Nous n'avons pas d'inventaire et n'agissons qu'en qualité d'intermédiaires, ce qui nous donne une plus grande liberté de jugement. Nous travaillons avec une vingtaine de collectionneurs de haut niveau. Nous connaissons bien la collection, le goût, la personnalité de chacun. Notre métier consiste à réaliser le mariage parfait entre une œuvre exceptionnelle et une collection, car je suis persuadé que chaque objet « appartient » à une collection à un certain moment dans le temps. C'est ça, le métier d'*art advisor*.

Qu'est-ce qui fait un grand collectionneur ?

PS – Il y a beaucoup d'acheteurs dans le marché de l'art, et même de plus en plus. Et puis il y a des collectionneurs. Ce n'est pas la même chose. Qu'est-ce qui fait un grand collectionneur ? La passion, une certaine vision, de l'audace, de la patience, beaucoup de travail. Dans un domaine donné, il y a une vingtaine de très grandes collections dans le monde, guère plus.

Quand on travaille dans une maison de ventes, on travaille avec des centaines de clients. D'ailleurs, on nous demande de connaître tout le monde. Le luxe de mon métier aujourd'hui, c'est de pouvoir choisir les gens avec qui je travaille. Il y a des collectionneurs très avertis, mais qui n'ont pas nécessairement le temps de voyager dans le monde entier pour rechercher les œuvres qui les intéressent. Ils nous délèguent un peu leurs yeux. Quand nous trouvons un objet qui leur correspond, nous les appelons. Ils n'ont souvent pas besoin d'explications. Ils savent.

Et puis il y a des collectionneurs plus jeunes, mais dont on sent qu'ils ont un vrai désir, avec qui un dialogue intéressant est possible.

Le marché de l'art étant de plus en plus global, ils peuvent venir de Chine, d'Inde, de Russie... Nous vivons dans un monde qui change et il faut rester à la pointe.

Comment voyez-vous évoluer votre métier dans le contexte de la mondialisation ?

PS – Le marché change, les goûts évoluent. Les fortunes se construisent et se défont en moins d'une génération et ne sont plus concentrées en Europe ou aux États-Unis. Les collectionneurs jeunes s'identifient plus naturellement à l'art contemporain. Les plus ambitieux d'entre eux ont compris qu'ils pouvaient, dans ce domaine, rivaliser avec les plus grands musées du monde, voire les surpasser.

Il y a de plus en plus d'acheteurs, mais toujours aussi peu de chefs-d'œuvre ou de grands artistes, peut-être quinze à vingt par génération. Le marché des œuvres de très grande qualité devrait donc rester très fort. Par contre, avec les incertitudes concernant la conjoncture économique internationale, les œuvres de qualité courante et ayant fait ces dernières années l'objet d'une vive spéculation vont sans doute subir une correction sérieuse.

Quel est le rôle des foires ?

PS – Les foires permettent aux collectionneurs et au grand public l'accès à un très grand nombre de galeries venues du monde entier et réunies pour quelques jours en un même lieu. Elles ont donc un côté très pratique. Malheureusement, la multiplication récente des foires ne multiplie pas les bons artistes ni les chefs-d'œuvre. Il y avait cinq bonnes foires dans l'année ; il y en a maintenant une par semaine. Les galeries participant à un grand nombre de foires ne peuvent y apporter que ce qu'elles ont sous la main, au détriment de la qualité. La seule qui échappe à cette règle est la foire de Bâle. Les galeries gardent leurs meilleures œuvres pour les montrer là-bas, où se croisent pendant quelques jours, au mois de juin, les plus grands collectionneurs et directeurs de musée de la planète. Elles savent aussi que si leur stand est médiocre, elles ne seront pas réadmises dans cette foire l'année suivante.

La Fiac à Paris, qui a connu des années de purgatoire, regagne depuis peu sa qualité et son prestige.

Comment vous adaptez-vous à ce marché mondialisé fortement financiarisé ? Est-ce que vous travaillez avec les banques ?

PS – Les banques sont toujours là quand il y a de l'argent à prendre, mais elles arrivent souvent trop tard, que ce soit à la fin des années 1980 ou aujourd'hui.

Les acteurs les plus importants du marché, ce sont les collectionneurs. La clé de mon métier, c'est d'avoir accès aux meilleures œuvres. À force de travail, je pense que nous sommes reconnus et respectés. Un certain nombre de collectionneurs et d'institutions nous font confiance et nous avons ainsi accès à des œuvres exceptionnelles.

Nous sommes en concurrence avec les marchands qui achètent les œuvres pour leur inventaire, et encore plus directement avec les maisons de ventes publiques qui, comme nous, agissent en qualité d'intermédiaires.

Pour que l'on nous confie un objet ou un tableau à vendre, la relation de confiance doit être totale puisque nous ne l'achetons pas. Nous devons être capables d'obtenir les meilleurs prix pour nos clients vendeurs. Ils attachent également une grande importance à la qualité de la collection qui va accueillir l'œuvre qu'ils ont chérie pendant de longues années.

Le marché est très compétitif, mais nous essayons de donner à nos clients un très haut niveau de service. Le marché flambe depuis quelques années ; s'il se rafraîchit un peu, notre métier en sera d'autant plus intéressant.

Comment renouveler le stock d'artistes ?

PS – Une génération produit dix, peut-être quinze très grands artistes. C'est vrai pour toutes les époques. Pensez aux grands peintres impressionnistes, cubistes, aux surréalistes... et ce sont à peine quelques noms qui vous viennent à l'esprit.

Les grands artistes d'aujourd'hui sont en Europe, en Amérique, en Asie ou ailleurs. Notre rôle, c'est de les détecter le plus tôt possible et de les suivre. Parfois, on noue des liens d'amitié avec eux.

111

Qui les détecte ? Est-ce que les réseaux que vous connaissez ne sont pas détruits par la mondialisation ?

PS – Non, les réseaux changent, c'est inévitable, cela a toujours été comme ça. Il y a des phénomènes de mode, mais les grands artistes finissent toujours par être reconnus.

Il y a suffisamment de « détecteurs » aujourd'hui, entre les galeries, les musées, les collectionneurs privés de plus en plus nombreux, les organisateurs de grandes expositions internationales, les médias…, pour qu'un bon artiste soit découvert. Ces différents acteurs circulent dans le monde entier et sont en permanence à l'affût de nouveaux talents. Les artistes intéressants ont donc toutes les chances d'être dénichés.

On ne peut pas savoir comment vont évoluer des artistes repérés tôt dans leur carrière. Il peut arriver qu'ils se perdent en cours de route, qu'ils épuisent leur inspiration ou se limitent à une ou deux expositions.

Je ne suis pas un découvreur de talents. C'est le métier des galeries du premier marché. Je regarde ce que les jeunes artistes font, bien sûr. Mais je préfère m'intéresser à un artiste quand il a déjà une dizaine d'années de travail derrière lui. On peut ainsi prendre un peu de recul, voir ce qu'il a fait, comment il a évolué. Il est déjà, en principe, entré dans le réseau des bonnes galeries, pas nécessairement les plus grandes, mais celles qui ont du « nez ».

Quelles sont les trois plus grandes galeries au monde ?

PS – La plus grande galerie du monde aujourd'hui, c'est Gagosian. Larry Gagosian a une position sur le marché qu'aucun marchand n'a jamais eue. Il représente un grand nombre des meilleurs artistes vivants. Il est également très actif sur le marché de la revente (second marché). Il a une dizaine d'espaces d'exposition dans le monde : New York, Los Angeles, Londres, Rome, Athènes et bientôt Paris. Il est devenu une marque.

Il y a d'autres galeries importantes, pas nécessairement aussi grandes. Certaines sont établies depuis longtemps : à New York, Paula Cooper, Marian Goodman ou Metro Pictures. D'autres sont plus récentes, mais également de grande qualité : David Zwirner à New York, Hauser & Wirth ou Sadie Coles à Londres, Massimo De Carlo à Milan, Eva Presenhuber à Zurich, Emmanuel Perrotin ou Kamel Mennour à Paris.

Dans le domaine de l'art contemporain, il y a deux saisons de ventes publiques à New York, mai et novembre, et deux à Londres, février et juin. En dehors de ces mois-là, les collectionneurs achètent dans les galeries ou dans les foires.

Les maisons de ventes développent aussi leur propre département de ventes privées pour répondre à la demande tout au long de l'année. Elles deviennent parfois elles-mêmes marchands si l'on considère les conditions de vente et les outils de plus en plus sophistiqués qu'elles proposent aux vendeurs, en leur garantissant par exemple un prix minimum en vente publique. On peut dire qu'il y a quelques années déjà que les maisons de ventes ont dépassé la simple fonction d'intermédiaire entre un vendeur et un acheteur.

Cela représente une concurrence supplémentaire pour nous, bien sûr, mais le marché et ses intervenants changent et nous devons nous adapter. J'ai coutume de dire que si l'on n'avance pas, on recule.

Pourquoi cet engouement pour l'art contemporain par rapport aux autres domaines ?

PS – Collectionner l'art contemporain, ce n'est pas seulement acheter des œuvres et vivre avec. C'est aussi un style de vie très attrayant. Les collectionneurs d'art contemporain organisent souvent leur agenda autour des grands rendez-vous du marché de l'art : les grandes expositions internationales comme la Biennale de Venise, les rétrospectives consacrées par les musées aux meilleurs artistes, les grandes foires comme celle de Bâle, les ventes publiques de New York ou de Londres… Ils se retrouvent ainsi tout au long de l'année et peuvent échanger des idées.

Collectionner l'art contemporain permet également de côtoyer des artistes dont certains écriront l'histoire de l'art.

Enfin, les collectionneurs les plus ambitieux ont bien compris qu'ils ne seraient pas capables de rivaliser avec les plus grands musées dans le domaine des tableaux anciens, impressionnistes ou modernes. Pas nécessairement en termes financiers, car ils sont souvent plus riches que ces institutions, mais simplement parce que les objets ne sont plus disponibles. Les chefs-d'œuvre dans ces domaines sont presque tous dans les collections publiques, dont ils ne sortiront plus.

Qui pourrait rivaliser avec le Louvre ou le Metropolitan Museum dans le domaine des maîtres anciens, avec le musée d'Orsay pour la peinture impressionniste, avec Beaubourg ou le MoMA pour l'art moderne ? Le temps d'une vie ne suffirait pas à rassembler des collections de cette ampleur et de cette qualité.

Alors que, dans l'art contemporain, les collectionneurs sont en avance sur les musées. Ils ont plus d'argent, ils sont plus réactifs, plus rapides, ils ont plus d'audace et de courage. Les collectionneurs privés arrivent ainsi à faire mieux que les plus grands musées dans le monde. Ils ouvrent leurs propres fondations. Ils deviennent les nouveaux prescripteurs. D'abord européens, puis américains, ils viennent maintenant d'Asie et du Moyen-Orient.

La crise de la fin des années 1980 n'a-t-elle pas fait le ménage parmi les collectionneurs ?

PS – Les acheteurs spéculateurs se sont brûlé les ailes, mais les vrais collectionneurs ont profité de cette période pour enrichir leurs collections. Quelqu'un comme François Pinault, par exemple, a constitué le cœur de sa collection au début des années 1990, au moment où les acheteurs américains avaient disparu.

Une période difficile peut être plus intéressante qu'une période d'euphorie. Au début des années 1990, rien ne se vendait, même au plus haut niveau de qualité. Quelques chefs-d'œuvre ont alors changé de mains à des prix qui font rêver les acheteurs d'aujourd'hui. Il suffit de regarder les catalogues de vente de l'époque, une époque pas si lointaine, pour s'en rendre compte. Aujourd'hui, le marché étant plus mondialisé, on voit arriver de nouveaux acteurs qui ne laisseront pas passer les œuvres exceptionnelles. Ils les recherchent quel qu'en soit le prix.

Il y a beaucoup d'artistes à la mode. Mais les modes passent et l'histoire de l'art finit par faire sa propre sélection. C'est d'ailleurs souhaitable.

Faut-il être passé par Christie's ou Sotheby's pour faire carrière dans le marché de l'art ?

PS – Avoir travaillé dans une maison de ventes permet certainement de brûler les étapes. La charge de travail est énorme, mais ce sont de formidables écoles de formation. Confronté à tant d'objets, vous développez votre expertise ; au contact de tant d'acteurs du marché, vous nouez des relations personnelles qui vous suivront tout au long de votre carrière.

Et vous-même, vous collectionnez ?

PS – Oui. Autant que possible. C'est la raison principale pour laquelle je travaille. En fait, ce qui m'a poussé vers le monde de l'art, c'était le désir de collectionner.

Je n'ai malheureusement pas les moyens de mes clients, mais j'ai trouvé une consolation en leur faisant acquérir les œuvres que je rêverais de posséder moi-même !

Les Chinois ont décidé de promouvoir mille artistes à l'occasion de la grande Exposition universelle de Shanghai de 2010...

PS – On parle beaucoup de la Chine. Je viens d'y passer plusieurs semaines afin d'y rencontrer les principaux acteurs du marché de l'art, artistes, galeries, officiels, et de me faire ma propre opinion.

Il ne fait aucun doute que la Chine produira quelques-uns des grands artistes de demain, mais ce pays ne s'est ouvert que récemment sur le reste du monde et ses artistes n'ont pas pu se nourrir des grands mouvements artistiques du XXe siècle.

En outre, les artistes chinois sont encore plus soumis que les artistes occidentaux à la pression du marché. Comment vont-ils y résister ? Des artistes inconnus il y a cinq ou dix ans connaissent un succès commercial fulgurant et voient leurs œuvres se vendre à des prix astronomiques, poussés par le développement d'un marché national et la spéculation internationale. Ils ont fatalement tendance à se copier eux-mêmes, d'autant plus que les Chinois ont cette culture de la copie.

C'est une mauvaise façon d'appréhender le marché que de considérer un artiste en fonction de sa nationalité. Cette segmentation ne répond qu'à une logique commerciale. Qu'importe que Van Gogh soit hollandais, Picasso espagnol, Brancusi roumain, Félix González-Torres cubain ? Les grands artistes sont ceux qui ont réussi à faire oublier leur nationalité, à faire tomber les frontières, et dont le travail est universel.

CHAPITRE 3

Comment l'art donne de la valeur à l'argent

Lorsque nous lui avons demandé où il stockait ses œuvres d'art, le Genevois Pierre Huber a répondu tout naturellement : « Au port franc… Vous savez, a-t-il ajouté, c'est le grand musée du monde. Aujourd'hui, si vous donniez un coup de baguette magique sur toutes les caisses qui se trouvent dans cet immense port franc, vous pourriez faire toutes les expositions que vous voulez et découvrir les chefs-d'œuvre les plus extraordinaires au monde ! »

À la sortie de Genève, le quartier de la Praille a une particularité : c'est un dépôt franc où les droits de douane sont suspendus durant le temps où les marchandises y séjournent. Sur 140 000 mètres carrés s'alignent d'énormes entrepôts gris, protégés par des grillages. Entre les bâtiments, des terre-pleins où les camions déchargent la marchandise arrivée par bateau ou par avion. Si l'on se rend à la Praille, c'est que l'on est un habitué, un locataire de chambres fortes, un transitaire chargé d'opérations d'import-export. À chaque marchandise – art, bijoux, diamants, tapis, vins – est affecté un entrepôt, dont la température comme le niveau d'humidité sont minutieusement contrôlés. Il est surveillé nuit et jour par des patrouilles de maîtres-chiens et d'agents armés.

Aucune indication précise ne permet de se repérer dans le port franc, à l'exception des chiffres tracés sur les bâtiments. Les entrepôts sont organisés par étages et, le long de chacun, d'interminables couloirs desservent les salles en béton, coffres-forts de centaines de mètres carrés. Il faut de l'espace pour entreposer les pièces monumentales que réalisent les artistes actuels. À l'intérieur de chaque gigantesque caisse en bois, les œuvres sont soigneusement rangées côte à côte, avec le nom de l'artiste et celui de l'œuvre notés sur les tranches. L'effet est saisissant. Seul le nombre de caisses laisse deviner la prospérité du marchand.

Pierre Huber ne fait rien comme les autres. Il vient d'aménager dans une de ses trois salles en béton un confortable salon pour recevoir ses collectionneurs, sa galerie Art & Public étant mise en sommeil. « Le port franc permet de stocker sans limitation de temps en suspendant temporairement les droits et les taxes, explique-t-il. Lorsque j'exposais des toiles à la galerie, je payais une taxe de 7,6 % puisque, en sortant la toile de l'entrepôt hors douane, j'importais les œuvres à Genève. Maintenant, je ne paierai plus cette taxe. Je n'ai plus de problèmes d'administration de douane, les collectionneurs prendront rendez-vous et viendront voir les toiles qui les intéressent au port franc ; je montrerai les pièces, je vendrai, et le collectionneur paiera les taxes locales, c'est-à-dire les taxes des pays dans lesquels entreront ces œuvres. La vente d'art, c'est comme la banque, un métier de discrétion. »

En Europe, tout grand marchand, tout mégacollectionneur possède sa chambre forte dans un port franc. Selon la marchandise et la localisation du propriétaire, ce sera celui de Genève, le plus international, celui de Zurich, le plus proche de l'Allemagne, ou encore celui de Chiasso, dans le Tessin, à la frontière avec l'Italie.

La Suisse n'est pas seulement un coffre-fort financier, elle est aussi le coffre-fort de l'art, même si le port franc a perdu depuis le 1ᵉʳ mai 2009 son statut d'extraterritorialité[1]. L'art ne sera vu que lorsqu'il aura été déstocké.

Le rôle du port franc de Genève

Quel est le secret du métier de marchand ? Tout simplement de bien acheter. Le galeriste Pierre Nahon, devenu collectionneur, raconte : « C'est facile, on achète les tableaux d'un artiste au début de sa carrière ou au début de la collaboration avec lui. On les montre, on en vend quelques-uns, on en garde davantage. Les années passent et, si le marché a suivi nos choix, les œuvres accumulées prennent une valeur hors de proportion avec les sommes investies[2]. »

---

1. Jusqu'à la fin d'avril 2009, le port franc de Genève, comme tous ceux de Suisse, jouissait à la fois du statut d'extraterritorialité et de celui de « dépôt franc sous douane ». Autrement dit, non seulement on pouvait bénéficier de l'exonération de droits de douane et de TVA, mais un objet exporté illégalement pouvait y dormir pendant des années et ressortir « blanchi ». La nouvelle loi sur les douanes du 1ᵉʳ mai 2009 supprime l'extraterritorialité. Les détenteurs d'œuvres d'art doivent dresser des inventaires précis de leurs stocks et les tenir à la disposition de la douane, qui peut les consulter à tout moment. Le but : éviter le trafic d'art et d'antiquités. Signalons que Singapour construit un port franc de 10 000 mètres carrés sur le territoire de l'aéroport. La discrétion y sera assurée, puisqu'on promet l'extraterritorialité.

2. Pierre Nahon, *Pour la galerie. Un marchand et ses artistes, 1973-1993*, Plon, 1993.

En jouant à ce jeu-là, plus on est riche, plus on le reste. Parmi les grands collectionneurs marchands, deux noms sont mondialement connus des professionnels de l'art : les Nahmad et les Mugrabi. Les Nahmad vivent à Londres, à Monte-Carlo, à New York. Les Mugrabi sont installés à New York depuis leur déménagement de Colombie. Ces deux familles discrètes ne participent pas à la jet-set de l'art, n'organisent pas de grandes fêtes, ne se montrent pas dans les galas de bienfaisance.

La famille Nahmad est redoutée du petit monde de l'art pour sa puissance de feu. Ses moyens lui permettent toujours d'obtenir l'œuvre qu'elle a décidé acquérir. « Les Nahmad ne donnent jamais d'interviews et, lorsqu'ils en donnent une, ils se font assister par une batterie d'avocats », nous avait-on dit. À Bâle, en juin 2008, nous tentons pourtant notre chance. Nous nous retrouvons face à l'un des trois frères Nahmad, David, qui se tient sur son stand. Un marchand heureux devant ses dix-sept Miró de 1936. Jovial et accueillant, il prend ses interlocuteurs à partie, lançant à haute voix : « Moi, ça me fait plaisir, cette compétition entre galeries et musées ! » Il signifie à Werner Spies, l'ancien directeur du Musée national d'art moderne (Centre Pompidou), venu lui rendre visite, qu'il a réussi à rassembler les toiles exposées sur son stand comme un conservateur de musée l'aurait fait pour son espace public. En effet, on se croirait dans un musée. Une question nous taraude depuis que nous avons été éconduites par l'hôtesse de la galerie Nahmad de Londres. Lorsque nous l'avions interrogée sur les prix des Picasso présentés dans la galerie, elle nous avait répondu : « Ils ne sont pas à vendre. » Celui qui, prétendument, ne s'exprime pas sans ses avocats ne se fait pas prier pour s'expliquer : « Nous ne sommes pas vraiment vendeurs. À mon avis, ce sont des tableaux qui sont en voie de disparition. Celui qui ne s'est pas rendu compte qu'ils étaient en voie de disparition est quelqu'un qui n'a pas bien fait son calcul. Il y a très peu de vendeurs et beaucoup d'acheteurs. De nouveaux clients sont entrés dans le jeu, les Russes, les Sud-Américains, les Australiens, les Irlandais, les Arabes. Des millions de dollars, pour eux, ce n'est pas un problème. Vous avez une très, très grande concurrence. Si personne ne voit les œuvres, personne ne va vous faire d'offres...

« C'est au deuxième port franc de Genève que la famille a entreposé ses trésors. Près de 5 000 œuvres, dit la rumeur[1], une véritable caverne d'Ali Baba recelant quelque 300 Picasso ou encore une centaine de Lucio Fontana. La proximité de l'aéroport permet aux spécialistes des maisons Christie's et Sotheby's, avec lesquelles travaille la famille, de ne pas perdre de temps lorsqu'ils viennent expertiser l'œuvre d'art qui sera mise aux enchères. La famille décide du moment le plus opportun pour vendre. »

Le 6 novembre 2007, ils sont cinq – Jo (l'aîné), Ezra et son fils Helly, David et son fils Helly[2] – assis côte à côte dans la salle des ventes de Christie's à New York. Ils vendent un portrait tardif de la deuxième femme de Picasso. En 1955, Jo, Ezra et David l'ont acheté pour 2,5 millions de dollars chez Sotheby's. Les enchères montent jusqu'à 30,8 millions de dollars (21,5 millions d'euros), la commission de 12 % de la maison de ventes incluse. Le Picasso aura été stocké pendant douze ans au port franc. C'était le bon moment...

---

1. Selon *Le Temps* (Genève), 12 mai 2001.
2. Les deux Helly, fils de David et d'Ezra Nahmad, ont chacun une galerie, le premier à New York, le second à Londres. Les deux galeries s'appellent Helly Nahmad Gallery.

Une partie de la famille est toujours présente pendant les grandes ventes mondiales, ne serait-ce que pour suivre les enchères. Lors de la vente Saint Laurent-Bergé, David se trouvait au milieu du parterre, le téléphone collé à l'oreille. Les Nahmad sont des marchands hors pair qui comptent parmi les plus riches de la planète. Ces fils d'un banquier syrien, d'abord installés au Liban, rejoignent l'Europe au milieu des années 1960... munis d'un trésor de guerre : ils ont délaissé l'import-export pour le marché de l'art moderne alors en pleine expansion. Pour s'y imposer, ils ont mis au point une véritable martingale.

Tout d'abord, elle consiste à acheter et conserver. Entre les années 1960 et les années 1980, David et Ezra courent les petites salles de ventes sur tous les continents pour acheter des œuvres, même moyennes. Ils les revendront plus tard, lorsque le marché sera orienté à la hausse, dans une salle prestigieuse. Entre-temps, les toiles auront été transférées dans leur entrepôt de Genève. Ensuite, il s'agit d'acheter en jouant sur les devises, du peso argentin au dollar américain, de la lire italienne à la livre britannique. Enfin, il faut utiliser les galeries de Londres et de New York des fils de David et d'Ezra, les deux Helly, comme de simples lieux d'exposition. Des expositions thématiques pour servir d'appâts en présentant des toiles sorties du port franc. De même, dans les grandes foires, ils organisent des stands dignes de véritables musées, en ajoutant aux œuvres dont ils sont propriétaires des toiles de l'artiste mis en valeur, prêtées par les plus grands musées du monde.

Les artistes ciblés par les Nahmad sont très « classiques » : les choix vont des impressionnistes aux modernes, de Jean-François Millet à Mark Rothko[1]. La famille ne s'intéresse pas aux artistes contemporains : « Le problème avec les nouveaux artistes, c'est que la spéculation nous empêche d'y voir clair. Tout d'un coup, vous voyez un jeune artiste qui vaut 10 millions de dollars [7 millions d'euros], on est perdu. On ne sait pas si ce sont les 10 millions de dollars ou lui qui sont importants... » Les œuvres d'artistes répertoriés dans l'histoire de l'art sont plus sûres. L'art donne de la valeur à l'argent, à condition de pouvoir entretenir la rareté.

Acheter encore plus, vendre encore moins

Jose Mugrabi a bâti sa fortune dans le textile en Colombie. Comme sa richesse fait des envieux, pour échapper à un enlèvement il s'expatrie avec sa famille aux États-Unis à la fin des années 1970. Il devient alors fabricant de vêtements pour femmes, réinstalle machines et coupes à Miami. Mais la mode américaine n'est pas la mode colombienne, et Mugrabi est contraint de changer de métier. Il quitte Miami pour New York.

Contrairement à sa femme, l'homme d'affaires ne manifeste aucun intérêt pour l'art. En 1982, sur les conseils de Jeffrey Deitch, alors conseiller artistique auprès de la CityBank, il finit par acheter *Vue de Seine*, un paysage de Renoir, parce que c'est un investissement. Il commence à saisir que le monde de l'art est aussi un monde marchand. Il suit les ventes de Christie's et Sotheby's, et entame une collection d'impressionnistes. Là s'arrête

---

1. Mark Rothko, peintre américain expressionniste abstrait qui s'exprime par la couleur.

pour lui l'histoire de l'art. Cinq ans plus tard, lorsqu'un autre conseiller lui fait acheter une sculpture d'Yves Klein représentant une éponge bleue, il lui demande : « Mais qui est Yves Klein ? »

Jose Mugrabi ne tarde pas à comprendre que les valeurs artistiques de l'art moderne et contemporain sont porteuses d'énormes plus-values. Il décide de vendre la collection d'impressionnistes qu'il constitue depuis une quinzaine d'années et mise tout sur Andy Warhol, déclarant : « Dans cinq cents ans, les gens qui verront sa peinture diront : voilà un authentique Américain ! » Le nouveau converti achète quatre tableaux de l'artiste – qui vient de mourir – à la foire de Bâle, où il se rend pour la première fois en 1987. Ces toiles, issues de la série *Last Supper* (« Le dernier dîner »), sont acquises pour 37 000 dollars chacune (26 500 euros). Un an plus tard, Mugrabi vend une des quatre peintures à Londres, chez Phillips, pour 103 350 livres (121 000 euros), ce qui représente un retour sur investissement de 179 %. Chacun des trois autres tableaux vaut alors entre 4 et 6 millions de dollars (entre 2,8 et 4,2 millions d'euros). Mugrabi a l'œil. Il y croit. Il se lance. Le marché de l'art sera sa nouvelle occupation. Il va investir en fréquentant assidûment les salles d'enchères de New York, mélangeant affaires et goûts personnels. Il joue avec les enchères comme les financiers jouent chaque jour en Bourse, misant en particulier sur « les artistes américains qui représentent la vraie culture populaire », comme Jean-Michel Basquiat, Jeff Koons ou Richard Prince.

Jose Mugrabi imite la stratégie de Charles Saatchi : acheter le maximum d'œuvres d'artistes dans lesquels on croit pour peser ensuite sur le marché. Il adhère à l'univers d'Andy Warhol, dont il possède 800 œuvres – soit

10 % de toute la production de l'artiste entre 1952 et sa mort. Il est devenu le plus grand collectionneur de Warhol au monde. Collectionneur ou spéculateur ? Ses deux fils, Alberto et David, préfèrent Damien Hirst : ils ont acquis 150 œuvres du Britannique. La famille Mugrabi détient l'une des collections privées les plus chères du monde, avec quelque 3 000 œuvres regroupées dans les entrepôts de Newark, près de New York, ou de Zurich. Mais sa fortune est liée à la cote de ses deux artistes phares. « Si c'est bon pour Christie's et Sotheby's, c'est aussi bon pour nous », dit le fils aîné, Alberto.

Les Mugrabi achètent ou vendent chaque année une centaine d'œuvres d'art, soit aux enchères, soit dans des galeries, soit par l'intermédiaire de courtiers. Ce ne sont pas des opérateurs de marché ordinaires, ce ne sont pas des joueurs. Pour Warhol et Hirst, ils *sont* le marché. Le vrai traumatisme pour ces collectionneurs-capitalistes ne serait pas l'arrivée d'enchérisseurs concurrents, mais d'avoir en face d'eux des enchérisseurs trop frileux s'ils étaient obligés de vendre. C'est parfois le cas. Lors de la vente des 223 œuvres de Damien Hirst, le 15 septembre 2008, à Londres, la famille Mugrabi était sur le pied de guerre. Notre confrère Eric Konigsberg, reporter au *New York Times*, raconte : « Les quatre premiers lots ont atteint très vite le haut des estimations. Alberto et David Mugrabi avaient fait les premières offres à 380 000 livres [450 000 euros], laissant ensuite le marché se dérouler jusqu'à 590 000 livres [690 000 euros]. Alors arriva le requin dans le formol. L'enchère commença à 2 millions de livres [2,3 millions d'euros]. Sotheby's avait estimé le requin entre 4 et 5 millions de livres [entre 4,7 et 5,8 millions d'euros]. L'enchère piétinait à 3,2 millions [3,5 millions d'euros]. Avant que le marteau ne tombe pour conclure, Jose Mugrabi se leva et agita la main pour attirer l'attention du commissaire-priseur. Il y avait une enchère au téléphone. Peu à peu, les enchères téléphoniques reprirent, le requin dans le formol fut vendu à 8,5 millions de livres [9,4 millions d'euros]. Jose se tourna vers Gabriel Safdie, son ami genevois, conseiller en collections privées, et dit : "C'était foutu à 3,2 millions[1]." »

La capitalisation des 150 œuvres de Damien Hirst détenues par la famille était sécurisée. La vente se déroulait le jour même de la faillite de la banque Lehman Brothers. Elle avait échappé à l'effondrement du marché.

Jose Mugrabi a déjà vécu une crise du marché de l'art, celle des années 1990, où les Warhol ont perdu de 20 à 70 % de leur valeur. Qu'a-t-il fait alors ? Il a acheté, acheté par lots, son fils aîné ayant ordre de visiter les réserves des galeries de New York pour savoir ce qu'il y avait à vendre. Au milieu des années 1990, lorsque Jose Mugrabi apparaissait dans une salle de ventes pour enchérir sur un Warhol, les prix montaient. Dans les années 2000, les Warhol flambaient.

Nouvelle crise financière à l'automne 2008 : le processus est enclenché, Mugrabi achète en suivant le principe boursier de l'homme d'affaires américain Warren Buffett, deuxième fortune mondiale derrière Bill Gates : « Acheter encore plus et vendre encore moins. » C'est à ce moment-là que se font les bonnes affaires. L'argent vient de la trésorerie ou de prêts bancaires.

Acheter pendant la crise financière, oui, à condition de bien connaître la provenance de l'œuvre. La provenance,

---

1. Eric Konigsberg, « Is anybody buying art these days ? », *The New York Times*, 27 février 2009.

c'est la sécurité, la traçabilité de l'œuvre, l'assurance de son authenticité, donc la garantie que l'argent gardera sa valeur. « L'art est meilleur que jamais[1] », dit Jose Mugrabi. C'est mieux que de voir son argent disparaître après avoir été confié à Madoff ou aux banques qui ferment leurs portes.

Le rôle des musées privés

« L'art n'est pas un investissement[2]. » C'est François Pinault qui le dit. À Venise, il a ouvert deux lieux de choix pour exposer une partie de sa collection d'art contemporain : le Palazzo Grassi, sur le Grand Canal, et la Pointe de la Douane, dans le bâtiment du XVe siècle, reconstruit au XVIe, qui servit de douane à la cité des Doges – un édifice surmonté d'une tour carrée, sorte de proue sur la mer. Il aura fallu débourser 29 millions d'euros pour avoir le droit de posséder le Palazzo Grassi pendant quatre-vingt-dix-neuf ans. Le mécène en est propriétaire à 80 %, la ville de Venise détenant la part complémentaire. Les entrepôts de la douane, eux, ont été cédés par la ville pour une durée de trente ans renouvelable. Les travaux de rénovation de ces 5 000 mètres carrés ont coûté 20 millions d'euros.

François Pinault est donc à la tête de deux musées privés. Un de plus que les sept autres grands collectionneurs de la planète – les Franco-Américains John et Dominique de Ménil, les Californiens Elie Broad et Donald Fisher, les Floridiens Don et Mera Rubell, l'Anglais Charles Saatchi, l'Allemand Christian Boros et le Grec Dakis Joannou.

---

1. *Art Market Monitor*, 5 février 2009.
2. *Empreintes*, France 5, 20 février 2009.

Comme eux, il possède des milliers d'œuvres, mais il est le seul à déclarer que « l'art n'est pas un investissement », ou plutôt que l'art n'est pas *seulement* un investissement. Il veut dépasser le statut de collectionneur pour atteindre celui de protecteur des arts et façonner le goût des autres. La thésaurisation existe, mais ce n'est plus la finalité. Lorsque François Pinault, le propriétaire de Christie's, consacre ses deux « musées » à la présentation d'œuvres minutieusement choisies, il pèse automatiquement sur les goûts du public, à l'instar des grands musées du monde. Il internationalise la culture de l'art contemporain. *Sa* culture. « Après Venise, je souhaiterais pouvoir m'associer à d'autres villes, en Europe et, je l'espère, en France. J'essaierai de constituer un réseau international dans lequel circuleront les œuvres, les propositions, les idées, les regards », écrivait-il le 10 mai 2005 dans son point de vue en une du journal *Le Monde* pour s'expliquer sur le choix de Venise au lieu de l'île Seguin, à Paris. Philippe Ségalot, l'une de ses têtes chercheuses, raconte : « L'art minimal, c'est vraiment son goût. Un jour, nous avons pris son avion et nous nous sommes posés en plein désert, à Marfa, au Texas. Il voulait visiter la fondation qu'a créée l'artiste Donald Judd. On a passé deux jours magiques à regarder les œuvres dans la lumière froide du Texas. Aussitôt après, il a musclé ses achats. Aujourd'hui, hors la fondation de Marfa, il est le plus grand collectionneur de Judd au monde[1]. »

À la Pointe de la Douane, le collectionneur Pinault n'a pas privilégié l'art minimal ; il expose toutes les tendances de l'art contemporain. Cinquante-neuf artistes ont été choisis. Du peintre allemand Sigmar Polke, qui exprime

---

1. Harry Bellet, « Pinault (simple) collectionneur », *Le Monde 2*, 15 avril 2006.

ses rêves sur d'immenses toiles, à Jake et Dinos Chapman, qui donnent une nouvelle vision de l'enfer, en passant par Cy Twombly et ses arabesques, ou encore Marlene Dumas, peintre de la sexualité, Takashi Murakami et ses adolescents débridés, Jeff Koons le kitsch, Richard Prince, qui glorifie les produits de consommation, Dan Flavin, le plasticien américain aux éléments lumineux… Les 141 œuvres constituant la collection permanente enseignent l'art contemporain du siècle mieux que la lecture d'un livre. « L'art contemporain est une recherche d'ouverture », disait encore François Pinault, au cours d'une interview télévisée, pour définir sa soif d'achats. Auprès des artistes, la force du collectionneur dépasse celle des plus grands musées du monde.

À la Biennale de Venise 2007, François Pinault a raflé six tableaux du minimaliste allemand Sigmar Polke – lauréat du Lion d'or en 1986 –, au nez et à la barbe du MoMA de New York. Il a suffi qu'il déclare : « Les œuvres de l'artiste seront présentées de manière permanente à la Pointe de la Douane. » Un argument sans appel. Le privé l'a emporté sur le public. L'enjeu de passion est aussi un enjeu de pouvoir. Selon Philippe Ségalot, « François Pinault commence là où s'arrête le Guggenheim[1] ».

L'art est plus qu'un investissement financier, il inscrit le mécène dans l'histoire de l'art. Chaque année, au début du mois de juin, le programme des VIP et des journalistes présents à la foire de Bâle prévoit une halte au Schaulager,

---

1. La Fondation Guggenheim, située dans le quartier du Dorsoduro, à Venise, non loin de la Pointe de la Douane, présente les œuvres d'artistes modernes collectionnées par la mécène américaine Peggy Guggenheim (1898-1979).

qui présente son exposition annuelle internationale. Le mot est un néologisme constitué à partir de l'allemand *schauen*, « regarder », et *Lager*, « entrepôt ». C'est un cube de béton gris et de pierre planté dans une zone d'entrepôts et de supermarchés, *no man's land* situé à quelques minutes du centre-ville par le tramway n° 11. Il abrite la Fondation Emanuel Hoffmann, du nom de l'industriel propriétaire du groupe pharmaceutique Hoffmann-La Roche. Un fou d'art contemporain mort jeune, accidentellement. Sa veuve a fait bâtir cet entrepôt de 20 000 mètres carrés – conçu par les architectes suisses Herzog et de Meuron – pour y conserver la collection d'art privée de son mari. Sur la façade blanche, on voit défiler sur deux écrans géants des photos et des vidéos entrecoupées du mot « Schaulager » et de la phrase *« Art lives, Art works, Art moves »* (« L'Art vit, l'Art travaille, l'Art bouge »). Ce n'est ni un musée privé à proprement parler, ni un simple dépôt d'œuvres, c'est une institution austère consacrée à la recherche et fermée au grand public la plupart du temps.

L'immense sous-sol et le rez-de-chaussée servent de salles d'exposition temporaire, les trois étages de réserves pour les œuvres. « L'art est à Sing-Sing », murmure un visiteur. En effet, on se croirait dans une prison. Dès l'entrée, si on lève les yeux vers les trois étages ouverts sur un puits de lumière, on aperçoit les galeries qui courent et les portes closes. Ce sont des salles fermées à double tour qui garantissent les meilleures conditions de conservation pour les œuvres stockées. Les professionnels et les étudiants en art sont autorisés à voir la collection sur rendez-vous.

Gisela Oeri, l'une des héritières de la fortune Hoffmann, est la milliardaire la plus riche de Suisse. La famille n'a pas besoin d'une fondation pour donner de la valeur à l'argent, elle a besoin d'une image pour valoriser sa richesse. Elle éduque. Selon la formule de la directrice du Schaulager, Theodora Vischer, la fondation « achète des œuvres qui utilisent les moyens nouveaux orientés vers le futur et qui ne sont ni comprises ni acceptées par leurs contemporains ».

Dans le hall, l'espace de la maison revu par la jeune Californienne Andrea Zittel, une installation à mi-chemin entre la décoration, l'architecture intérieure, la sculpture et le design. L'artiste est occupée et préoccupée par le corps dans l'espace, ses besoins et ses désirs. Elle s'exprime en travaillant sur l'habitat. Au sous-sol, avant de descendre le vaste escalier, nous apercevons par l'énorme puits de lumière *Le Roi des rats*, la sculpture d'une des stars allemandes du lieu, Katharina Fritsch. À côté de ce groupe de rats de 2,80 mètres de haut assis en rond, museaux pointés, griffes sorties, nous ne nous sentons pas seulement minuscules, mais angoissées ; l'effet est garanti. L'art contemporain n'est pas là pour apaiser, il est là pour questionner. Cette gigantesque sculpture, présentée en 1995 à la Biennale de Venise, dévoile les peurs de l'enfance.

L'équipe du Schaulager a satisfait à la demande des héritiers : les pièces des artistes exposés viendront enrichir la collection. Une collection qui veut témoigner de l'art actuel, comme elle témoigne de l'art du XXe siècle depuis sa création en 1933, avec 650 œuvres de 150 artistes. La famille Hoffmann, qui a créé le premier musée mondial d'art contemporain, a fait mieux que donner de la valeur à l'argent : elle est parvenue à lui donner un statut.

À Miami, les milliardaires sont des obsessionnels de l'art contemporain. Comme le dit Lorenzo Rudolf, « l'art contemporain est devenu un objet de *lifestyle* », un élément du style de vie. C'est la nouvelle image de marque de la ville depuis que l'association des milliardaires a convaincu la municipalité de Miami Beach de faire venir la foire de Bâle en décembre de chaque année. Les propriétaires de certains hôtels années 1930, comme le Sagamore ou l'Albion, ont décoré les murs de leurs halls et salons avec des œuvres d'art ou des photos de prix. Les plus riches et les plus accros ont créé des fondations. Cela fait de Miami la ville qui, au mètre carré, a le plus de fondations d'art contemporain au monde. Deux d'entre elles, la Rubell Family Collection et la Margulies Foundation, regroupent 9 000 œuvres !

Martin Margulies ne tourne pas autour du pot lorsque nous lui demandons pourquoi il a créé une fondation : « Pour des raisons fiscales, et parce que je possédais trop d'œuvres pour pouvoir les conserver chez moi. » Le promoteur immobilier était aussi propriétaire, il y a quelques années, d'une galerie d'art. Une fois la galerie fermée, il a gardé du stock et a continué d'acheter. « Je ne vends pratiquement jamais », dit-il. Quelque 4 500 œuvres, beaucoup de sculptures, de photos, de vidéos sont rassemblées dans l'entrepôt de Wynwood, un vieux quartier autrefois mal famé qui est devenu après sa réhabilitation le quartier de l'art – *art district*, comme on l'appelle à Miami.

Le musée de Martin Margulies est abrité dans un banal entrepôt, où est présentée une très petite partie de la collection. À sa tête, un conservateur-commissaire d'exposition, Katherine Hinds, qui guide aussi le collectionneur dans ses achats depuis 1982. Une fondation, c'est une petite entreprise. À l'instar d'un musée public, un musée privé est médiatisé par ses expositions, dont l'organisation revient au conservateur, tout comme celle des conférences pour les étudiants. À Miami, les propriétaires de musées privés se donnent tous pour mission l'éducation. Pour les nombreux promoteurs immobiliers-collectionneurs comme Martin Margulies, l'alliance des affaires et de l'art a été très profitable. Chaque fois qu'un complexe immobilier de luxe était construit, le promoteur ajoutait la touche artistique, en demandant à des artistes de dessiner les petites places situées entre les immeubles, de peindre les halls ou de créer des sculptures pour les jardins. Les prix évoluaient en conséquence, mais les investisseurs européens, russes ou américains appréciaient.

En 1982, Martin Margulies a créé le Jardin des sculptures à Grove Isle, une petite île dans la baie de Biscayne, reliée à Miami par un pont. Il s'agit d'un complexe immobilier luxueux, sécurisé vingt-quatre heures sur vingt-quatre, avec yacht-club, marinas, club de fitness, hôtel et jardin tropical. Douze ans plus tard, le promoteur-collectionneur offrait les sculptures à l'université de Floride. Il « ne voulait plus utiliser l'art à des fins commerciales[1] ». Les affaires avaient été lucratives pendant des années, l'art devait maintenant lui faire gagner le respect.

« Nous avons toujours une valise prête pour partir », nous dit Mera Rubell, cofondatrice, avec son mari Don, de la Rubell Family Collection. Partir pour faire un de leurs tours du monde annuels de plusieurs semaines ou pour aller à l'inauguration d'une des vingt grandes foires mondiales : cela dépend des rendez-vous pris avec les artistes de tous les continents, des invitations

---

1. Mamie Ward et Barbara Perkins, « The business of art », Business Services Industry, novembre 2004.

de galeristes, du calendrier des foires et biennales. Les Rubell sont de véritables chercheurs en art contemporain, ils aiment trouver les jeunes talents, c'est leur passion commune.

Nous avons rencontré Mera dans sa fondation, située elle aussi dans le quartier Wynwood, à Miami. La famille a repris l'ancienne douane de la drogue, une construction basse – un étage seulement – avec une grande porte coulissante. Seule indication extérieure : le nom Rubell sur une oriflamme. Le bâtiment sert d'espace d'exposition, les œuvres étant par ailleurs à l'abri dans des entrepôts, ici comme ailleurs. Mera Rubell nous a donné rendez-vous dans la bibliothèque du rez-de-chaussée, ouverte aux étudiants, avec ses vastes rayonnages remplis de livres et de catalogues d'art contemporain.

« La fondation, raconte Mera, c'est arrivé comme ça, nous avons tout le temps collectionné depuis que nous nous sommes mariés en 1964. Don était alors médecin à New York et moi psychologue. Nous mettions chaque semaine de côté un quart du salaire de mon mari, soit 25 dollars, et nous allions arpenter des dizaines et des dizaines de galeries pendant les week-ends. C'est ainsi que nous avons découvert Jeff Koons. Nous avons acquis une œuvre dans chacune de ses séries, sauf dans les deux dernières, parce que c'était devenu inaccessible pour nous. »

Steve Rubell, le frère de Don le médecin, est à cette époque une star du monde de la nuit. En lançant le Studio 54 dans un théâtre de New York, il a inventé la plus grande boîte de nuit du monde, avec des physionomistes à l'entrée, un carré VIP... Acteurs, artistes, personnalités de la mode s'y précipitent. C'est le temple de tous les excès. Lorsque Steve décède en 1989, Don hérite de sa fortune et de ses contacts[1]. Le peintre Keith Haring[2] a dédicacé à Steve, avant de mourir, en 1990, ses dessins *Against All Odds* : « *To Steve Rubell, successful hotelier* ».

Don et Mera s'installent à Miami. Ils vont gérer les hôtels Albion, Greenview, Bar Harbor's Beach House, et continuer plus que jamais de collectionner. Plus de 4 000 œuvres, de Jeff Koons à Keith Haring, en passant par Jean-Michel Basquiat, Andy Warhol, Christian Boltanski, Marlene Dumas. Des valeurs sûres d'abord, des valeurs d'investissement qui permettent, ensuite, de miser sur les jeunes, dont certains seulement deviendront des incontournables.

« Notre passion, c'est chercher de nouveaux artistes, déclare Mera Rubell. C'est la mission d'une vie. Si nous donnions tout à un musée, nous n'aurions plus le plaisir de vivre comme cela nous plaît. »

Tous les ans, Don, Mera, leur fils Jason et leur fille Jennifer, qui travaillent aussi pour la fondation, organisent une exposition pour montrer leurs acquisitions, avec l'aide du commissaire qui travaille à plein temps avec eux. « On pense à un thème, dit Mera, par exemple lorsque nous avons présenté les peintures des peintres afro-américains, les "30 Americans". Nous voulions montrer non seulement les œuvres des artistes noirs que nous avions achetées, mais surtout quelles étaient leurs préoccupations. »

---

1. John Buchanan, « The Rubell Family Art Collection », Southbeach-usa.com.

2. Keith Haring est un artiste américain des années 1980 proche de la figuration libre inspirée du graffiti.

Le réseau construit par les Rubell au fil des années leur permet de médiatiser les jeunes artistes qu'ils soutiennent. Pendant dix ans, ils ont acheté des peintures figuratives esthétisantes d'un jeune Floridien de 30 ans, Hernan Bas, qui puise son inspiration dans un univers décadent, à l'image de celui de l'écrivain Huysmans. Ils ont fait connaître leur nouvel artiste aux collectionneurs de Miami, comme Rosa et Carlos de la Cruz, ou de Londres, comme Charles Saatchi. Mais, surtout, ils ont convaincu le directeur du Brooklyn Museum de New York d'organiser une exposition, en prêtant une trentaine de leurs œuvres et en finançant le catalogue rédigé par leur commissaire d'exposition, Mark Coetzee. Avant de partir pour Nairobi[1], celui-ci a même réalisé l'accrochage. Au marché de jouer, maintenant.

Fondations privées, musées publics : la bataille est engagée

Pour que la valeur culturelle reste une valeur économique, une fondation doit être adoubée par la communauté qui compose le petit monde de l'art. Sa crédibilité tient aux acquisitions réalisées par leurs propriétaires, des acquisitions validées non pas seulement par le marché, mais aussi par les spécialistes des musées publics. Les collectionneurs deviennent ainsi partie prenante dans l'histoire de l'art contemporain. Pour réussir à acheter

---

1. Mark Coetzee a dirigé la Rubell Family Collection pendant huit ans. Il s'est installé au début de 2009 à Nairobi pour s'occuper des opérations de mécénat de la marque de sport Puma, rachetée par la Financière Pinault.

des œuvres d'artistes reconnus, la bataille est de plus en plus rude : entre ceux qui possèdent déjà leur fondation et les musées publics d'art contemporain, entre les milliardaires, et entre les pays qui ont compris que l'art contemporain était aussi un moyen de développement économique. Depuis une dizaine d'années, la croissance du nombre de milliardaires de par le monde a enclenché une course à la création de musées privés, qui se sont multipliés partout, en Amérique, en Europe, en Chine.

Ces musées sont de toutes sortes : celui d'Hergé-Tintin à Louvain, en Belgique ; celui de Magritte le surréaliste à Bruxelles ; à Amsterdam, celui des peintures de l'Hermitage de Saint-Pétersbourg, dont seulement 5 % sont exposées en Russie ; ceux d'art contemporain à Munich et à Berlin… À Munich, le musée Brandhorst[1] a été inauguré en 2009. À Berlin, le publicitaire Christian Boros a installé sa collection dans un ancien bunker situé dans le quartier de Mitte, et le musée Berggruen[2] est encore en projet.

« Comment fait-on pour créer un musée ? » a demandé un oligarque polonais à notre consœur Georgina Adam. Il n'était pas intéressé par l'art contemporain, mais par la reconnaissance que lui apporterait la création d'un musée privé. Ce sont ces acquéreurs, à la recherche d'œuvres de qualité ou ayant du poids sur le marché, qui, de plus en plus, concurrencent les conservateurs des musées nationaux d'art contemporain. Ils maintiennent les cotes, donc

---

1. Le musée Brandhorst est situé dans le quartier des arts de Munich. Il comprend les 700 œuvres d'art moderne et contemporain d'Anette et Udo Brandhorst.

2. Nicolas, le fils du grand marchand d'art Heinz Berggruen, souhaite créer un musée pour y installer sa collection d'art moderne et contemporain.

la valeur de l'argent placé dans l'art contemporain. La crise de 2008, si elle a paralysé les grandes institutions culturelles, n'a pas réellement entamé le pouvoir d'achat des grands collectionneurs privés. En février 2009, pour la première fois, le Musac (Museo de Arte Contemporáneo de Castilla y León) n'avait pas de budget pour acheter à la 28e foire d'art contemporain de Madrid. La sculpture *Table Piece Y40* du Britannique Anthony Caro a été acquise dès l'ouverture par un amateur espagnol.

L'art fait partie intégrante de la société de consommation, et même les pays les plus nationalistes jouent le jeu. Ainsi, la Chine communiste a accueilli le milliardaire belge Guy Ullens venu installer son musée à Pékin en novembre 2007. L'homme d'affaires, familier de la Chine, a fait réhabiliter une usine de 7 500 mètres carrés pour y exposer 137 œuvres créées par 30 artistes chinois, ouvrant là le premier musée privé d'art contemporain du pays. Les autorités ont abrité des centaines et des centaines d'artistes chinois dans les anciennes usines d'armement situées aux portes de la capitale, dans le quartier de Chaoyang. C'est le quartier de l'art, où viennent en procession les amateurs du monde entier, et maintenant les collectionneurs chinois.

« Lorsque j'étais dans ce village d'artistes, dit Lorenzo Rudolf, presque toutes les heures arrivait un petit bus rempli de collectionneurs. » Que cherchaient-ils ? Que cherchent-ils toujours, ces accros de l'art ? Une œuvre du nouvel artiste reconnu, mais pas encore trop médiatisé, pour convertir l'argent en fructueux investissement.

Cette recherche permanente de placements a fini par laisser sur le bas-côté de la route, faute de moyens pour enchérir, les musées mondiaux qui veulent continuer à enrichir leurs collections.

Philippe de Montebello, qui fut pendant trente et un ans le directeur du prestigieux Metropolitan Museum of Art de New York, le Met, explique : « Les musées ne comptent presque plus sur le marché de l'art. Ils ne peuvent plus acheter, ou très peu. Quand on voit les grandes banques venir à la foire de Maastricht, on ne se demande pas si c'est le Met de New York, ou le Museum of Art de Cleveland, ou la National Gallery de Londres, ou le Louvre, qui vont acheter tel ou tel chef-d'œuvre ! On parle de *hedge funds*, de managers, d'oligarques russes, de milliardaires des pays du Golfe.

« Les grands musées du monde doivent à l'histoire de posséder des collections qui sont très riches. Nous avons déjà créé nos grandes collections. Évidemment, il y a des lacunes ici et là, on aimerait les combler. Mais si on ne peut plus acquérir de chefs-d'œuvre, c'est sans doute que le moment est venu pour les autres de les acheter. C'est un changement très important.

« Il y a de grands mouvements dans l'histoire de l'art. Il y a eu le siècle des Lumières, le XVIIIᵉ siècle, qui a créé les musées. Tout l'art est venu du sud, d'Italie surtout ; il est remonté vers les pays du Nord – l'Allemagne, la France, l'Angleterre –, puis il s'est déplacé d'ouest en est, les collections anglaises et françaises allant enrichir la Prusse et la Russie ; enfin, il s'est déplacé de l'est à l'ouest, les collections asiatiques ayant formé le musée Guimet, le British Museum, etc. Nous sommes maintenant dans une phase où tout va dans le sens inverse. L'art et le Louvre migrent vers Abu Dhabi, on va chercher ou montrer des œuvres à Shanghai, à Pékin, en Russie, en Inde. Il y a une espèce de renversement. Cela fait sans doute partie de ces grands cycles que vit l'humanité, et, après tout, chacun son tour... »

La « vente du siècle » comme si vous y étiez : la dispersion de la collection d'Yves Saint Laurent et Pierre Bergé

Annoncée des mois à l'avance et menée de main de maître, la vente de la collection bâtie en cinquante ans par le couturier Yves Saint Laurent et son compagnon de toujours Pierre Bergé a créé l'événement du marché de l'art en France au début de 2009. D'aucuns craignaient que la conjoncture morose – on était en pleine crise économique mondiale – ne permette pas d'atteindre les 300 à 500 millions d'euros de recettes que devait rapporter la dispersion des 733 objets et tableaux provenant de l'appartement de Pierre Bergé, rue Bonaparte, et du magnifique duplex sur jardin de la rue de Babylone où avait vécu Yves Saint Laurent jusqu'à son décès, le 1er juin 2008.

Rien n'avait été laissé au hasard dans la préparation de cet événement, organisé selon toutes les techniques du marketing moderne. Un site Internet créé par la maison de ventes Christie's Paris permettait de voir toutes les pièces proposées à la vente et de visiter virtuellement l'exposition du Grand Palais. Un battage médiatique sans précédent alerta pendant plusieurs mois acheteurs et collectionneurs, et éveilla la curiosité du grand public[1]. La maison de ventes organisa un *road show*, c'est-à-dire la présentation, à Londres et à New York, d'une soixantaine d'objets choisis parmi les « joyaux » de la collec-

---

1. Le moteur de recherche Google répertoriait 1 065 articles dans le mois précédant la vente. Voir Harry Bellet, *Le Monde*, 2 mars 2009.

tion – un *teaser* destiné à appâter les plus grands collectionneurs. Le catalogue prit la forme d'un somptueux coffret de cinq volumes, tiré à 6 000 exemplaires et pesant 10 kilos.

Une vente « comme Paris n'en avait pas vu depuis l'avant-guerre », étalée sur presque une semaine, entre l'exposition de la collection et la dispersion par les commissaires-priseurs pendant trois jours. Fait sans précédent, le grand public avait été convié gratuitement, durant trois jours, jusqu'à minuit, à visiter les treize salles construites à l'intérieur du Grand Palais et présentant la collection dans une mise en scène très élaborée : certaines pièces de l'appartement du couturier avaient été reconstituées, dont le grand salon, avec son Picasso, ses deux Matisse, une sculpture très rare de Brancusi et d'autres toiles d'une valeur inestimable signées Mondrian, Léger ou De Chirico. Plus de 25 000 personnes s'étaient pressées pour admirer ces chefs-d'œuvre, acceptant de patienter plusieurs heures. Ainsi était satisfait le désir de Pierre Bergé de ne pas réserver ce privilège aux quelques centaines de *happy few* habitués de ce genre de manifestation. Car l'une de ses motivations était certainement d'inscrire dans l'imaginaire populaire le caractère indissoluble des liens unissant YSL et PB. En témoignait la gigantesque photo accrochée au fronton du Grand Palais, qui les représentait ensemble. À l'issue de la vente, qui avait battu tous les records, Pierre Bergé exprimait ainsi sa satisfaction : « Si notre travail de collectionneurs de cinquante ans a si fortement intéressé le public, c'est que notre histoire a joué un rôle important dans l'inconscient collectif. »

Avant les badauds parisiens, le *mundillo* de l'art avait reçu un traitement approprié à son statut. Les grands collectionneurs, d'abord : 550 d'entre eux avaient été conviés à une visite individuelle du magnifique appartement d'Yves Saint Laurent et de celui de Pierre Bergé afin de contempler les merveilles promises à la vente dans leur décor et leur agencement naturels. En effet, ce qui faisait leur valeur inégalable, c'était la manière dont le grand maître de la mode et son ami et associé de toujours avaient su marier les styles les plus divers : peintures, vases et statuettes du XVIe siècle cohabitant avec des meubles Art déco, des tableaux impressionnistes, des sculptures chinoises, dans un bric-à-brac de génie reflété par les grands miroirs de l'artiste contemporaine Claude Lalanne. Saint Laurent disait s'être inspiré du décor des appartements de grands mécènes milliardaires, comme Charles et Marie-Laure de Noailles, Alec et Francine Weisweiller ou les Rothschild. Mais ce qui s'exprimait dans les appartements de « Monsieur Saint Laurent » et « Monsieur Bergé », c'était autre chose : une magie liée à la personnalité même des propriétaires. Quelque chose qui rappelle la fascination pour la princesse Diana ou pour Coco Chanel, et qui transforme chaque objet leur ayant appartenu en une sorte de relique.

Avoir le privilège de visiter les appartements d'YSL et PB plusieurs mois avant la vente conférait aux heureux élus une sorte d'aura dans la galaxie des collectionneurs importants. Pour ceux qui n'avaient ni le statut social ni la fortune pour être admis dans le saint des saints, il y eut une séance de rattrapage. Destinée à un public « trié sur le volet », elle fut aussi mémorable que le dernier défilé d'Yves Saint Laurent au Centre Pompidou, en 2002, avant la fermeture de sa maison de couture.

Dans la soirée du vendredi 21 février 2009, soit la veille de la vente, 2 500 personnes étaient conviées à une visite privée de l'exposition sur invitation personnelle de Pierre Bergé. Ce dernier les recevait lui-même dans le grand hall tendu de voile blanc et décoré d'une pièce maîtresse de la collection : le grand minotaure en marbre datant du IIe siècle avant J.-C., autrefois installé dans le jardin de Saint Laurent. Deux jours plus tard, il allait partir à près d'un million d'euros, le triple de son estimation basse.

Pierre Bergé affichait une mine réjouie, comme s'il avait déjà atteint les objectifs qu'il s'était fixés. Deux heures plus tôt, il avait fait les honneurs des treize salons recréés dans le Grand Palais au président de la République, accompagné de François Pinault, maître des cérémonies en second puisque propriétaire de la maison de ventes Christie's. Puis il avait dîné en petit comité et en toute simplicité, avec ses intimes, dans le restaurant du Grand Palais, au milieu d'un parterre de journalistes et de *people*.

Dès l'ouverture des portes, à 21 heures, une foule d'invités connus et très connus se pressaient derrière les barrières de sécurité, acceptant sans rechigner de faire une demi-heure de queue dans le froid, peut-être pas mécontents d'être vus là : amis personnels de Pierre Bergé, anciens collaborateurs de la grande maison Saint Laurent, staff de la Fondation Yves Saint Laurent-Pierre Bergé, directeurs de musée, collectionneurs, courtiers, galeristes et milliardaires venus du monde entier... Sans compter les dirigeants des diverses organisations artistiques ou humanitaires dans lesquelles siège ou a siégé Pierre Bergé, comme le Festival d'automne, le théâtre de l'Athénée ou le Sidaction. Un mélange très éclectique, à l'image du maître de céans qui, dans une vidéo projetée pendant l'exposition, lançait : « Je ne suis pas un homme d'affaires comme les autres. Je suis un poseur de bombes, voilà ce que je suis ! »

Pour l'heure, le « poseur de bombes » était occupé à saluer courtoisement Mme Bettencourt, André Rousselet, l'ancien ministre de la Culture et président de l'Établissement public du château de Versailles Jean-Jacques Aillagon, mais aussi les puissants courtiers français installés à New York Philippe Ségalot et Franck Giraud. Pendant ce temps, les premiers visiteurs s'agglutinaient littéralement dans le salon n° 2 de l'exposition, où un sens giratoire avait dû être organisé pour permettre à chacun d'admirer – sans possibilité de s'arrêter – les deux banquettes recouvertes de léopard de Gustave Miklos, datant de 1928-1929, vendues deux jours plus tard 1,7 million d'euros, et la paire de grands vases de Jean Dunand de 1925, estimée à 1,5 million d'euros et partie aux enchères pour plus de 3 millions.

Le grand Picasso créa un embouteillage monstre, de même que les deux Matisse, dont une nature morte de 1911, *Les Coucous, tapis bleu et rose*, qui, le lendemain, creva le plafond des prix de vente : à l'issue d'une bataille d'enchères spectaculaire entre deux courtiers, elle partit pour la somme record de 35,9 millions d'euros, frais compris !

Placé devant un grand miroir qui permettait d'en admirer tous les contours, l'un des clous de la collection : une statue en chêne de 1914-1917 de Constantin Brancusi, *Portrait de Madame L.R.*, l'une de ses rares œuvres en bois. Et, se reflétant dans le miroir, le visage fasciné du plus puissant galeriste du monde, l'Américain Larry Gagosian, ami et fournisseur du milliardaire russe Roman Abramovitch. Penché en avant, il contemplait, extatique, cette œuvre extrêmement convoitée – sachant d'expérience qu'il avait peu de chances de jamais la revoir, puisque dès le lendemain elle disparaîtrait dans les appartements privés de son nouveau propriétaire, un acheteur encore inconnu à cette heure. À moins qu'il ne l'achète lui-même... Devinait-il déjà que le prix atteindrait des sommets jamais égalés pour une œuvre de Brancusi : 26 millions d'euros, sans les frais, soit le double de l'estimation ?

Plus loin, dans la salle n° 4, Philippe Ségalot rêvait devant les trois toiles de Mondrian datant des années 1920, considérées elles aussi comme exceptionnelles pour leur composition, leur place dans l'ensemble de l'œuvre du peintre et le fait, très rare, qu'elles soient au nombre de trois de la même époque – d'où leur prix d'affichage, exceptionnel lui aussi : de 7 à 10 millions d'euros. Il était venu à la vente accompagné de ses associés, Lionel Pissarro et Franck Giraud. Comme à son habitude, il ne manifestait aucune nervosité, bien qu'il soit à l'affût d'une grosse affaire. Il nous expliquait tout sourire que sa préférence allait au Mondrian de 1918, marquant le début de la grille modulaire conçue par l'artiste et dont les couleurs atones dans les beiges, gris et noirs faisaient la rareté. Ainsi que le prix...

Présents dans chaque salle, disponibles et affables, les employés de la maison Christie's répondaient à toutes les questions, ne pouvant *a priori* faire la différence entre les journalistes, les curieux et les acheteurs des jours à venir. Alors qu'on l'interrogeait sur la nationalité des acheteurs qui pourraient enchérir à de telles altitudes, Thomas Seydoux, directeur international du département tableaux impressionnistes et modernes, traçait un portrait type des milliardaires du XXIᵉ siècle, ceux d'une planète mondialisée : « Il n'y a pas si longtemps, posséder une fortune de 10 millions d'euros faisait de vous un milliardaire. Aujourd'hui, ce n'est plus ni rare ni remarquable.

La fortune se compte par centaines de millions d'euros, elle a changé d'échelle, elle s'est mondialisée. »

À minuit, les véritables amateurs erraient encore avec délices dans la « salle des trésors », avec sa ménagère d'argenterie « comme il n'en a jamais existé en Amérique », commentait un admirateur, ébahi par le nombre de pièces et les quinze valises en cuir destinées à leur rangement. Dans le salon de musique, dont les murs étaient couverts de miroirs aux branches échevelées dessinés par Claude Lalanne, et le sol d'un fascinant tapis « aux perroquets » de 1920, un piano égrenait une musique mélancolique de fin de règne. Tous ces sublimes objets, qui avaient vécu les uns par les autres, s'enrichissant de leur proximité et de leur foisonnement, semblaient attendre, comme des orphelins, d'être séparés.

Lundi soir, 19 heures : lancement de la vente, qui dure trois jours, en sept vacations. La voûte du Grand Palais est éclairée d'une lumière bleu céleste, des candélabres rougeoyants, équipés de convecteurs, tombent de toute la hauteur du dôme pour réchauffer l'immense salle où se pressent plus de 1 500 personnes – acheteurs, invités, journalistes –, dont une partie devra rester debout. Des dizaines d'hôtesses, vêtues de petites robes noires et de longues étoles rouges, s'assurent avec le sourire que chacun rejoint bien dans le calme la place qui lui est assignée.

Car il y a de la nervosité dans l'air. En ces temps de crise, il est impossible de prévoir s'il y aura preneur, et à quel prix, pour le grand Picasso cubiste de 1914, star de la vente, affiché à 20 millions d'euros, pour les Matisse, les Mondrian, les deux œuvres d'Ensor, le De Chirico, les Juan Gris... Au pupitre, le commissaire-priseur François de Ricqlès, vice-président du directoire de Christie's

France, assez pâle mais affichant une certaine sérénité. Vu l'immensité du lieu, il est assisté de deux commissaires-priseurs juchés en milieu de salle sur des sortes de miradors pour ne pas perdre de vue les enchérisseurs, dont certains n'ont pas trouvé place sur les chaises et sont massés au fond. Sur les côtés, en estrade, des dizaines de collaborateurs des maisons de ventes Christie's et Pierre Bergé & Associés gèrent cent lignes de téléphone, grâce auxquelles il est possible de participer directement aux enchères depuis tous les pays du monde.

Le démarrage sur les seize premiers lots est lent, et les cotations plutôt dans la fourchette basse des évaluations. Pour tout arranger, un petit caillou bien français s'est glissé dans l'organisation : le système d'affichage très sophistiqué, projetant sur des panneaux géants les prix sur la gauche et les photos des objets vendus sur la droite, n'est pas au point. Un frisson d'inquiétude parcourt l'assistance : la crise va-t-elle se révéler, là, ce soir, dans toute l'ampleur redoutée par les acteurs du marché de l'art depuis que les prix ont commencé à stagner, puis à baisser, six mois plus tôt ?

Mais, d'un coup, la tempête se déchaîne : les enchères pour le lot n° 17, *Le Désespoir de Pierrot*, grand tableau très coloré du peintre James Ensor, daté de 1892, montent à une allure folle, de 1,5 million, sa mise à prix, à presque 5 millions d'euros. Le public est sous tension. Dans la salle, assis parmi les enchérisseurs, Philippe Ségalot et son associé Franck Giraud, les deux courtiers franco-américains qui, quelques mois plus tôt, ont fait la une du *New York Times* pour avoir accompli l'exploit d'acheter la moitié de la succession de la galeriste franco-américaine Ileana Sonnabend. De l'autre côté de l'allée principale se trouve David Nahmad, qui, avec son frère et leurs enfants, possède deux des galeries majeures de Londres et de New York ; on dit que les Nahmad sont propriétaires de centaines de Picasso et de Matisse. Un peu plus loin, Larry Gagosian, très impliqué dans une autre vente à grand spectacle : celle des œuvres de Damien Hirst, à Londres, en novembre 2008.

Si Larry Gagosian, très attentif, ne bouge guère, Philippe Ségalot, Franck Giraud et David Nahmad ont le téléphone collé à l'oreille et parlent avec animation. À qui ? Aux clients qu'ils représentent ? Et ceux-ci, où sont-ils ? À Londres ? À New York ? À Abu Dhabi ? Ou bien dissimulés ici même dans le public pour ne pas révéler leur identité ? Durant toute cette soirée, ce sont des professionnels connus et reconnus du marché de l'art qui animent les enchères dans la salle, rivalisant avec des offres anonymes passées par téléphone. La vente connaît quelques moments de forte émotion, salués par des applaudissements, lorsque deux acheteurs entrent en opposition frontale et font grimper leurs mises par paliers d'un million d'euros : à chaque geste d'approbation de l'enchérisseur vers le commissaire-priseur, c'est l'équivalent d'un appartement de 120 mètres carrés en plein Paris qui est mis en jeu !

Ainsi en ira-t-il pour la sculpture de Brancusi, pour *Les Coucous, tapis bleu et rose*, de Matisse, de même que pour deux des Mondrian, attribués au triumvirat Ségalot-Giraud-Pissarro, dont l'un au prix de 21 millions d'euros. Et surtout pour une œuvre singulière, signée Marcel Duchamp, qui explose toutes les prévisions. Un duel sans merci entre deux collectionneurs va faire monter les enchères, en quelques minutes, du prix de départ – 700 000 euros – à presque 9 millions d'euros, par paliers successifs de 100 000. Et pour quelle œuvre ? Une bouteille de parfum de 16 centimètres de haut, détournée de son usage premier – comme tous les *ready-made* de Duchamp –, qui fit la couverture de *New York Dada* en 1921 (voir cahier central, p. 4). Elle est revêtue d'une étiquette « Belle Haleine – Eau de voilette » et d'une photo prise par Man Ray de Marcel Duchamp grimé en femme, accompagnée de l'inscription « Rrose Sélavy 1921 » – le nom d'emprunt féminin que Duchamp aimait se donner. C'est qu'il ne reste que deux *ready-made* de Marcel Duchamp entre des mains privées. Tous les autres appartiennent à des musées. Pour un particulier, en posséder un, c'est placer sa collection à la hauteur des plus grandes collections publiques. Peut-être pareille ambition n'a-t-elle pas de prix ! Comme le dit le grand commissaire-priseur Simon de Pury, dirigeant de la troisième plus grande maison de ventes du monde : « Les ventes aux enchères, c'est très irrationnel, on ne peut jamais savoir qui va sortir du bois, que l'on n'attendait pas… » Où il est vérifié que l'on ne peut juger l'irrationnel avec des critères rationnels. Raison pour laquelle, malgré la crise économique généralisée, malgré le pessimisme ambiant, malgré la faiblesse de la place de Paris sur le marché international de l'art, la « vente du siècle » allait vraiment tenir ses promesses, avec le montant le plus élevé jamais atteint pour la vente d'une collection privée. Un triomphe absolu, avec 207 millions d'euros pour la première soirée de ventes, 373 millions pour l'ensemble des trois jours et des sept vacations, bien au-delà du record détenu par la vente de la collection des Américains Victor et Sally Ganz en 1997 (163 millions d'euros). Sur les 61 lots mis à la vente, 24 firent plus d'un million d'euros et 6 plus de 10 millions !

Le vertige de la première soirée allait se reproduire le lendemain lors de la dispersion des meubles et objets Art déco, qu'Yves Saint Laurent et Pierre Bergé avaient commencé à collectionner quand ce n'était pas encore une mode. Parmi ceux-ci, le lit de Monsieur Saint Laurent, dessiné par Jean-Michel Frank dans un style très dépouillé, entouré de deux tables de chevet non moins austères, et tout à coup livré aux regards de tous. Le clou de cette soirée fut un fauteuil de 1917-1919 signé Eileen Gray, en cuir et structure de bois laqué en forme de dragons. Déjà estimé très haut, à 2 ou 3 millions de dollars, il partit à presque 22 millions d'euros, frais compris, après une bataille d'enchères acharnée. Une somme inattendue et même inespérée pour une œuvre de cette créatrice, mais, surtout, jamais encore atteinte pour un meuble du XXe siècle. C'était aussi le deuxième plus haut prix pour un meuble toutes époques confondues.

Au terme de ces trois jours historiques, la presse internationale regorgeait de commentaires, de suppositions, d'indignations et de suspicions. Le milliardaire américain Jose Mugrabi, grand collectionneur mais également marchand, n'avait-il pas quitté le Grand Palais, après que le fauteuil d'Eileen Gray eut atteint cette somme ahurissante, en déclarant haut et fort : « Je pense qu'on est proche de la vulgarité. Ailleurs, de tels lots ne vaudraient même pas le montant des commissions que va générer cette vente. Les gens sont hypnotisés, ils ne savent pas ce qu'ils achètent » ?

De fait, cette vente « miracle » posait plus de questions qu'elle n'apportait de réponses sur le futur d'un marché de l'art lié – jusqu'à quel point ? – à une conjoncture économique très déprimée et à une bourse des valeurs en pleine dégringolade. Il fut généralement admis qu'un phénomène relevant du fétichisme avait joué, comme cela avait été le cas avec les objets personnels de Jackie Kennedy : lors de leur vente aux enchères, un acheteur avait fait monter un collier de fausses perles au prix d'un bijou de grande joaillerie – pacotille survalorisée par le seul fait que la défunte l'avait portée autour de son cou.

Le commissaire-priseur François de Ricqlès expliquait avec juste raison que ce que les collectionneurs présents au Grand Palais avaient payé, « c'était l'œil et le goût extraordinaire d'Yves Saint Laurent et de Pierre Bergé, leur passion pour l'art, qui garantissaient la valeur de leur collection ». On le sait : comme pour les chevaux de course, la provenance dite « impeccable » d'une œuvre et l'identité des personnes qui l'ont possédée auparavant sont les meilleurs certificats du maintien de sa cote pour le futur. C'est ainsi qu'en 2007 un tableau de Mark Rothko avait crevé le plafond des cours de cet artiste à New York, atteignant 72,8 millions de dollars, parce qu'il appartenait à David Rockefeller.

Par extension, Edward Dolman, directeur général de Christie's, pouvait affirmer que, quelle que soit par ailleurs la situation économique, « il y a dans le monde des liquidités importantes, prêtes à s'investir quand il s'agit de pièces rares et exceptionnelles ». Argument repris et élargi par des financiers qui prétendirent que, à l'heure où tous les placements bancaires classiques, et même hasardeux, s'étaient montrés plus que décevants, le moins risqué était d'investir son argent disponible dans des œuvres d'art classiques et répertoriées. La démonstration faite par Simon de Pury va dans le même sens : « Il y a des choses qui se vendent bien à un moment, et mal à un autre, c'est le principe même du marché. Mais, si on suit une courbe des cours en partant du XIXe siècle, sur la durée, elle évolue à la hausse. » On ne peut pas toujours en dire autant de la Bourse.

Beaucoup de questions resteraient sans réponse. Qui étaient les véritables destinataires des œuvres acquises par des courtiers en vue ? À qui profiteraient ces enchères faramineuses pour un fauteuil, même exceptionnel, acheté plus cher qu'un immeuble de rapport ? L'acquéreur officiel, la galerie parisienne de Bob et Cheska Vallois, avait agi, disait-on, pour un client dont le nom demeurait inconnu. C'était elle qui l'avait vendu une première fois en 1971 pour la somme de 15 000 francs (2 330 euros)[1] !

Dans les jours qui suivirent la vente, les spéculations allèrent bon train. Qui seraient les prochains propriétaires du Matisse, des deux Mondrian, du Brancusi ? Des Américains ? Des Russes ? Des Européens de l'Ouest ? Des particuliers ou des musées des pays arabes ou asiatiques ? Beaucoup de suppositions, aucune certitude – illustration renouvelée de la formidable opacité de ce marché.

Comment affirmer que l'intervention répétée de certains marchands sur les lots les plus prestigieux n'avait pas pour objectif de « soutenir » les prix ? On avait noté que l'un d'entre eux, fournisseur presque attitré d'Yves Saint Laurent, avait été très actif autour des enchères du grand Matisse, monté à presque 36 millions d'euros. Mais alors pourquoi le Picasso cubiste de 1914, grande vedette de l'exposition avant la vente, n'avait-il suscité aucune enchère ? « Trop triste, pas assez coloré, estimé trop

---

1. *Le Figaro*, 26 février 2009.

haut », dirent plus tard quelques spécialistes, comme si cela justifiait le silence assourdissant dans la salle au moment de son passage en vente. Après la vente, Pierre Bergé affirma dans une conférence de presse « être très heureux de le garder », puisqu'il n'avait pas trouvé preneur. Sans être le moins du monde mal intentionné, on était fondé à penser qu'il avait été fier de le montrer, mais n'avait peut-être jamais voulu le vendre, d'où sa mise à prix dissuasive. Il faut savoir que, pour assurer le prestige d'une vente aux enchères, donc son succès, il convient de proposer un ensemble de lots de même qualité, et en quantité suffisante – en l'occurrence, il y en eut 68 pour la vente du premier soir, entièrement consacrée à l'art impressionniste et moderne. La maison de ventes doit parfois forcer un peu la main du propriétaire pour l'inciter à se séparer de certaines œuvres qui lui sont chères, mais qu'il est indispensable de présenter.

Autre sujet polémique et passionnant : que s'est-il passé avec les deux bronzes chinois représentant une tête de rat et une tête de lapin, provenant du palais d'Été de Pékin, mis à sac par les troupes franco-anglaises en 1860 ? Leur cession en vente publique était contestée par les autorités chinoises, qui en demandaient la restitution pure et simple. Refus catégorique de Pierre Bergé et de Christie's, menacés d'une intervention judiciaire à quelques heures seulement de la mise aux enchères. Et, devant une foule de journalistes du monde entier, le mercredi en fin de journée, leur passage en vente fut expédié en quatre minutes ! Proposé à 10 millions d'euros, le premier – le rat – vit les enchères monter en deux minutes à 11, 12, 13, 14 millions. Puis s'arrêter net. Adjugé à 14 millions. Mise à prix et scénario identiques pour le second – le lapin. Le marteau s'abattit à 14 millions pile, faute d'enchères plus élevées dans la salle ou au téléphone. Y avait-il eu arrangement, intimidation, intervention diplomatique ? Mystère… Deux jours plus tard, un courtier chinois, M. Cai, se déclarait comme étant l'acheteur et annonçait qu'il ne paierait pas les 28 millions d'euros prévus (30,5 millions avec les frais). Il affirmait que son but avait été de faire capoter la vente. Et, en effet, celle-ci serait annulée de droit si la facture n'était pas réglée sous huitaine.

D'autres acheteurs allaient-ils en faire autant ? Certaines enchères mirifiques ne relevaient-elles pas, sinon du coup médiatique, du moins de la poudre aux yeux ? Comment se faire une idée, à l'heure où les clients russes et chinois, forts de leurs énormes fortunes, ont pris l'habitude de rediscuter les prix de leurs achats après avoir signé les contrats, en menaçant de ne pas payer ?

Dans ce milieu très fermé où tous les acteurs se connaissent et « se tiennent par la barbichette », la seule certitude, c'est que rien n'est sûr ni prouvé. Et, pour ce qui concerne cette vente, personne ne saura jamais combien elle a précisément rapporté ni combien elle a coûté. La géniale mise en scène du Grand Palais, le catalogue exceptionnel, le traitement des hôtes de marque auraient représenté un investissement d'un million d'euros, auquel doit s'ajouter une inconnue : l'avance sur le résultat des ventes consentie par Christie's à Pierre Bergé.

Pour calculer le bénéfice final, il ne faut pas s'arrêter au seul rapport de la vente des 733 lots proposés ni aux records mondiaux enregistrés sur une dizaine d'entre eux. Le coup de génie de Pierre Bergé a été d'organiser la vente à Paris, et non à Londres ou à New York, capitales réputées rapporter plus d'argent : « J'ai tenu absolument à ce que cette vente ait lieu à Paris, où Yves Saint Laurent et moi avons créé en cinquante ans toutes nos affaires et notre collection. Je veux que Paris retrouve sa place dans le marché de l'art. »

Position à la fois intéressée et désintéressée, que l'on ne peut qu'approuver. Il est plus que temps, en effet, que Paris, qui fut le centre du marché de l'art jusqu'aux années 1960, réagisse à sa marginalisation par rapport à l'Angleterre, aux États-Unis et même à l'Allemagne. La France ne représente plus aujourd'hui qu'environ 6 % des ventes mondiales de ce marché. Pierre Bergé s'en soucie sans doute plus que d'autres. En tant que propriétaire d'une maison de ventes – Pierre Bergé & Associés –, il souffre de l'anémie du marché national. Véritable génie des affaires, il a aussi compris combien l'art et la mode étaient devenus d'indissociables partenaires. La marque Yves Saint Laurent est l'incarnation, aux yeux du monde entier, du talent français en la matière. Elle avait perdu sa puissance après la fermeture de la maison de couture et la disparition du créateur. Elle est à nouveau propulsée au firmament du luxe et de la beauté par la « vente du siècle ». Et, fait ou non du hasard, elle est peut-être redevenue bénéficiaire après une longue période de vaches maigres. Elle n'appartient plus à Pierre Bergé, mais au groupe PPR, dont le propriétaire est François Pinault. Qui est aussi le propriétaire de la maison Christie's. Après que leur relation eut connu bien des vicissitudes, liées aux grandes manœuvres autour de la maison Saint Laurent, les deux hommes ont fait cause commune pour faire rêver le monde entier sur la manière de vivre « à la française » et redorer l'image de « Paris-capitale-des-arts ». Qui s'en plaindrait ? C'est bon pour l'ego, le leur, le nôtre. C'est bon aussi pour les affaires : quelques mois après la « vente du siècle », la maison Pierre Bergé & Associés de Bruxelles a vendu deux meubles d'Eileen Gray à des prix rarement atteints...

CHAPITRE 4

Le Système : une « bonne affaire » mondiale ?

L'art de la mise en scène

Londres, avril 2008. Au cours d'un dîner, on nous signale qu'une vente exceptionnelle d'art contemporain va avoir lieu le 13 mai suivant à New York, chez Christie's. Une œuvre de Lucian Freud, *Benefits Supervisor Sleeping*, sera mise aux enchères (voir cahier central, p. 1). Portraitiste utilisant la technique des maîtres anciens, le petit-fils de Sigmund a offert à la reine Élisabeth II son portrait, dont le traitement hyperréaliste a déclenché des polémiques. Les estimations de prix pour cette œuvre sont très élevées.

Le tableau est à Londres pour quelques jours. Si les grands collectionneurs ont été avertis, la communication a été minimale à destination des autres. Sur le modèle des financiers des grandes sociétés multinationales, qui effectuent des *world tours* pour promouvoir leurs compagnies auprès des investisseurs, la direction de Christie's a décidé de faire voyager la toile de Lucian Freud à travers le monde afin que les collectionneurs-investisseurs puissent l'observer de près à loisir. Emballée avec le plus grand soin par l'un des trois transporteurs spécialisés dans les déplacements internationaux d'œuvres de grande valeur, assurée pour une fortune, elle revient tout juste de Hong Kong, où elle a été exposée dans les bureaux de Christie's, et a fait une halte à New Delhi ainsi qu'à Moscou. Après cette escale à Londres, sa ville d'origine, son voyage s'achèvera à New York, où aura lieu la vente, comme c'est souvent le cas pour les opérations très prestigieuses.

Nous arrivons chez Christie's Londres vêtues comme on doit l'être pour une visite protocolaire. À l'entrée de la vénérable maison, située dans le quartier de Saint-James, nous demandons à l'une des hôtesses si nous pouvons voir le tableau. L'accueil est parfait. Quelques minutes plus tard, un huissier à chaîne nous guide à travers les couloirs vers une porte qu'il ouvre avec cérémonie.

Là, stupeur ! Au fond d'une très longue pièce blanche et nue, aux fenêtres obturées par des stores blancs, décorée seulement de deux énormes bouquets d'arums blancs, l'immense tableau est installé sur une estrade, éclairé par des lumières tamisées. Il représente une femme obèse, nue, dormant lovée sur un canapé.

Benefits Supervisor Sleeping est le portrait de Sue Tilley, ancienne égérie des nuits londoniennes. Sur le cartouche à côté du tableau, les indications habituelles : « Huile sur toile ». Dimensions : « 151,3 × 219 cm ». Date de la réalisation : « 1995 ». Estimation : « Entre 25 et 35 millions de dollars » (entre 18 et 25 millions d'euros).

Un gardien en uniforme est assis à l'autre bout de la pièce, immobile. Dans un silence sépulcral, nous restons plantées là, recueillies, fascinées par cet étalage de chair verdâtre striée de veines bleues, répandue sur le canapé défoncé. On croirait assister à une levée de corps à la morgue. Prises d'un fou rire nerveux, nous sortons presque à reculons pour ne pas quitter l'œuvre des yeux. De retour dans le hall, nous feuilletons le catalogue posé sur le comptoir, perplexes. Qui va acheter ce tableau, et pourquoi ? Pour le voir chaque jour accroché dans son salon ? Sera-t-il vendu à un amateur ? à un spéculateur ? à un musée ? Comment a-t-on fixé cette estimation, selon quels critères ? Son prix pourra-t-il continuer de croître ?

Le 13 mai au soir, à New York, dans la salle chic et pleine à craquer de Christie's, à Rockefeller Plaza, les habitués des ventes d'art *postwar* et contemporain n'en croient pas leurs yeux lorsque deux appariteurs aux gants blancs déposent l'énorme nu sur le chevalet. Ils sont fascinés par ce tableau dérangeant, comme nous l'avons été. Ils sont encore plus étonnés lorsque l'estimation basse est littéralement explosée par une offre anonyme au téléphone : 33,6 millions de dollars, soit 21,38 millions d'euros. Lucian Freud devient à cet instant l'artiste vivant le plus cher du monde, ravissant la première place à Jeff Koons. Dès le lendemain, *The Art Newspaper* révèle sur son site le nom du mystérieux acheteur, un acquéreur qui a l'« art du secret[1] » : l'oligarque russe Roman Abramovitch.

Petits arrangements entre amis

Rien de plus amusant, de plus excitant qu'une vente aux enchères, surtout quand il s'agit d'œuvres d'art rares. Les jours précédents, on a tout loisir d'admirer et de détailler chaque lot, sans que personne vous pose de questions embarrassantes sur vos intentions d'achat. Jusqu'au moment même de la vente, on peut décider

---

1. Harry Bellet et Marie Jégo, « Roman Abramovitch, l'art du secret », *Le Monde*, 27 mai 2008.

d'enchérir ou de ne pas enchérir sur un objet convoité. Quand est annoncé le numéro d'un lot, il est fascinant de voir le commissaire-priseur lancer la mise à prix, se démener sur l'estrade, laisser planer le suspense pendant quelques instants lorsque les enchères piétinent, encourager de la voix les acheteurs présents dans la salle pour qu'elles repartent à la hausse...

Mais cet exercice de bateleur – dans lequel certains commissaires-priseurs excellent, jusqu'à devenir de véritables stars, comme Simon de Pury, ou Christopher Burge chez Christie's – est aussi un jeu de séduction. Il entoure d'un rideau de fumée toutes sortes de pratiques indécelables pour la plupart des acheteurs non professionnels.

Les ventes aux enchères sont d'une simplicité trompeuse. Elles obéissent en réalité à des règles qui ne sont jamais clairement énoncées et grâce auxquelles les bonnes affaires restent souvent le domaine réservé des spécialistes.

Il faut savoir lire le catalogue des ventes entre les lignes. Il indique une estimation haute et une estimation basse. Celles-ci ne doivent surtout pas être prises à la lettre, comme des évaluations d'experts donnant la valeur intrinsèque du lot. Elles peuvent être majorées ou minorées. Elles seront élevées si l'on a voulu encourager le propriétaire à confier son bien à la maison de ventes en lui faisant une offre « confortable » – voire l'inciter à donner l'ensemble d'une collection en lui promettant monts et merveilles. Elles seront basses, au contraire, si l'on a cherché à attirer les acheteurs en affichant des prix inférieurs à la valeur réelle des lots, des sommes qui seront bien évidemment corrigées lorsque les enchères monteront. Les maisons de ventes précisent d'ailleurs en petits caractères dans leurs catalogues que les estimations de prix de vente qui y figurent ne doivent pas être considérées comme mesurant la valeur du lot, ni être utilisées comme une référence pour d'autres négociations.

Par ailleurs, le catalogue n'indique pas le « prix de réserve », c'est-à-dire celui en dessous duquel le vendeur n'est plus vendeur. Son montant, qui peut être très inférieur à l'estimation basse, n'est pas connu des acheteurs. Or le ballet des enchères commence souvent en deçà de ce prix, le jeu consistant à partir de très bas pour « chauffer » la salle. Si celle-ci est apathique, il n'est pas rare que le commissaire-priseur feigne de répondre à des enchères, même quand il n'y en a pas. Il n'a le droit de se livrer à cette « mise en jambes » que jusqu'au moment où le prix de réserve est atteint. Passé ce seuil, il est obligé de trouver de vrais enchérisseurs pour rester dans la légalité. Mais à ce moment-là il n'est pas rare que l'on se situe encore en dessous de l'estimation basse du catalogue, ce qu'ignorent bien souvent les acheteurs qui ont déposé des offres par écrit. Sans le vouloir, ceux-ci auront donc concouru quelquefois à faire monter le prix d'un lot au-dessus de ce qu'ils auraient pu obtenir en étant présents dans la salle. « Ça pimente le spectacle des ventes aux enchères, mais on ne peut pas dire que ça contribue à leur transparence[1] », commente la journaliste spécialiste du marché de l'art Georgina Adam.

Toujours dans le catalogue des ventes, des symboles très discrets, indéchiffrables pour le commun des acheteurs, indiquent que des offres fermes et définitives ont

---

1. Georgina Adam, « Secrets of the Auction Room », *Financial Times*, 2 janvier 2009.

déjà été enregistrées sur tel ou tel lot. Elles peuvent prendre diverses formes, mais cela signifie, en clair, que les enchères sont déjà fixées à un prix très élevé, en dessous duquel aucun acheteur n'aura accès à l'œuvre. En d'autres termes : amateurs s'abstenir ! Tous ces petits arrangements ne concernent que les professionnels, marchands, courtiers, galeries ou musées. Ainsi un tableau de Kazimir Malevitch, *Suprematist Composition*, a-t-il été vendu 60 millions de dollars à un mystérieux acheteur qui avait déposé son « offre irrévocable » à l'avance. On est presque là dans de la vente privée « de gré à gré », sauf qu'en réalité un troisième larron peut intervenir à la dernière minute pour surenchérir. Dans ce cas, il est fréquent que celui qui avait proposé l'offre ferme reçoive un dédommagement – un pourcentage du différentiel entre ce qu'il avait offert et ce que la maison de ventes a obtenu d'un tiers.

L'acheteur occasionnel paie à la maison d'enchères une commission de 25 à 30 % TTC, qui vient s'ajouter au prix atteint par le lot au moment où le commissaire-priseur a abattu son marteau en criant « Vendu ». Cette commission est divisée par deux si la valeur du lot est très élevée. Le vendeur est supposé, lui aussi, verser une commission – dégressive en fonction de la valeur des lots –, mais, bien souvent, la maison d'enchères l'en dispense pour qu'il soit incité à confier sa marchandise rare à elle plutôt qu'à une concurrente. Il peut même arriver que la commission versée par l'acheteur soit rétrocédée au vendeur, si bien que celui-ci aura finalement touché beaucoup plus que le prix affiché, alors que toutes les charges ont tendance à être transférées vers l'acheteur. Ce dernier, dans l'excitation des enchères, n'a pas toujours la présence d'esprit d'ajouter aux chiffres énoncés très rapidement par le commissaire-priseur les montants additionnels – commissions, TVA, droits d'auteur des artistes – qu'il devra débourser au moment de régler la facture[1].

Mais la plus grande part d'ombre du monde des enchères concerne l'identité des acheteurs. Qui achète ? À quel prix ? Pour le compte de qui ? Les salles de ventes ne sont pas seulement le théâtre d'échanges entre des acheteurs et des vendeurs. Y sont aussi à l'œuvre toutes sortes de stratégies de marketing, de soutien des cotes, de lancement de nouvelles modes, que le témoin inexpérimenté ne peut pas déceler.

Ceux que l'on voit lever la main dans la salle sont rarement ceux à qui une œuvre est destinée, surtout si elle est très chère. Lorsque l'enchère semble arriver par l'un des multiples téléphones alignés autour desquels s'activent les assistants du commissaire-priseur, il n'est pas certain qu'il y ait vraiment quelqu'un au bout du fil. L'enchère a pu être déposée à l'avance, ou bien elle peut venir d'une des loges vitrées surplombant la salle, où les acheteurs les plus importants ont la possibilité de suivre le déroulement des opérations sans se montrer. Résultat de cet anonymat très protégé, notamment pour des raisons de sécurité : même quand les enchères ont lieu au vu et au su de tout le monde, il est souvent impossible de savoir qui sont les acquéreurs des œuvres les plus coûteuses.

« Jusqu'à il y a peu, raconte encore Georgina Adam, les dirigeants des maisons d'enchères savaient en général

---

1. Sur les aspects juridiques et réglementaires du droit des enchères et sur l'adaptation de la législation française aux normes européennes, voir l'excellent travail de Marie-France Christophe Tchakaloff, professeur de droit public à Paris-I, « L'Europe en son labyrinthe : à propos du marché de l'art », *Mélanges Genevois* (Dalloz/LGDJ), novembre 2008.

à l'avance qui allait enchérir sur les pièces les plus chères et où ces acheteurs seraient situés dans la salle. Avec l'arrivée de nombreux acheteurs de pays émergents comme la Chine ou la Russie, les maisons d'enchères connaissent bien des surprises. La plus célèbre est la vente, en 2006, du Picasso de 1941, *Dora Maar au chat*, pour lequel un acheteur dissimulé au milieu de l'auditorium de Sotheby's a lancé une enchère totalement inattendue de 92,5 millions de dollars. Personne ne sait de façon certaine de qui il s'agit, sans doute d'un Russe ou d'un Ukrainien. Ce qui montre bien que même ceux qui travaillent là ne savent pas toujours ce que cache le rideau de fumée qui entoure les salles des ventes et leurs miroirs aux alouettes[1]. »

Les nouveaux collectionneurs assis sur des fortunes récentes, les néophytes du commerce de l'art, se trouvent plus à l'aise pour dépenser leur argent dans l'anonymat d'une salle de ventes que dans les galeries, où ils hésitent à se mesurer directement aux poids lourds de la profession. Dans ce lieu où les prix sont affichés, où l'on exprime son intérêt pour une œuvre simplement en levant la main, où l'on peut suivre en direct les transactions, ils pensent être à l'abri des manœuvres tortueuses de certains grands marchands – ceux qui choisissent les clients auxquels ils veulent bien vendre, voire les inscrivent sur des « listes d'attente ».

Cette prétendue transparence est illusoire, mais elle a une conséquence très importante. Jusqu'au début des années 1980, 70 % du chiffre d'affaires des maisons de ventes se faisaient avec les marchands, le reste avec les musées et des particuliers. La proportion s'est inversée

---

1. Georgina Adam, « Secrets of the Auction Room », art. cité.

avec l'euphorie financière : collectionneurs et particuliers représentent désormais 60 % de la clientèle des grandes maisons d'enchères. Celles-ci voient leur position et leur pouvoir de négociation vis-à-vis des galeries et des marchands considérablement renforcés. Et leurs relations sont devenues plus conflictuelles.

Les géants du monde des enchères : Christie's et Sotheby's

La rivalité entre Christie's et Sotheby's a été l'un des facteurs de l'explosion des prix dans le domaine de l'art. À elles deux, ces maisons séculaires contrôlent environ 80 % du marché mondial des ventes aux enchères d'objets d'art. Ce système de ventes ne représente pas, tant s'en faut, la majorité des transactions qui ont lieu dans ce secteur. Mais il sert de référence pour la fixation des prix des œuvres et de la cote des artistes. Si, dans l'une de leurs grandes ventes du printemps ou de l'automne, à Londres ou à New York[1], un peintre ou un créateur bat le record de prix qu'il avait atteint auparavant et entre dans la catégorie des « cent premiers prix atteints dans l'année aux enchères », sa carrière est faite. Ainsi que celle de son marchand ou de la galerie qui le représente.

Petites maisons de ventes anglaises traditionnelles en activité depuis deux siècles, Sotheby's et Christie's ont

---

1. Les grandes ventes ont lieu en juin et février à Londres, en mai et novembre à New York, avec deux soirées phares, l'une consacrée à l'art moderne et impressionniste, l'autre à l'art contemporain. Il y a aussi des ventes spécialisées tous les mois.

ouvert des bureaux à New York au milieu des années 1960. À l'époque, on les décrivait ainsi par dérision : « Sotheby's, ce sont des gens de business qui prétendent être des gentlemen. Christie's, ce sont des gentlemen qui prétendent faire du business. »

Vingt ans plus tard, l'une et l'autre se trouvent au bord de la faillite, frappées par la récession mondiale du début des années 1980. Sotheby's est rachetée par un géant américain des centres commerciaux, A. Alfred Taubman, et François Pinault reprend Christie's en 1989. À l'époque, on pense que l'homme d'affaires français a agi par caprice et s'est offert une danseuse. En réalité, lui et son homologue américain ont tout simplement flairé l'émergence d'un nouveau marché, et pris des positions à un moment où les cours de l'art étaient à la baisse. Leur objectif est d'en faire des centres de profit.

Dès lors, tout est organisé pour occuper le cœur du marché. Les ventes du printemps et de l'automne à New York et à Londres deviennent de véritables shows. Elles sont précédées d'expositions ouvertes aux visiteurs, qui peuvent y admirer gratuitement des œuvres de toute première qualité. Une occasion unique puisque, après la vente, elles disparaîtront chez leurs nouveaux acquéreurs, pour toujours peut-être. C'est plus excitant que d'aller dans un musée. Les catalogues, très étoffés, deviennent peu à peu de vrais livres d'art, rédigés par des experts célèbres. Ils ne se contentent plus de montrer les objets ; ils racontent leur histoire, c'est-à-dire celle des familles qui les ont possédés et la manière dont ils ont été transmis d'un propriétaire à un autre. C'est souvent romanesque. Les catalogues des grandes ventes, comme celles de Saint Laurent à Paris ou de Damien Hirst à Londres, deviennent eux-mêmes des *collectors*.

Un mois avant la vente, une sélection des œuvres majeures qui seront mises aux enchères est emballée dans des caisses sécurisées et part faire un *highlight tour* – un tour du monde par avion qui passe par Londres, Dubaï, Hong Kong, New York, parfois même Zurich, Düsseldorf ou Paris. Il s'agit de motiver les grands collectionneurs en organisant dans chaque ville une réception très privée où ils se doivent d'être vus. Frais de transport, d'assurance et de représentation font partie du budget de développement des deux grandes maisons.

À ce niveau d'investissement, aucun grand marchand d'art ne peut suivre. C'est une stratégie de contrôle du marché. Face aux dépenses, les recettes. Chaque département, quelle que soit sa spécialité – art moderne, art contemporain, bijoux, art ancien ou autre –, a des objectifs annuels chiffrés à atteindre, comme dans n'importe quelle entreprise industrielle. Chaque responsable est tenu de se constituer une clientèle, et surtout de ne pas « lâcher » le client. Avant une grande vente, les responsables concernés sont réunis par leurs directeurs et interrogés sur les acheteurs potentiels des œuvres dont ils ont la charge. C'est là aussi, dans le secret de la *war room*, que quelques dirigeants triés sur le volet décident du montant des garanties qui seront consenties aux vendeurs des cinq ou six lots les plus importants.

Les garanties : c'est le nerf de la guerre et le talon d'Achille des grandes maisons de ventes aux enchères. Ce système leur a permis de distancer tous leurs concurrents potentiels, mais il les a aussi fragilisées à l'extrême. Pour se voir confier la vente des plus beaux Matisse, des plus grands Picasso et d'autres œuvres rares, ces maisons avaient mis en place, avant la crise financière de l'automne 2008, des garanties de prix. Le vendeur qui confiait une œuvre majeure à Sotheby's ou à Christie's était assuré d'en obtenir une somme convenue à l'avance. Si les enchères n'atteignaient pas ce montant, c'était la maison de ventes qui payait la différence. Si, à l'inverse, le résultat était supérieur à la garantie, il était d'usage que le vendeur et la maison d'enchères se partagent le bonus à 50-50. Un jeu très dangereux, car la concurrence acharnée entre Sotheby's et Christie's les a incitées toutes deux à augmenter sans cesse le montant des garanties. Ce processus inflationniste a été aggravé par l'intervention d'autres joueurs, qui ont essayé de s'immiscer dans la cour des grands en faisant à leur tour des offres mirobolantes, voire déraisonnables.

Rival notoire de François Pinault dans l'univers du luxe, Bernard Arnault, propriétaire du groupe LVMH, avait un temps décidé de le défier sur un autre terrain de jeu, celui du marché de l'art. Il avait acheté la maison d'enchères Phillips, dont il avait confié la direction à un bateleur de génie, le commissaire-priseur Simon de Pury. Devenue Phillips de Pury & Luxembourg, troisième plus importante maison de ventes du monde, la société s'est lancée dans une surenchère meurtrière. Sa stratégie était d'organiser des ventes de prestige qui attireraient à elle de nouveaux clients et lui permettraient de faire sa place. Vincent Noce, journaliste à *Libération*, a raconté qu'en 2001 Phillips a proposé, à New York, une garantie de 170 millions de dollars (122 millions d'euros) à un client dont la collection valait la moitié de cette somme[1]. En octobre 2008, ce système de garanties a fait perdre 15 millions de dollars

---

1. Vincent Noce, *Descente aux enchères. Les coulisses du marché de l'art*, Lattès, 2002.

(10,8 millions d'euros) à Sotheby's : la maison de ventes avait pris des engagements sur 60 millions fermes (43 millions d'euros). Or nombre d'œuvres, lors des ventes très décevantes de Hong Kong et de Londres, qui ont donné le signal de la crise dans le marché de l'art, n'ont pas trouvé preneur[1].

Pour Phillips de Pury, la vente d'art contemporain – sa spécialité – d'octobre 2008 fut un désastre : 5 millions de dollars (3,5 millions d'euros) de recettes au lieu des 18 à 26 millions attendus (de 13 à 18,7 millions). Le mois suivant, Phillips de Pury était vendu à Mercury Group, une société russe de produits de luxe.

Dès l'année précédente, à l'occasion des grandes ventes d'automne de New York, les marchands et les courtiers, en voyant les évaluations de prix sur les catalogues des deux géants, avaient commencé à s'inquiéter de la dérive engendrée par la compétition effrénée entre les maisons de ventes. Ils réclamaient un « retour au sérieux ». Les résultats des enchères sur les ventes de la soirée « Impressionnistes et modernes » de Sotheby's donnèrent un fort écho à leurs récriminations. En raison d'évaluations très exagérées, assorties de promesses fermes aux vendeurs, 20 lots majeurs sur 70 restèrent invendus, et non des moindres : un Picasso, un Van Gogh, un Renoir, un Braque, un Bonnard ne trouvèrent pas preneur aux prix proposés. Le clou de la vente, *Le Matin*, une toile de Gauguin datant de 1892 et évaluée entre 40 millions de dollars (28,7 millions d'euros) – estimation basse – et 60 millions de dollars (43 millions d'euros) – estimation haute –, partit à 39,2 millions de dollars (28 millions d'euros), un prix qui ne permettait pas de couvrir la

---

1. *The Art Newspaper*, 5 novembre 2008.

garantie donnée au vendeur. « Les acheteurs ont tout simplement tiré la sonnette d'alarme[1]. »

Pourtant, l'année suivante fut celle de tous les records : de février à juillet 2008, le marché s'envola à des altitudes jamais atteintes... avant de s'effondrer d'un coup en novembre.

Les périodes d'euphorie haussière de la Bourse et de la finance sont favorables au système des enchères. Entre 2006 et 2008, les prix ont explosé sur le marché de l'art moderne et contemporain. Chaque mois apportait une nouvelle performance, faisant inlassablement grimper la cote de certains artistes. Celle de l'Américain Jeff Koons a quadruplé sur l'année 2007. Son cœur rouge en acier a atteint 23,56 millions d'euros. Cet automne-là, chez Christie's, la *Liz Taylor* d'Andy Warhol s'envolait à 23,5 millions de dollars (16,5 millions d'euros). Cela représentait sept fois le prix auquel le célèbre comédien Hugh Grant l'avait acquise six ans plus tôt – 3,5 millions de dollars –, soit un gain de 100 % par an !

Marchands et maisons de ventes : les frères ennemis

Les ventes aux enchères sont très médiatisées, mais elles ne représentent que la partie visible de l'iceberg. La plus grosse part de l'activité du commerce de l'art passe par les marchands, les courtiers, les galeristes, les antiquaires et les autres opérateurs de ce que l'on appelle le « marché gris ». Personne ne peut en évaluer précisément

---

1. Béatrice de Rochebouët, « Alerte rouge sur les enchères à Manhattan », *Le Figaro*, 9 novembre 2007.

le montant chiffré, car la plupart des transactions se font dans la plus grande discrétion, voire de manière secrète, étant payées en liquide ou *via* des paradis fiscaux.

On avance un chiffre global de 50 milliards d'euros pour l'ensemble du marché de l'art. Les revenus des maisons de ventes aux enchères, qui sont, eux, officiels et publiés, ne représentent pas la moitié de cette somme.

Marchands et maisons de ventes entretiennent des relations complexes : ils sont à la fois concurrents et partenaires. Même s'ils se disputent la clientèle et la marchandise, ils ne peuvent pas se passer les uns des autres. Les galeristes et les marchands ont besoin des ventes aux enchères pour que soit clairement affichée la cote des artistes dont eux aussi négocient les œuvres.

Les marchands comme les courtiers font partie des meilleurs clients des maisons de ventes. Ils achètent et vendent des œuvres aux enchères comme n'importe quel collectionneur. Mais il leur arrive aussi fréquemment, lorsque le marché faiblit, de soutenir en ventes publiques la cote d'un artiste auquel ils sont liés.

Les moyens de soutenir une cote font partie de ces nombreuses zones d'ombre qui entourent le mécanisme des enchères. Les conditions de vente inscrites en petits caractères dans les dernières pages des catalogues stipulent que, en cas de défaut de paiement caractérisé de la part de l'acquéreur, le lot peut être remis en vente ou la vente annulée. Dans ce deuxième cas, le lot est provisoirement ou définitivement retourné à son propriétaire. Il n'y a évidemment aucune possibilité de vérifier la rumeur selon laquelle la grande vente d'œuvres originales de Damien Hirst qui a eu lieu chez Sotheby's les 15 et 16 septembre 2008 a rapporté, sur le papier, les 140 millions d'euros annoncés. Affolés par la chute de l'ensemble des cotes à partir de novembre 2008, de nombreux clients auraient refusé de régler le montant d'enchères qu'ils jugeaient inadéquates par rapport à la réalité du marché dans les semaines qui avaient suivi la vente.

On est alors fondé à se poser la question : quel risque réel y a-t-il pour un professionnel à faire « pousser » les enchères sur une œuvre dont il veut valoriser le créateur, s'il a des moyens légaux de ne pas conclure la vente au cas où elle viendrait à s'arrêter sur son offre ? Tout se négocie, et c'est donnant-donnant.

Les maisons de ventes ont parfois besoin des marchands pour qu'ils placent des lots valorisants dans des ventes qui, sans leur apport, seraient trop ternes. Une grande vente, surtout celles du soir à New York et à Londres, doit comporter des œuvres majeures. Le catalogue reflète la puissance de la maison de ventes. Or les lots exceptionnels ne sont pas toujours disponibles aux dates requises, et l'on fait alors appel aux grands marchands, qui en possèdent des centaines.

Enfin, plus récemment, et c'est peu connu, les grands marchands très puissants et très fortunés ont commencé à intervenir pour « couvrir » les garanties données par les maisons d'enchères aux vendeurs lorsqu'elles étaient dangereusement élevées. Si un client à New York demande une garantie de 40 millions de dollars (29 millions d'euros) sur un Picasso, la maison d'enchères peut passer un accord préalable avec un grand marchand. Celui-ci s'engage à acheter le tableau au prix ferme de 36 millions de dollars (26 millions d'euros). Si les enchères sont inférieures aux 40 millions demandés, le marchand deviendra propriétaire du tableau pour 36 millions. La maison de ventes aura perdu 4 millions de dollars (2,9 millions d'euros), qui seront compensés par sa commission de vente. Elle aura réalisé une opération blanche ou à très petit bénéfice, mais pas une perte colossale.

À l'arrivée, tout le monde trouve son intérêt. La famille Nahmad, par exemple, a acheté en vente une très belle gouache de Miró. Après la magnifique exposition à Bâle, en juin 2008, où son stand était entièrement consacré à un rare ensemble du peintre espagnol, la même gouache a été revendue trois fois son prix d'achat.

Les frères ennemis que sont les marchands et les maisons d'enchères ne s'affrontent pas seulement pour la conquête des acheteurs. Ils sont surtout en compétition pour trouver de la marchandise de très bonne qualité : ce qui fait le succès et la réputation des uns comme des autres, c'est le réseau qu'ils ont su constituer, qui leur permet d'être les premiers informés si une grande collection devient disponible à la vente. C'est bien connu : ce sont les trois D (décès, dette, divorce) qui enclenchent le processus de dispersion d'une belle collection. Le plus souvent, c'est la disparition de l'héritier d'un grand collectionneur qui donne le signal.

Ce que recherchent les acteurs importants du marché, ce sont des collections à 40, 60 ou 80 millions d'euros, comprenant des tableaux modernes, des pièces contemporaines, du très bel ameublement rare. La collection Ganz, la collection Whitney, la collection André Breton, la collection Saint Laurent-Pierre Bergé ont marqué des étapes majeures dans l'histoire du marché de l'art, et ont surtout fait la fortune des organisateurs de leurs ventes.

François de Ricqlès, vice-président du directoire de Christie's France, qui a organisé la vente Saint Laurent-Pierre Bergé, nous explique : « Globalement, il n'y a pas assez d'œuvres de grande valeur, de qualité "plus-plus". Ce sont souvent les mêmes qui passent et repassent dans les ventes, jusqu'à quatre ou cinq fois sur une période de dix ans. Ce n'est pas ce que les grands collectionneurs recherchent. Le succès de la vente Saint Laurent-Bergé, c'est l'addition d'œuvres de très grande qualité avec le fait qu'elles sont restées longtemps entre leurs mains, à l'abri des regards. Ce que les vrais collectionneurs recherchent, c'est la pièce qui n'a pas été vue souvent sur le marché, et dont l'origine et la provenance sont très bien identifiées. »

Peu importe où et comment se fera la vente. Ce qui compte, c'est d'être le représentant des intérêts du propriétaire des œuvres. C'est sur ce terrain que s'exacerbe la rivalité entre marchands et maisons de ventes. À l'exception du territoire français, où c'est interdit, Sotheby's, Christie's et Phillips de Pury s'impliquent de plus en plus dans les ventes *de gré à gré*, ou *ventes privées*. Cette pratique consiste à proposer directement à un client qu'ils connaissent, sans passer par les enchères, une ou plusieurs œuvres qui sont à vendre. Ils deviennent ainsi intermédiaires entre vendeurs et acheteurs, au même titre que n'importe quel courtier. Ils entrent là en concurrence directe avec les marchands.

La rentabilité de ce type de vente est loin d'être négligeable : elles ont rapporté plus de 250 millions de dollars à Christie's et Sotheby's en 2006. Selon Simon de Pury, ces transactions privées, qui n'entraînent aucune dépense publicitaire, permettent de couvrir les frais de promotion très élevés des ventes aux enchères[1]. Elles répondent aussi aux vœux d'une certaine clientèle qui recherche

---

1. Georgina Adam, artclair.com, 8 février 2009.

discrétion et rapidité. En période de crise, les enchères paraissent risquées : lorsque le marché est très spéculatif, comme au cours des cinq dernières années, les ventes publiques poussent les prix à la hausse. Elles peuvent les tirer brutalement vers le bas en période de récession.

En France, les ventes de gré à gré par les maisons d'enchères étaient encore interdites à la fin de 2009. Faire sauter ce verrou est devenu le cheval de bataille du directeur général de Sotheby's France, Guillaume Cerruti. Il assure que cette exception française « conduit à la délocalisation de certaines opérations de ventes privées vers Londres et New York ». De son côté, le président du Syndicat national des antiquaires, Hervé Aaron, a fait publier en octobre 2009 un libelle d'une page entière dans plusieurs grands quotidiens nationaux au nom « des petits et des grands marchands qui réalisent 70 % du marché de l'art en France ». Il y affirmait que, si la loi venait à modifier la réglementation en vigueur, cela aboutirait tout simplement à les « rayer de la carte[1] ».

L'enjeu de la discorde, qu'il appartiendra au Parlement français de trancher, est celui du *premier marché* et du *second marché*. La question posée est la suivante : est-ce le rôle – et même le désir – des maisons de ventes de rechercher et de promouvoir des artistes débutants ? Dans le passé, elles se sont prudemment tenues éloignées des créateurs n'ayant pas encore de réputation très établie. Leur métier est de vendre de l'art. Sont-elles les mieux placées pour le produire ?

Cette question est peut-être déjà dépassée du fait de l'évolution très rapide de l'ensemble du marché. Pour la première fois, les 15 et 16 septembre 2008, un artiste de

---

1. *Le Monde*, 24 octobre 2009.

177

renom international, Damien Hirst, a organisé la cession directe de 223 de ses œuvres originales chez Sotheby's, court-circuitant ses deux galeries de toujours, l'américaine Gagosian et la britannique White Cube. Or, en principe, les maisons de ventes aux enchères traitent avec des propriétaires d'œuvres d'art, jamais avec les artistes eux-mêmes. C'est le travail des galeries, et des marchands, de découvrir les talents, de les promouvoir et de les vendre à des clients. Ce sont ces derniers qui, éventuellement, revendront leurs achats en salles des ventes. Ce coup de canif dans le système a fortement ébranlé une organisation déjà très perturbée par la crise mondiale : le même jour, la banque Lehman Brothers était déclarée en faillite.

S'il était déjà clair que la récession allait être fatale aux intermédiaires, dans l'art comme ailleurs, la vente Damien Hirst a matérialisé cette menace. Pour la première fois, un artiste empochait directement 100 % du montant de la vente de son travail – 70,55 millions de livres (88,94 millions d'euros) le premier jour des enchères –, dont la moitié aurait normalement dû revenir à ses galeries.

Depuis un siècle était établie une pratique où le marchand et la galerie mobilisaient la critique et les musées pour faire connaître un artiste et le vendre aux collectionneurs. Ceux-ci pouvaient par la suite se tourner vers une maison d'enchères pour revendre leur acquisition. Brutalement, toutes les étapes sont sautées : l'artiste s'adresse directement aux collectionneurs par l'intermédiaire d'une maison d'enchères. Celle-ci peut craindre à son tour qu'Internet ne se substitue à elle dans un avenir plus ou moins proche. Ce qui s'annonce, c'est une redistribution douloureuse des cartes, à une échéance encore indéterminée, mais probablement inéluctable.

La crise : tout change pour que rien ne change

Que dire, que faire face à la crise ? D'abord se souvenir qu'en 2001 déjà, et avant, en 1990 et 1980 (pratiquement tous les dix ans, donc), le marché de l'art a connu des récessions – liées à la crise au Japon, à l'effondrement de l'immobilier, à l'explosion de la bulle Internet. Plans d'économies drastiques, restructurations, licenciements ont frappé les professionnels du secteur. Sur la durée, le chiffre d'affaires n'a cependant pas cessé d'augmenter : Christie's, qui faisait 2,3 milliards de dollars (1,4 milliard d'euros) en 2000 et se trouvait en tête des opérateurs mondiaux, se place toujours au même rang, quasi à égalité avec Sotheby's.

Une différence, toutefois : leurs chiffres d'affaires respectifs tournaient, en 2008, autour de 6 milliards d'euros[1]. Ces grands opérateurs ont en effet diversifié leurs activités dans les ventes d'immobilier, de vins, de chevaux, de voitures de luxe, les assurances, les garde-meubles sécurisés, les services aux clients. Comme nous venons de le voir, ils ont commencé, sauf en France, à pratiquer des ventes privées. Pour se placer eux aussi sur le premier et le second marché, ils ont acheté ou pris des participations dans des galeries : Noortman Fine Arts et Jeffrey Deitch pour Sotheby's ; la galerie Haunch of Venison pour Christie's. Ce faisant, ils ont capté une part des attributions autrefois réservées aux galeristes, aux marchands et aux courtiers, qui n'ont pas manqué de s'en alarmer. En

---

1. Même si en 2009 ce chiffre est divisé par deux, il restera supérieur à celui des années 2000-2001.

particulier parce que ces galeries « sous contrôle » représentaient des artistes mondialement connus et déjà très valorisés.

Mais la première et principale raison de l'expansion des grandes maisons de ventes est ailleurs. Au sein de leur cœur de métier, il y a un renouvellement constant, et de plus en plus rapide, de ce qui est proposé aux acheteurs-collectionneurs.

L'art contemporain, dont les chiffres de vente ont bien souvent dépassé ceux des impressionnistes ou des grandes signatures modernes, n'est vraiment devenu à la mode qu'à partir de la fin des années 1980. C'est alors qu'ont été organisées les premières ventes du soir uniquement consacrées à cette spécialité chez Christie's ou Sotheby's. Ce furent ensuite les peintres russes, puis les artistes chinois, vietnamiens, indonésiens, la photographie et le dessin. Plus récemment, les graffitis et les peintures murales, le design contemporain, les années 1950, 1930. Et aussi le vintage de meubles, de bijoux, de vêtements de couturier. La roue tourne de plus en plus vite. Il y a toujours eu des prescripteurs qui faisaient évoluer les goûts et bouger les choses. Ce sont eux qui créent la mode. Mais l'accélération et la mondialisation de l'information diffusent leurs idées de manière instantanée et visuelle sur toute la surface du globe. Et celles-ci rencontrent un public qui a un besoin insatiable de nouveautés.

« L'accélération de la demande de changement est le fruit de l'enrichissement général, affirme François de Ricqlès. Le marché de l'art va continuer à se développer comme il l'a toujours fait, avec de nouvelles spécialités auxquelles s'intéresseront des gens de plus en plus nombreux ayant eu accès progressivement et depuis peu à la richesse et à la culture. La principale évolution de ce

Avant la mise aux enchères, la toile du peintre anglais Lucian Freud
Benefits Supervisor Sleeping a voyagé à travers le monde
afin que les collectionneurs-investisseurs puissent l'observer de près à loisir.

Mise aux enchères le 14 mai 2008 chez Christie's, à New York,
Benefits Supervisor Sleeping a été enlevée par le Russe Roman Abramovitch.
Montant : 21,38 millions d'euros. Lucian Freud a été désigné artiste vivant
le plus cher du monde.

Yan Pei-Ming, installé à Dijon depuis 1980, peint Mao
depuis plus de trente ans. Des tableaux qui de loin paraissent abstraits
et de près figuratifs. « Ce qui m'intéresse, dit-il, c'est le destin des hommes. »

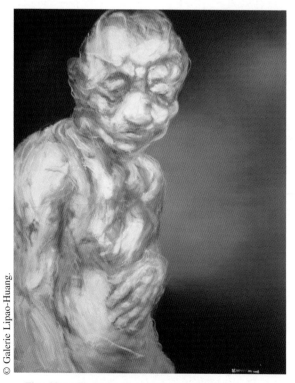

Zhao Nengzhi, *Body*. Au premier regard, on lit l'influence
de deux grands maîtres occidentaux, Francis Bacon et Lucian Freud.
L'œuvre de Zhao Nengzhi a cependant une identité proprement chinoise,
le classicisme et l'énergie maîtrisée révélateurs de ses racines asiatiques.

Subodh Gupta, *Very Hungry God.*
Un crâne géant tout en ustensiles d'acier étincelant.
Sculpture créée en 2006 pour la Nuit blanche, à Paris,
et exposée dans l'église Saint-Bernard.
Achetée par François Pinault.

Martial Raysse, artiste français, est considéré comme le pionnier
de la génération pop art. Dans les années 1960, on disait à propos d'Andy Warhol
qu'il était « le Martial Raysse américain ».

Marcel Duchamp, *Belle Haleine*.
Œuvre produite en 1921 avec le concours de Man Ray.
Cet exquis canular, appartenant à Yves Saint Laurent
et Pierre Bergé, avait été estimé à 1,2 million d'euros
(mise aux enchères à 700 000 euros).
Il a été vendu, le 23 février 2009, 7,9 millions d'euros.

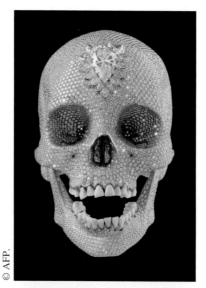

Damien Hirst, *For the Love of God*.
Copie d'un crâne du XVIIIe siècle réalisé
en platine, incrusté de 8 061 diamants.
Valeur : 74 millions d'euros.

début de millénaire, c'est l'enrichissement de nouvelles populations qui peuvent désormais s'intéresser à l'art et acquérir des œuvres. Plus la richesse mondiale se développera, plus il y aura de personnes susceptibles de participer au marché de l'art, comme "nouveaux acheteurs". C'est l'élévation du niveau de vie culturel et matériel qui fait que les gens veulent accéder à ce qu'il y a apparemment de plus sophistiqué.

« On se précipite aujourd'hui à Lyon pour aller voir une exposition comme on se déplaçait il y a vingt ans du VIIIe arrondissement de Paris à Saint-Germain-des-Prés. C'est l'"effet TGV". Les nouvelles fortunes des pays émergents ont vite compris que l'art leur procurait une forme d'intégration sociale et culturelle au sein de milieux auxquels ils n'avaient jusque-là jamais eu accès. Ces nouveaux acheteurs, nous sommes allés les chercher : nous avons ouvert un bureau à Dubaï, ce qui impliquait une très bonne connaissance du marché indien, si proche, et bien sûr du Moyen-Orient. Nous avons ouvert en 1986 à Hong Kong, où les ventes n'ont cessé depuis de progresser de manière spectaculaire. Pour développer les ventes, il faut s'adapter rapidement aux rééquilibrages du marché, qui s'est notablement déplacé vers l'est. En raison de la faiblesse du dollar, de l'émergence des grandes fortunes russes, indiennes et asiatiques, l'hégémonie américaine sur le marché de l'art s'est modifiée pour la première fois depuis l'après-guerre. »

CHAPITRE 5

L'art d'investir dans l'art

Dans un marché continûment à la hausse pendant cinq ans, de 2003 à la fin de 2008, la principale préoccupation des « deux grands » était de savoir lequel serait le premier de l'année en termes de chiffre d'affaires. À la fois au niveau mondial et territoire par territoire. En 2007, Sotheby's enregistre la plus haute enchère réalisée en France depuis vingt ans avec un tableau de Francis Bacon, *Portrait de Muriel Belcher*, qui atteint 13 millions d'euros. L'année suivante, Sotheby's arrive pour la première fois à battre Christie's sur la France en termes de chiffre d'affaires annuel, avec un résultat de 155 millions d'euros. En 2009, Christie's reprend l'avantage grâce à la vente Saint Laurent-Pierre Bergé, qui dépasse à elle seule ce chiffre. Les records se succèdent chez l'un et chez l'autre.

Mémorable mois de novembre 2007, au cours duquel les ventes d'art moderne et impressionniste sont triomphales. Chez Christie's, un Matisse de 1937 (*L'Odalisque, harmonie bleue*) et un Picasso (*Femme accroupie au costume turc*) s'envolent à respectivement 23,7 et 21,5 millions d'euros. Chez Sotheby's, une sculpture de Picasso (*Tête de femme* [*Dora Maar*]) dépasse toutes les sommes jamais atteintes pour un bronze du maître à presque 30 millions de dollars (21,5 millions d'euros).

En février 2008, malgré les nuages qui s'accumulent dans le ciel de l'économie mondiale, la frénésie continue. Prix multipliés par trois ou quatre par rapport aux estimations et records mondiaux battus pour de grandes signatures comme Francis Bacon, Gerhard Richter, Lucio Fontana[1] et d'autres artistes à la carrière très médiatique – ceux que l'on appelle les *blue chips* (les valeurs sûres).

À l'occasion des ventes de Londres de février 2008, lors de la vente phare du mercredi 27 au soir, Sotheby's dépasse tous ses résultats précédents dans la capitale britannique en matière d'art contemporain, avec 189 millions de dollars (139 millions d'euros) pour cinquante-quatre lots vendus.

« Dans une salle bourrée, écrit le critique de l'*International Herald Tribune*, Souren Melikian[2], les vingt premiers lots sont tous partis les uns à la suite des autres, ce qui est extrêmement rare dans n'importe quelle vente aux enchères. Avec des prix records qui ont encore attisé l'excitation régnant dans la salle. Arrivé à ce point, il devient évident que toutes les œuvres des artistes sur lesquels on a beaucoup écrit ou parlé dans les médias sur une longue période, ou qui, en tant que personnalités, ont

---

1. Lucio Fontana, peintre italien, fondateur du mouvement « spatialiste », est l'auteur de tableaux monochromes lacérés ou troués. « Une toile n'est plus un support, mais une illusion », disait-il.

2. Souren Melikian, journaliste, critique d'art, est responsable de la chronique artistique de l'*International Herald Tribune* depuis 1969 et d'une colonne mensuelle dans la revue américaine *Art+Auction* depuis 1984. Grand érudit, ancien chercheur au CNRS en France, polyglotte, appelé l'« homme aux mille et une vies », il fait autorité dans le monde de l'art.

attiré l'attention du grand public, sont considérées comme des chefs-d'œuvre incontournables. Ni le style ni les matériaux qu'ils utilisent n'entrent en compte comme premier critère de la considération dont ils sont l'objet et de l'intérêt qu'ils suscitent. »

Souren Melikian évoque là les Murakami, Koons, Warhol, Bacon, Hirst, et tous ceux dont les noms figurent en haut de la liste des cent artistes vedettes des ventes aux enchères. Et, de fait, aux mois de juin et juillet 2008, on constate de nouvelles envolées des prix, en dépit de la dégringolade de la Bourse à New York. Coup de théâtre aussi chez Christie's, à Londres, le 24 juin 2008 : une mystérieuse enchérisseuse, inconnue de la « petite élite » des collectionneurs répertoriés, pousse les enchères sur *Le Bassin aux nymphéas* de Claude Monet jusqu'à 51 millions d'euros, presque le double de son estimation haute. Ce soir-là, Christie's bat son record de chiffres en Europe pour une vente d'art moderne et contemporain.

À la foire de Bâle, en juin 2008, c'est la ruée sur les stands des marchands et des galeristes. Le milliardaire russe Roman Abramovitch s'offre un bronze du sculpteur Alberto Giacometti pour 10 millions d'euros chez le grand galeriste suisse Jan Krugier. Cette fin de printemps marque un tournant : c'est le moment où l'on se rend compte que le profil des acheteurs a beaucoup changé. Les jeunes nouveaux riches qui avaient fait une fortune éclair dans la Bourse et l'immobilier, accumulant bonus et stock-options, ont sans doute freiné leurs achats. Mais d'autres les remplacent, venus de Russie, de Chine, de Singapour, de Hong Kong, du Moyen-Orient[1], « aussi

1. Harry Bellet, *Le Monde*, 6 juillet 2008.

riches et aussi soucieux d'accrocher sur leurs murs des icônes à la hauteur de leurs fortunes[1] ».

Il semble alors que plus aucune limite n'existe à la surenchère et à la spéculation, que l'art a rejoint le pétrole, les matières premières ou l'or comme étalon monétaire, une valeur sur laquelle des investisseurs jouent comme à la Bourse. C'est pourquoi l'on parle désormais de *financial art*[2]. Avec la contraction de l'économie mondiale en 2009 – une première depuis la Seconde Guerre mondiale –, une correction va intervenir sur le marché de l'art, comme dans tous les autres secteurs économiques, mais moins rapidement et moins sévèrement. C'est que le système qui a abouti à une hyperinflation des prix s'est installé de manière solide et irréversible. L'art est dorénavant une marchandise internationale. Il peut y avoir des périodes de reflux des cours, mais il n'y aura jamais de retour à la situation qui prévalait encore en 2005, où « tout le monde se connaissait, les grands marchands siégeaient comme des sénateurs à Rome, l'art l'emportait sur l'argent dans les discussions entre initiés[3] ».

Le financial art *et la bulle financière*

L'émergence de fortunes rapides et surtout la mondialisation de la finance et de l'économie ont eu les mêmes effets dans le monde de l'art qu'ailleurs. Toute la logique

---

1. Béatrice de Rochebouët, « Alerte rouge sur les enchères à Manhattan », art. cité.
2. Aude de Kerros (graveur, essayiste), « L'effondrement du *financial art* », *Le Monde*, 23 décembre 2008.
3. Valérie Duponchelle, *Le Figaro*, 26 juin 2008.

d'un modèle économique reposant sur le crédit s'y retrouve, comme dans l'immobilier, avec ses conséquences désastreuses : trop d'argent, des prix qui flambent sans rapport avec la qualité de la marchandise, des spéculateurs qui jouent à la hausse en s'endettant pour acheter... Le tout relié par une information de plus en plus immédiate, qui donne un écho encore plus grand à ces excès. Tous les éléments sont réunis en cette fin d'année 2008 pour que le marché de l'art soit, lui aussi, victime d'une « bulle » financière.

La brutale crise économique qui a touché pour la première fois l'ensemble des pays du monde simultanément a mis à nu les mécanismes pernicieux qui, en très peu de temps – cinq ans à peine –, ont transformé l'art contemporain et l'art en général en produits financiers. Développés par des banques, des compagnies d'assurance, des sociétés d'investissement ou de gestion de patrimoine, ces « placements » ressemblent aux produits dérivés inventés par toutes les institutions financières et s'en inspirent. Il s'agit de « faire travailler » l'argent des clients, avec le meilleur rendement possible. Exactement comme dans l'immobilier, les matières premières ou le pétrole. Et avec les mêmes risques. Car qui peut affirmer avec certitude que tel ou tel artiste dont les œuvres ont atteint des prix inimaginables passera à la postérité ?

L'art dans ces « années cash » est donc promu comme une prétendue valeur refuge, un placement sûr pour millionnaires du monde entier. C'est ce que l'on appelle le *financial art*, qui n'a rien à voir avec la création véritable, celle qui repose d'abord et avant tout sur l'inventivité des artistes.

Avril 2008 : nous rendons visite, à Londres, à Philip Hoffman, directeur du fonds d'investissement Fine Art

Fund. Nous l'avons rencontré lors d'un séminaire de quatre jours sur le thème « Marché de l'art et gestion de patrimoine », organisé par l'hôtel des ventes parisien Drouot. Ce stage s'adresse à des particuliers et à des professionnels désireux de juger des « opportunités d'investissement dans l'art ». Le sujet de réflexion et de débats proposé est le suivant : « L'œuvre d'art est aujourd'hui un des éléments incontournables d'une diversification patrimoniale réussie. Peut-on cependant conseiller des investissements dont la valeur fluctue en fonction de critères multiples, sans posséder les bases de l'"art d'investir" ? » L'« art d'investir » *versus* « investir dans l'art »…

Nous apprendrons lors de ce séminaire que 2007 a été un millésime exceptionnel pour l'« art placement », avec une progression pour l'année, à l'échelle mondiale, de plus de 18 %. Et que les marteaux des maisons de ventes sont tombés 1 254 fois sur des enchères dépassant le million de dollars (700 000 euros), contre « seulement » 810 fois en 2006.

Philip Hoffman s'exprime sur le rôle déterminant des experts, qui, comme lui, sont seuls capables d'identifier les œuvres dans lesquelles il est intéressant et rentable d'investir des capitaux. Ancien directeur financier de Christie's, il a une solide connaissance d'un marché de l'art dont il admet que la transparence est « insuffisante ».

Lorsque nous le retrouvons à Londres dans son bureau de Mayfair, il nous explique le principe de son métier. Le Fine Art Fund, qu'il a fondé, est dans le marché de l'art la première société créée sur le modèle des sociétés non cotées, les *private equity funds*. Ces fonds interviennent habituellement dans l'industrie ou les activités de services pour lever des capitaux et les placer : il s'agit d'acheter à la baisse et de vendre à la hausse, comme d'autres le feraient en Bourse ou sur les marchés de matières premières.

Quand nous lui demandons si acheter de l'art pour le revendre avec de gros bénéfices ne contribue pas à l'envolée des prix du marché, il répond : « Mon travail, c'est de trouver des œuvres sur lesquelles un fonds d'investissement récupère 30 % net, tous frais payés. Ce n'est pas facile. Il faut être très rapide dans ses décisions, ne pas garder en portefeuille une œuvre qui plafonne. C'est moi qui décide chaque semaine ce qu'on garde, ce qu'on vend, à qui on le vend et comment : marchand, collectionneur, maison d'enchères. »

L'argent trouve-t-il une meilleure rentabilité lorsqu'il est placé en Bourse, dans l'immobilier ou dans l'art ? De nombreux experts se sont penchés sur le sujet, qui fait aussi partie du fonds de commerce du site Internet Art-price.com, incontournable pour tout ce qui concerne le marché de l'art. Le *Wall Street Journal* a publié en mai 2008 une étude menée par deux professeurs de l'université de New York et comparant les résultats de ces trois types d'investissement sur dix ans et vingt ans[1]. Il en ressort que, sur la décennie 1998-2008, l'art est gagnant, avec un retour annuel sur les sommes investies de presque 12 % (contre 7,2 % pour l'immobilier et 5,9 % pour la Bourse). En 2007 et 2008, l'art a continué de monter alors que les deux autres secteurs étaient à la baisse.

Cependant, sur vingt ans, la Bourse est gagnante, avec une moyenne annuelle de 10 %, contre 7 % pour l'art. Elle est aussi plus rassurante, car moins sujette à des

1. Kelly Crow, *Wall Street Journal*, 6 mai 2008.

crises cycliques. Et si sur le long terme l'art dégage de grosses marges, il n'est pas aussi « liquide » que la Bourse. En incluant les assurances, le stockage, les différentes taxes sur les ventes et la lenteur des transactions, c'est largement 20 % de la valeur marchande des œuvres qui est à déduire.

À New York, pendant l'Armory Show de mars 2008, lors d'une conférence qui réunissait un banquier, un directeur de musée et un professeur d'économie, les panélistes constataient que les œuvres d'art *postwar* et contemporaines avaient rapporté 25 % par an durant cinq ans, de 2003 à 2008. Ils arrivaient à la conclusion que le marché allait se refroidir, que les banques et les fonds d'investissement allaient être « moins actifs ». Cela voulait dire que leurs fonds spécialisés allaient réduire leurs achats de biens artistiques. Et que ces institutions financières allaient fermer le robinet du crédit pour les acheteurs particuliers et les galeries, auxquels elles avaient prêté largement pendant cinq ans pour favoriser le volume d'affaires. Puisque leurs prêts étaient gagés sur les œuvres d'art, on pouvait prévoir qu'elles allaient tenter d'en revendre le maximum au meilleur tarif. Elles se dépêcheraient de « prendre leurs bénéfices », comme on le dit en termes boursiers. Ce qui ne manquerait pas de faire baisser les prix.

Finie l'époque où les fonds d'investissement des banques vous adressaient par simple courrier des propositions de crédit à taux très bas pour acheter de l'art – le *deal* étant que les bénéfices soient partagés entre la banque et le particulier investisseur lors de la revente des œuvres. Fini aussi le temps où tout se vendait, artistes établis et jeunes valeurs montantes, et où les galeries surgissaient partout comme des champignons après la pluie.

En mars 2008, nos trois conférenciers new-yorkais prédisaient déjà que, « l'art étant devenu l'affaire d'une communauté totalement mondialisée, on pouvait être certain que les "œuvres superstars", les fameux *blue chips*, continueraient à se vendre très bien ». Mais que ce serait « plus problématique pour les œuvres vendues dans la fourchette de prix de 10 000 à 100 000 dollars [de 7 177 à 71 777 euros] ».

Les conséquences de ce « retournement de tendance » n'ont mis que quelques mois à se manifester, avec un petit temps de retard par rapport à l'immobilier.

« Le mouvement circulaire qui fait grimper les prix bien au-delà de toute valeur raisonnable peut, bien entendu, se renverser. La chute brutale advient toujours plus tard que ne l'annoncent les économistes », explique Philippe Martin, professeur au Centre d'économie de la Sorbonne (Paris-I).

De fait, sevrés des crédits autrefois facilement consentis à eux-mêmes ou à leurs clients, les marchands et leurs galeries ont commencé à fermer boutique dès le début de 2009. Plusieurs grandes galeries new-yorkaises de Chelsea ou de Tribeca ont baissé le rideau de fer. Et la grande galerie anglaise Albion, ouverte en 2004 à Londres dans un immeuble de 16 000 mètres carrés aménagé sur le bord de la Tamise par le célèbre architecte Sir Norman Foster, a fermé sa succursale de New York, inaugurée un an plus tôt.

Les « affaires Madoff » de l'art

Des affaires style « Madoff » sont venues sanctionner cette période de spéculation effrénée. L'affaire Lawrence

Salander a fait grand bruit à New York, éclatant comme un coup de tonnerre dans un ciel qui n'était déjà plus si serein.

Le 26 mars 2009, un galeriste très connu de l'Upper East Side, le quartier résidentiel le plus huppé de Manhattan, est arrêté. Il est accusé d'avoir détourné au moins 88 millions de dollars (63 millions d'euros), peut-être même 100. Ce qui, au début de l'enquête, paraissait une simple affaire de cavalerie se révèle être une vaste escroquerie. Organisée depuis 1994, elle touche vingt-six personnes, deux banques et un fonds d'investissement. Le propriétaire des galeries Salander-O'Reilly se voit chargé de cent chefs d'inculpation pour vol qualifié, faux en écriture, usage de faux documents, falsification de comptes et de signatures, faux témoignages, détournements de fonds. À la clé, vingt-cinq ans de prison minimum.

On pourrait résumer les méthodes de travail de Lawrence Salander en quelques mots : il vendait ou gageait auprès d'établissements financiers des œuvres qui ne lui appartenaient pas. Collectionneurs, artistes, investisseurs les avaient placées en dépôt chez lui, à des fins d'estimation ou de recherche de clientèle. Dans le détail, ses opérations relevaient de la haute voltige. À tel point qu'on l'a comparé au personnage de la comédie de Mel Brooks sortie en 1968, *Les Producteurs*, dans laquelle un metteur en scène de théâtre promet à vingt personnes différentes la moitié de la recette de son spectacle et, lorsqu'il est confondu, s'exclame, feignant la naïveté : « Je croyais qu'il y avait beaucoup plus de moitiés dans un tout ! »

Comment Salander a-t-il pu duper ses interlocuteurs pendant plus de dix ans, et pour des sommes astronomiques dont il parvenait toujours à différer le règlement ? Décrit comme un charmeur, maître en manipulation et vendeur hors pair, le galeriste inspirait la confiance. Il avait construit une sorte de petit empire dans le monde de l'art. Dans sa galerie prestigieuse de cinq étages, il exposait aussi bien de précieuses toiles classiques de Constable ou de Corot que des contemporains, comme De Kooning. Il vivait mieux qu'un nabab de Wall Street. Le loyer mensuel de son domicile new-yorkais s'élevait à 100 000 euros. En guise de dépôt de garantie, il avait donné à son propriétaire une toile de Manet évaluée à 6 millions d'euros, qui ne lui appartenait pas. Il ne se déplaçait qu'en jet privé et avait offert à sa femme, pour son anniversaire, une somptueuse réception à 60 000 dollars au musée privé de la Frick Collection.

« Grand art, grande arnaque », écrivait à son sujet un chroniqueur new-yorkais spécialisé, dans un article où il s'efforçait de démêler les fils des « magouilles » de cet escroc de haute volée[1]. Celles-ci s'articulaient autour de deux axes : lever des fonds auprès d'investisseurs privés ou d'institutions financières pour les engager dans des placements fictifs ; prendre en dépôt des œuvres appartenant à des artistes, des collectionneurs ou des particuliers, et les négocier à l'insu de ces derniers ou les donner en garantie à des tiers. Salander n'hésitait pas à vendre les mêmes œuvres plusieurs fois. Et il trouvait toujours des prétextes pour ne pas rendre l'argent reçu. Lorsque certains demandaient des comptes ou insistaient pour récupérer leur bien, il les menaçait de ne plus s'occuper d'eux ou de les traîner devant les tribunaux.

---

1. « Big Art Big Theft. The Lawrence B. Salander Indictment », http://davideubank.wordpress.com, 27 mars 2009.

Un exemple éclairant parmi d'autres : l'ancien joueur de tennis John McEnroe avait investi dans l'achat de deux tableaux du peintre arménien expressionniste abstrait Arshile Gorky, *Pirate I* et *Pirate II*. Pour avoir la propriété de 50 % de ces deux œuvres, il avait versé à Salander, en octobre 2003, la somme de 2 millions de dollars (1,4 million d'euros), dont il attendait un bénéfice conséquent après revente. Or il s'avéra que l'un des deux tableaux appartenait déjà à un autre galeriste. Et que le deuxième avait déjà été vendu sous le manteau à un client. Bien qu'il n'ait détenu la propriété ni de l'un ni de l'autre, Lawrence Salander les avait en surplus utilisés comme garantie pour obtenir un prêt de 2 millions de dollars auprès de la Bank of America !

Ces sommes lui permettaient de faire partiellement face à ses engagements vis-à-vis de Renaissance Art Investors (RAI), une société spécialisée dans l'achat d'œuvres d'art à but d'investissement. Celle-ci lui avait confié 42 millions de dollars (30 millions d'euros) pour acheter, et revendre avec bénéfice pour son compte, 328 pièces artistiques. Tous les comptes et inventaires qui lui furent fournis étaient falsifiés. Cela faisait partie du système Salander : faire financer des achats – vrais ou faux – par des investisseurs en leur promettant un revenu spéculatif conséquent, puis prétendre que les acheteurs avaient besoin d'un délai pour payer.

Concrètement, Salander affirmait, par exemple, avoir acquis une œuvre à 500 000 euros et tenir au chaud un acheteur ferme à un million d'euros. Il proposait à des personnes recherchant des placements très lucratifs d'investir 50 % du prix d'achat, soit 250 000 euros, en contrepartie de quoi elles recevraient après revente 500 000 euros – le double de leur investissement initial,

une fois celui-ci augmenté de 50 % du profit. Alléchant !
Sauf qu'il y avait tricherie sur toute la ligne : prix
d'achat, origine des fonds, qualité et authenticité des
œuvres, propriété des biens, prix de revente, distribution
du profit, facturation.

L'un des artistes dont la galerie Salander-O'Reilly
avait la représentation, Paul Resika, s'aperçut très tardi-
vement que dix-huit de ses tableaux avaient été transférés
en Italie. Ils avaient contribué à payer une facture colossale due à une galerie italienne à laquelle Salander avait
acheté pour 9 millions de dollars de marchandises, probablement destinées à rassurer le fonds d'investissement
RAI. Paul Resika et trois autres artistes avaient ainsi été
dépouillés de cinquante tableaux et de 3,19 millions de
dollars. Ils tombaient des nues, eux qui se réjouissaient
de travailler pour une galerie aussi prestigieuse, mettant
leurs œuvres en valeur avec des « catalogues magni-
fiques » – même s'ils reconnaissaient qu'il fallait batailler
dur pour obtenir des comptes. « C'était leur manière de
travailler », expliqua Paul Resika aux enquêteurs pour
justifier sa négligence. À propos de cette affaire italienne, certains commentateurs s'interrogèrent sur un
possible recyclage de fonds mafieux.

Empêtré dans ses mensonges et acculé à se dévoiler en
2007, Lawrence Salander eut la bonne idée de se déclarer
en faillite, ce qui lui donna deux ans de répit avant que
la justice ne puisse intervenir. Auparavant, il avait pris
la précaution de liquider à son profit ses nombreux
biens immobiliers.

« Je prédis que si Lawrence Salander est présenté à
une cour de justice, ce sera la première fois que les
détails secrets de la manière dont fonctionne le "Big Art
Market" seront dévoilés, et qu'on apprendra enfin la

vérité sur ce qui se cache derrière des portes si bien fermées[1] », commenta sévèrement un journaliste américain.

Un autre scandale de ce type a impliqué Ezra Merkin, l'un des plus grands collectionneurs de Mark Rothko et manager d'un *hedge fund*. Il se servait de sa société de courtage Gabriel Capital Corp pour lever des fonds de particuliers qu'il confiait à Bernard Madoff. Le placement de 2,5 milliards de dollars (1,4 milliard d'euros), provenant souvent d'organisations à but caritatif, lui a rapporté 500 millions de dollars (359 millions d'euros) de commissions. Un butin avec lequel il s'est offert près de 100 millions de dollars d'œuvres d'art, dont plusieurs Rothko.

Pendant ce temps, plusieurs banques fermaient leur département « Conseil et investissement dans l'art », dont l'établissement suisse très spécialisé UBS. Les maisons de ventes et les grandes galeries réduisaient leurs effectifs. Leurs collaborateurs se reconvertissaient dans le métier de courtier à titre privé.

Purger le système

Face à cette catastrophe annoncée, tous les intervenants du marché cherchent comment rebondir, chacun à sa manière. Et, pour commencer, en resserrant les liens qui unissent les vrais professionnels face aux simples spéculateurs.

Il y a eu comme un soulagement des gens du métier, qui exprimaient le souhait presque unanime que la crise contribue à « assainir le marché ».

---

1. Cité *ibid*.

« Depuis quelques années, nos activités étaient perturbées par des personnes qui s'improvisaient marchands d'art ou experts, et dont le seul but était de faire de l'argent », nous disait l'un d'eux. « Les prix ont augmenté artificiellement, il était devenu possible de vendre n'importe quoi à n'importe quel prix, en faisant fi de toutes les pratiques normales de nos métiers. Il était temps de faire le tri entre les vrais et les faux professionnels. »

Pour Philippe Ségalot, l'emballement du marché était pénalisant, même pour les artistes : « Il y a eu trop d'abus, trop de spéculation. Le fait qu'un jeune artiste voie ses prix multipliés par dix en un ou deux ans n'est pas sain. Cela peut être très déstabilisant. Cela lui met une pression incroyable. Même les artistes les plus intéressants, les plus prometteurs, peuvent souffrir de cette situation. Bien sûr, ils sont contents de gagner de l'argent, qu'ils peuvent réinvestir dans leur travail, mais le risque est qu'ils commencent à produire pour le marché, sollicités en cela par leurs galeries – car ils en ont souvent plus d'une –, plutôt que de chercher sans relâche à se réinventer, à se remettre en question. La qualité de leur travail peut en pâtir. Il est normal que les prix des œuvres des bons artistes augmentent, mais cette hausse doit être raisonnée et progressive. »

À qui ces rééquilibrages vont-ils profiter ? À n'en pas douter, à ceux qui ont une vision et une surface d'intervention mondiales : les maisons de ventes internationales, les grands marchands, les galeristes qui ne se sont pas endettés démesurément pour suivre l'affolement du marché au moment de son apogée ; les artistes qui ont le statut de *rock stars*, ceux qui sont en vitrine dans les musées privés de François Pinault, la fondation naissante de Bernard Arnault, les fondations et musées privés de

Miami, de Los Angeles, de Shanghai, de Pékin ou d'Abu Dhabi.

Pour les autres – ceux qui ont cru que le mouvement ascendant des prix de l'art ne s'arrêterait jamais –, il va y avoir des réveils douloureux. Beaucoup vont être éjectés brutalement du manège. Le « retour au sérieux », à la « raison », au « professionnalisme », tant réclamé, tant loué par ceux qui « font » le marché, risque d'être fatal aux intervenants moyens. En revanche, la récession permettra sans doute à de nouveaux artistes jeunes et encore inconnus d'atteindre les premières marches du podium[1]. Car, comme l'analyse Daniel Janicot, président du Magasin, le Centre national d'art contemporain de Grenoble, et de l'Agence pour la vallée de la culture : « Le capitalisme financier fonctionne sur la création de plus-values. Quand on atteint les sommets de la valeur, il ne peut plus fonctionner. Il doit redescendre à la base pour reconstituer des marges bénéficiaires conséquentes. Le système se purge lui-même pour redémarrer. Les artistes moyens qui sont arrivés trop haut n'auront plus de marché. Ils vont être abandonnés au bénéfice de créateurs plus jeunes et moins chers, sur lesquels les plus-values à terme seront plus intéressantes. »

---

1. Lors de la Fiac d'octobre 2009, à Paris, la promotion se faisait sur la possibilité offerte à de « nouveaux collectionneurs » d'acquérir des œuvres à des prix commençant à 50 euros et s'étalant de 500 à 6 000 et jusqu'à 60 000 euros. *Le Journal du dimanche*, 18 octobre 2009.

Lorenzo Rudolf, directeur stratégie d'ArtParis+Guests
« La crise peut aussi être une chance
pour le monde de l'art »

L'œil caché derrière ses fines lunettes, ce polyglotte affable n'a jamais l'air pressé. Massif et calme, Lorenzo Rudolf, installé à Lugano, est toujours entre deux avions. Homme du marketing de l'art contemporain, il possède une solide expérience du marché de l'art mondialisé. Ses postes de directeur de la foire de Bâle pendant neuf ans, de consultant pour les foires d'art internationales de Bologne et de Palm Beach, de cofondateur de celle de Shanghai en 2007, lui ont permis de constituer un des plus beaux carnets d'adresses de la planète art. Au cœur du système, il a suivi et analysé les évolutions du marché, avant, pendant et après les différentes crises qu'a connues ce dernier. Il a rejoint au début de l'année 2009 le groupe Luxrule, principal actionnaire d'ArtParis.

Nous l'avons rencontré à la première foire de Shanghai, puis à Art Basel Miami Beach, dont il fut l'initiateur, et enfin à Paris.

Quels sont les grands changements que la crise économique a provoqués dans le marché de l'art ?

LORENZO RUDOLF – Les prix des artistes ont commencé à baisser. Les *hedge funds* qui investissaient dans l'art pour en tirer le maximum de profit ont déserté le marché. Crise ou pas crise, l'art reste, et restera, un symbole de statut social. Et il y a un renouvellement de l'inspiration artistique, en relation avec les profonds et très rapides changements de la société.

Enfin, pour des pays comme la Chine, refermée sur elle-même, ou comme la France, assez traditionnelle, la crise est aussi une chance. La chance de se repositionner, de trouver leur place dans un monde multipolaire, où l'Amérique ne sera plus aussi puissante.

Dans ce contexte, comment voyez-vous l'évolution de l'art lui-même et des artistes dans les années à venir ?

LR – Le temps de Duchamp est terminé. Aujourd'hui, les artistes évoluent dans une réalité qui change radicalement. Je pense qu'au jour le jour on ne s'en rend pas bien compte, mais le monde se transforme dans des proportions et à une rapidité qu'on n'avait encore jamais expérimentées. Avec le renouvellement des générations, qui ont, elles, une conscience aiguë de ces bouleversements, beaucoup de comportements vont se modifier. Ce que les gens veulent, c'est un art qui réponde à la question : « Comment est-ce que moi, en tant qu'individu, je réagis aux événements de ce monde en mutation ? »

Avec pour conséquence une production artistique qui est extrêmement politisée. L'art d'aujourd'hui est partie intégrante de notre vie politique, économique, sociale. Il n'est plus seulement un « miroir de la société », il est aussi un acteur à part entière, un *player*, qui fait bouger les choses et les consciences. Si l'on est un artiste de son temps, que peut-on faire de nouveau pour parler de son époque ? Certainement pas rester dans son coin, chacun dans sa spécialité, les musiciens avec les musiciens, les plasticiens avec les plasticiens. On assiste à l'avènement du *cross-over*, qui touche toute une génération. Toutes les disciplines se mélangent, et toutes les nationalités aussi. Le Japonais Murakami crée une œuvre commune avec un musicien hispano-américain.

À Bâle 2009, l'événement était un spectacle/installation qui s'appelait « Il Postino » et qui a réuni pour un seul soir, dans un théâtre, toutes sortes d'artistes – plasticiens, musiciens, vidéastes, danseurs – à l'initiative du théoricien Hans Ulrich Obrist. Déjà, les années précédentes, des artistes comme Matthew Barney ou Olafur Eliasson avaient donné le signal de ce tournant, avec leur implication dans le domaine du corps en mouvement ou de l'écologie.

Du fait de l'accroissement fulgurant de la vitesse de circulation de l'information, la plupart des artistes sont maintenant concernés par tout ce qui bouge dans le monde, dans tous les domaines de la création.

Dans ce même contexte, l'influence des artistes sur le marché augmente. Aujourd'hui, être artiste, ce n'est pas seulement posséder un talent de créateur. C'est aussi savoir l'exploiter : ils sont de plus en plus nombreux à vouloir s'occuper eux-mêmes de la commercialisation et du marketing de leurs œuvres, à l'exemple de Damien Hirst, qui s'est adressé directement à ses collectionneurs par le biais d'une salle de ventes. Tous les grands acheteurs du marché sont obligés de jouer le jeu de ces artistes stars, qui ne sont plus seulement des artistes, mais aussi des marchands.

Quels sont aujourd'hui les « pouvoirs » qui façonnent le marché ?

LR – Nous entrons dans une époque de très grands changements. Bien sûr, New York restera très important comme épicentre du marché. Mais les bouleversements culturels, économiques, politiques, financiers que nous vivons impactent évidemment le secteur de l'art. Les premiers qui se rétabliront, après la crise que nous traversons, ce sont les pays asiatiques, les pays du Golfe et la Russie. Leurs habitants ont bénéficié et vont continuer de bénéficier de l'élargissement du commerce lié à la mondialisation. Le seul problème de la Chine, c'est qu'elle ne peut pas compter sur une base de collectionneurs et de professionnels solides qui porteraient son marché de l'art. Mais, d'un autre côté, la classe moyenne chinoise est en pleine expansion.

Mon analyse, c'est que le marché de l'art ne sera plus centré sur les États-Unis et l'Europe. D'ailleurs, c'était visible à la Biennale de Venise 2009. Les pavillons les plus intéressants n'étaient pas ceux de la France, de la Grande-Bretagne ou de l'Allemagne, mais ceux de nouveaux pays : la Serbie, la Pologne, le Mexique, Singapour, la Russie... Une biennale comme celle de Venise est en fait un « miroir de notre société en mutation ». On voit bien que les collectionneurs autant que les marchands d'art sont, si je puis dire, « globalisés ».

Personne ne peut plus rester enfermé dans ses frontières. Les réseaux qui étaient très « nationaux », comme c'était le cas en France, sont obligés de s'ouvrir vers l'international. Ne serait-ce que parce que l'ensemble des acteurs du monde de l'art, quelle que soit leur spécialité, ont eux-mêmes changé : ils opèrent dans un marché mondialisé. Ils sont forcés d'en tenir compte. C'est le cours naturel de cette évolution qui amène le Louvre à Abu Dhabi.

Où en est-on aujourd'hui de la folie spéculative sur l'art ? S'il y a moins de spéculation, y aura-t-il moins de collectionneurs ?

LR – Le secteur purement spéculatif, représenté par des institutions financières qui plaçaient de l'argent, a déserté le marché pour le moment. Mais, d'un autre côté, on voit surgir partout dans le monde de nouveaux acheteurs qui tiennent absolument à adopter un style de vie qui est celui des grandes fortunes occidentales. Les Russes riches veulent vivre comme les Américains riches. C'est l'ambition de toute une nouvelle génération de créateurs et de collectionneurs. D'ailleurs, à Venise, on ne buvait pas de la vodka dans le pavillon russe, mais du champagne !

Je ne sous-estime pas l'augmentation des sentiments nationalistes dans l'univers politique. Mais, dans le domaine économique, c'est la curiosité de ce qui se passe ailleurs dans le monde qui l'emporte, aussi bien chez les entrepreneurs que chez les collectionneurs. C'est le moteur du business. Mais il y a plus : l'aspiration à un « style de vie standardisé », le désir très puissant d'être « comme les autres ».

Quant aux fonds spécialisés qui avaient été créés par les banques pour investir dans l'art, ils ne vont pas disparaître. On va les voir changer de stratégie, ils vont désormais investir à long terme au lieu de se contenter de spéculer à court terme. De toute façon, toutes les banques doivent changer de philosophie. C'est quoi, leur cœur de métier ? À quoi servent-elles ? Pour beaucoup d'entre elles, l'art n'était pas uniquement un investissement financier. Il servait à leur donner une bonne image, à les mettre en valeur, dans le but d'attirer de nouveaux clients. C'était le cas du grand établissement bancaire suisse UBS, qui est le sponsor officiel des deux foires de prestige Art Basel et Art Basel Miami. Il va continuer, car il est sous contrat avec ces deux foires, et il respectera ses engagements. Mais il n'est pas exclu que d'autres banques se détournent de l'art pour se mettre en valeur dans le domaine de l'écologie.

On a l'impression que le marché de l'art est devenu un marché comme un autre...

LR – C'est devenu un business, un marché qui fonctionne par segments, comme le sport avec les ligues régionales et, au-dessus, la Champions League. Si je regarde l'historique du marché, je constate que, il y a plus d'une dizaine d'années, il était dominé par des passionnés. Leurs collections étaient des collections personnelles, miroir de leur personnalité. Ces passionnés d'art ont fait aussi du business, bien entendu. Mais aujourd'hui le marché de l'art s'est professionnalisé, comme le marché de la musique ou de la mode. Il est aux mains de gens qui connaissent beaucoup mieux le marketing que l'histoire de l'art.

Qui sont les décideurs en matière de reconnaissance des artistes ?

LR – Dans les années passées, ce sont les grands collectionneurs qui ont été les décideurs. Ils avaient plus de moyens que les musées. Les grandes collections, qui se sont constituées sur la base de gros investissements, peuvent être impressionnantes. Mais elles n'ont pas forcément une « âme », cette empreinte très personnelle, très particulière, qui est celle d'une vie consacrée à une passion. Aujourd'hui, les grandes collections, les plus grandes, les plus chères, vous pourriez les interchanger, ce sont presque les mêmes, car ce sont des spécialistes – galeries ou courtiers – qui ont aidé leurs propriétaires à les rassembler. Prenez François Pinault en France, prenez Friedrich Christian Flick en Allemagne...

Avec la crise et la baisse des prix des œuvres d'art, il est possible que l'on voie revenir les vrais professionnels, avec leur modestie, leur connaissance approfondie du milieu de l'art.

Ce qui est sûr, c'est que dans cette période d'incertitude apparaissent de très belles pièces. La foire de Bâle 2009 a été, de mon point de vue, la meilleure de ces cinq dernières années. Forcés par la nécessité de faire du chiffre d'affaires, beaucoup de galeries et de marchands ont dû mettre sur le marché des œuvres de grande qualité qu'ils avaient en stock. Et des particuliers, aussi, ont été obligés de reconstituer leur trésorerie en revendant des pièces de grande qualité.

En art comme ailleurs, il y a des modes. Avez-vous constaté récemment des retournements de cotes ?

LR – Je vous donne un exemple. Pendant les années 1980, tout le monde parlait des « jeunes sauvages » en Allemagne. Tout le monde courait après eux. Aujourd'hui, si l'on demande quels sont leurs noms, quelles sont leurs œuvres, personne ne le sait. Mais il y a autre chose, lié au succès de certains artistes ou de certaines écoles d'artistes, c'est la copie. Si un mouvement de l'art se vend bien, tout de suite apparaissent des copies... Prenons l'école des Becher de Düsseldorf, avec Andreas Gursky[1], Thomas Ruff, Thomas Struth, Candida Höfer... Aujourd'hui il y a des centaines de photographes qui les copient, c'est comme le marché de la mode. La haute couture fait la création, puis suit le prêt-à-porter, et à la fin vous avez H&M.

Il est vrai que l'art contemporain est devenu un objet de *lifestyle*, c'est-à-dire de style et de train de vie. Pour une certaine classe sociale, l'important est de posséder des

---

1. Andreas Gursky (né à Leipzig en 1955) est un des plus célèbres photographes européens contemporains. Il recherche des sujets qui incarnent la société contemporaine, avec son gigantisme et sa consommation de masse. Le 7 février 2007, sa photo *99 Cent II Diptyque* a été adjugée plus de 3 millions de dollars par Sotheby's Londres.

pièces d'art contemporain qui « sonnent juste ». Et la
ruée, ce que j'appelle le *run*, s'est faite derrière certains
artistes très bien lancés, ce qui a propulsé le marché de
manière extraordinaire.

Il existe une élite qui essaie par tous les moyens de rester
« entre soi ». On peut l'assimiler aux clients de la haute
couture. Ils sont peut-être touchés par la crise, mais loin
d'être ruinés. À Venise 2009, il n'y avait pas moins de
yachts de luxe que les années précédentes amarrés au
quai des Giardini. L'art contemporain est étroitement
associé à la vie sociale de ces gens-là.

Mais, si nous avons la même discussion dans dix ans, je
peux vous assurer que le marché de l'art dont nous par-
lerons se sera considérablement élargi. Il proposera toute
une gamme d'œuvres de qualité accessibles à une clientèle moins fortunée, qui veut, elle aussi, adopter le style
de vie de l'élite d'aujourd'hui.

Comment les galeries et les grands marchands vont-ils faire face à la crise ?

LR – Avec la crise, les galeristes qui ont explosé trop
vite et trop fort, qui se sont beaucoup endettés, ne sur-
vivront peut-être pas... Pour les grands marchands
comme Larry Gagosian, la crise se matérialise par un
nouveau positionnement. En mars 2009, il n'a pas pris
de stand à l'Armory Show de New York, il n'a pas fait
de ventes dans sa galerie de Chelsea, mais il a organisé une grande exposition, de niveau muséal, pour un
seul artiste : Manzoni[1]. Une exposition qu'aurait pu

1. Piero Manzoni (1933-1963) est un pionnier de l'*arte povera* et
de l'art conceptuel. Influencée par le travail d'Yves Klein, son
œuvre est vue comme une critique de la société de consommation.

faire le MoMA et qui a été une formidable opération de communication. Il va bientôt ouvrir de nouvelles succursales en Europe.

En France, on peut prendre l'exemple d'Emmanuel Perrotin. Pourquoi est-ce l'une des galeries qui s'est le plus développée en France ? Parce qu'il s'est impliqué très tôt dans le marché international, et ils n'ont pas été nombreux à le faire. Résultat : il est très bien placé aussi sur le marché français, qui va devenir une force pour ceux qui ont su s'insérer dans un marché mondialisé. C'est également quelqu'un qui se projette dans l'avenir, qui « surfe » sur les nouvelles idées. Il a très bien compris qu'il fallait jouer sur le *lifestyle*. Il accompagne aussi à fond le mouvement du *cross-over*, l'ouverture des artistes plasticiens vers d'autres formes d'art : musique, danse, poésie.

Pensez-vous que l'on va assister à une privatisation de l'art, les grands musées n'ayant plus les moyens financiers d'acheter des œuvres dont les prix ont explosé ?

LR – C'est un fait que les musées publics ont de moins en moins de possibilités d'acheter des œuvres rares et très chères. Mais si l'on regarde l'exemple américain, c'est le modèle du musée privé qui a toujours dominé, puisque les musées publics dépendent entièrement des donations de particuliers.

La question de fond n'est pas de savoir si un musée est public ou privé. Ce n'est pas le statut du musée qui est important. C'est le sérieux et la compétence des professionnels qui le dirigent. Et les mesures prises pour assurer leur indépendance vis-à-vis des financiers.

Comment doit évoluer ArtParis+Guests, la deuxième foire d'art moderne et contemporain française, dont vous êtes le directeur stratégie ?

LR – Il y a trop de salons, trop de foires qui sont identiques. Ça devient ennuyeux. Depuis dix ans, la scène de l'art contemporain, comme le marché de l'art, a profondément changé. D'abord, un changement géographique. La scène de l'art s'est totalement globalisée. Les nouveautés intéressantes proviennent de plus en plus des pays émergents. La Biennale de Venise a bien montré cette évolution.

Ensuite, il y a eu des changements venus du monde de l'art lui-même :

• les structures du marché de l'art continuent d'évoluer, avec de nouveaux entrants (les collectionneurs, les fondations…) ;

• de nouvelles techniques de marketing sont utilisées pour maîtriser de mieux en mieux le marché. Par exemple, la galerie va élaborer sa propre présentation dans son espace d'exposition ;

• il y a de nouveaux contenus, l'art contemporain recherche de nouvelles formes d'expression. De plus en plus d'artistes travaillent avec d'autres créateurs provenant d'autres domaines culturels ou scientifiques, organisant des manifestations *cross-over*.

Néanmoins, ces « nouvelles » réalités sont totalement négligées dans les foires internationales d'art. Les foires représentent un modèle qui existait dans les années 1990. Depuis 1993, date à laquelle j'ai mis en place la nouvelle organisation d'Art Basel, il n'y a plus eu d'évolution conceptuelle de la foire d'art, en dépit des changements constants dans le monde de l'art… Les organisateurs défendent le (vieux) marché de manière très protectionniste.

Il faut créer des choses nouvelles, qui aient une identité propre, un caractère unique. Je suis profondément convaincu que le moment d'innover est venu. La Foire ArtParis+Guests doit offrir cette diversité.

CHAPITRE 6

Les noces de l'art et du luxe

Tatouer sur un cochon vivant, comme le fait l'artiste belge Wim Delvoye, des motifs semblables à ceux du logo mondialement connu de Louis Vuitton, est-ce de la dérision ou une authentique démarche artistique ? « De l'art ou du cochon[1] ? » s'amuse un chroniqueur spécialisé. En tout cas, ça ne passe pas inaperçu, et de ce point de vue c'est une bonne affaire pour l'artiste comme pour la marque. Quand l'artiste japonais de réputation internationale Takashi Murakami détourne le même logo en redessinant les lettres du monogramme dans des tons très colorés imprimés sur un fond noir, il affirme critiquer radicalement la société de consommation, en particulier la façon dont elle s'est emparée du Japon jusqu'à la folie à partir des années 1980. Ces « motifs » figuraient sur des toiles peintes de deux mètres sur deux, accrochées en bonne place dans la grande exposition rétrospective consacrée à l'artiste à Los Angeles et au Brooklyn Museum au début de 2008. Mais, à mi-chemin du parcours, il fallait traverser la boutique de sacs installée au beau milieu de l'exposition, et constater que les motifs

---

1. Vincent Noce, portrait de Wim Delvoye dans *Libération*, 24 juin 2009.

211

peints sur les toiles de Murakami accrochées aux cimaises se retrouvaient à l'identique sur le tissu des fameux sacs Vuitton. Le conservateur avait beau nous expliquer que Vuitton était le mécène de l'exposition, ça n'en était pas moins choquant...

Comment le luxe se sert de l'art

Qui se sert de qui dans les « noces barbares » de l'art et du luxe ? L'aîné en âge, c'est l'art, bien sûr, qui inspire depuis très longtemps le monde de la haute couture. La plus jeune, c'est la mode, qui a grandi au XXᵉ siècle : artisanale et élitiste pendant des siècles, elle est devenue l'axe et le support d'une production mondiale de vêtements et d'accessoires labellisés par des marques d'influence internationale et aux moyens financiers illimités.

Comment l'art et les artistes, qui par essence produisent des objets singuliers, uniques, ont-ils été utilisés par le monde du luxe et de l'entreprise jusqu'à en devenir prisonniers, et même dépendants ?

« Le monde du luxe a besoin de nous », dit Fabrice Hyber. Le plasticien français aime détourner les codes des objets usuels pour leur donner une valeur artistique. Le luxe prétend à l'exclusivité, à la qualité inimitable, au sur mesure. L'art serait donc le comble du luxe puisque, en principe, l'œuvre créée par l'artiste est unique et ne peut être possédée que par une seule personne. Mais, en même temps, avec la mondialisation du marché de l'art et l'explosion de la demande, l'art est devenu une marchandise.

Pour se rassurer, on peut parler de métissage entre l'art, la mode, le luxe et la publicité. On peut aussi, *a contrario*, se demander, comme la journaliste Natacha Wolinski, « si l'art n'a pas vendu son âme en même temps que sa raison d'être première, la subversion[1] ».

Dans les années 1960, des artistes comme Andy Warhol ou Yves Saint Laurent évoluent dans les deux univers et s'inspirent les uns des autres, dans l'épanouissement du pop art et de la musique rock. Malheureusement, comme l'analyse Anne-Line Roccati, « dans l'euphorie de la prospérité de tous les marchés, une kyrielle d'opérations – plus ou moins heureuses – venues du monde du luxe ont décliné l'art et la manière d'emballer objets, accessoires, bijoux ou vêtements dans le discours et le travail des artistes. Et eux ne s'en sont pas plaints[2] ».

Les artistes sont alors placés devant une vraie difficulté : comment préserver leur liberté de création et de subversion quand la société de consommation cherche par tous moyens à les mettre à son service ? Et à partir de quand le mariage de l'art et du luxe devient-il inacceptable ?

C'est une chose que de rendre hommage au talent d'un grand peintre, comme l'ont fait Yves Saint Laurent, Cristobal Balenciaga, Elsa Schiaparelli et bien d'autres grands couturiers en s'inspirant dans leurs collections de Mondrian, Goya ou Dalí. C'en est une autre quand la mode se *nourrit* de la peinture, s'accrochant jusqu'à la caricature à la sécurité qu'offre le talent des grands classiques. Ainsi, pour la collection Dior du printemps-été 2008, John Galliano s'est inspiré des longues tuniques de soie brodées de motifs géométriques en perles ou en

---

1. *Madame Figaro*, 27 septembre 2008.
2. *Le Monde*, supplément « M » de mars 2009 consacré au luxe.

pierreries que l'on voit sur les tableaux du peintre symboliste autrichien Gustav Klimt. À tel point que des commentateurs spécialisés ont parlé de l'« histoire d'amour Klimt-Galliano », allant jusqu'à dire, dans leur enthousiasme faussement naïf, que Klimt était le Galliano de l'art et Galliano le Klimt de la mode !

John Galliano clame haut et fort son admiration sans bornes pour l'œuvre de ce peintre, qui l'aurait subjugué à l'âge de 13 ans. Cependant, pour la saison hiver 2008, ce sont les peintres hollandais du XVIIe siècle qui ont donné le ton de sa collection, avec des robes qui semblaient sortir tout droit de tableaux de Vermeer ou de Van Dyck.

Si Galliano pousse l'inspiration jusqu'aux limites du plagiat, il n'est pas le seul, tant s'en faut. Tous les couturiers y sont allés de leurs références picturales pour les défilés de 2008 : Dries Van Noten avec les tournesols et les iris de Van Gogh pour donner un air de printemps à ses modèles, Karl Lagerfeld avec les couleurs franches et contrastées des dessins de Sonia Delaunay, Dolce&Gabbana avec la fougue de Jackson Pollock... Et ils font appel à de jeunes artistes étudiants aux Beaux-Arts de Milan pour peindre certaines de leurs robes.

Quand l'hommage tourne au procédé, on se pose la question : est-ce la mode qui s'inspire de l'art, ou l'art qui s'impose à la mode ? Où finit l'art quand il se transforme en produit de luxe ?

Les grandes marques du secteur l'ont bien compris : utiliser l'art et les artistes, les montrer, les soutenir, sert leur image et leur permet d'alimenter constamment la presse en informations et en événements valorisants. Quatre d'entre elles sont passées maîtres dans cette stratégie de communication : Louis Vuitton, sa filiale Dior, Hermès et Chanel. Leurs ambitions sont mondiales, leurs réseaux de vente également. Les marques s'engouffrent une à une dans ce mouvement porteur, s'appuyant résolument sur la vogue de l'art contemporain.

Vuitton, sous l'influence de son directeur artistique Marc Jacobs, a développé toutes sortes d'initiatives très cohérentes pour positionner la marque comme le vaisseau amiral du mécénat en matière d'art contemporain. S'adresser à des artistes pionniers fait partie de ce dispositif promotionnel.

« L'offre d'art contemporain est énorme, tout comme son impact, qui interfère dans notre façon de vivre[1] », affirme ce styliste né en 1963 et qui a intégré la maison Vuitton en 1997. Une maison traditionnelle s'il en est, vivant de l'engouement d'un public largement japonais pour les bagages et les sacs de luxe. Marc Jacobs vient de l'univers du « downtown branché » de New York, dont les codes sont très différents de ceux de la classique maison française, rachetée en 1984 par Bernard Arnault.

La première initiative de Marc Jacobs pour la dépoussiérer fut de faire appel à un artiste de ses amis, peintre et musicien de la génération pop, Stephen Sprouse. Ses thèmes de prédilection : les graffitis et la rose, qui sont venus remplacer ou enlacer le célèbre monogramme LV en 2001. Succès mondial et durable, avec une réédition dans des couleurs fluo sept ans plus tard. Ce sont ensuite le Japonais Takashi Murakami et l'Américain Richard Prince qui ont été sollicités en 2005 pour détourner le monogramme « avec humour et insolence ». Richard Prince, spécialiste de l'ironie graphique autour des icônes publicitaires, l'a traité en rose bonbon pour la collection été 2008, et Murakami dans toutes les gammes de

---

1. Valérie Duponchelle, *Le Figaro*, 23 juin 2008,

couleur ou en le parsemant de cerises. L'artiste japonais a ensuite repris ces compositions colorées pour en faire des tableaux, toiles de sac « murakamisées » sur un châssis de 40 centimètres de côté, tirées à 100 exemplaires et vendues 5 000 euros, avec un certificat d'authenticité ! Ce sont les *editioned canvas*, qui répondent au vœu de Murakami de rendre son art « plus accessible ». Toute une affaire quand on sait que cet artiste phare du marché international a vendu aux enchères chez Sotheby's, en mai 2008, sa sculpture *Lonesome Cowboy* 15,1 millions de dollars, soit 9,75 millions d'euros ! Au Musée d'art contemporain de Los Angeles, institut privé, on a pu aussi acheter sa « malle Marilyn » : dans une gigantesque malle-cabine équipée d'étagères sont rangés trente-trois sacs Vuitton, avec des monogrammes dans toute la gamme de couleurs déclinée par Murakami. Coût : 500 000 euros pour l'exemplaire original, 200 000 euros pour les trois autres exemplaires, non signés. Dans le langage publicitaire de la marque, on appelle ça « une fusion réussie entre l'art et la mode[1] ».

Mais le groupe LVMH (Louis Vuitton-Moët Hennessy), propriétaire ou partenaire des marques Dior, Gucci, Fendi, Celine, Marc Jacobs, Guerlain, Chaumet – entre autres –, a d'autres ambitions que simplement commerciales. La Fondation Louis Vuitton ouvrira en 2011, au Jardin d'acclimatation de Paris, un musée privé d'art contemporain construit par l'architecte de renommée mondiale Frank Gehry. Dans ce bâtiment audacieux, tout en verre, semblable à une grande voile gonflée par le vent, seront exposées les œuvres de la collection constituée par la fondation de Bernard Arnault.

---

1. Virginie Mouzat, *Le Figaro*, 11 décembre 2007.

Personne ne sait encore ce qu'elle renferme. En attendant l'inauguration, les acheteuses de la marque peuvent, à l'occasion de leur shopping dans le mégastore des Champs-Élysées, s'offrir un moment de pédagogie artistique au septième étage, où la fondation organise des expositions à thème... Louis Vuitton a aussi commandité en mai 2009, à Hong Kong, une grande exposition consacrée aux « liens entre Vuitton et l'art ». Ou comment ne pas avancer masqué... Le groupe sait également mettre en avant sa fibre philanthropique en éditant en série limitée des tee-shirts Stephen Sprouse, dont la vente permet de parrainer des enfants de familles défavorisées ou des étudiants désargentés de l'Académie nationale de dessin de New York afin qu'ils puissent recevoir un enseignement artistique.

De son côté, Chanel n'est pas en reste et a beaucoup communiqué sur sa bulle Mobile Art, une structure gonflable de 720 mètres carrés et de 180 tonnes signée par l'architecte vedette irako-anglaise Zaha Hadid. Ce pavillon itinérant semblable à une soucoupe volante, esthétiquement et techniquement révolutionnaire, a commencé sa flamboyante tournée mondiale au printemps 2008 à Hong Kong, avant de s'envoler pour Tokyo, puis pour Central Park, à New York, avec l'ambition de se « poser » pendant deux ans en plein cœur des grandes capitales du monde. Le public pouvait y admirer, sur réservation mais gratuitement, les œuvres d'une vingtaine d'artistes internationaux reconnus, commentées par Jeanne Moreau. Parmi eux, les Français Daniel Buren, Sylvie Fleury et Fabrice Hyber, ainsi que le Belge Wim Delvoye. Le commissaire et concepteur de l'exposition était français lui aussi : Fabrice Bousteau, directeur de la rédaction de *Beaux-Arts Magazine*.

Petit problème : le thème était imposé. Il s'agissait de s'inspirer de l'identité de la marque pour rendre hommage au sac matelassé 2-55, accessoire emblématique de la griffe depuis les années Coco. Bien que l'audace de l'entreprise soit hors du commun, il est difficile de croire que ce « nouveau type de communication » soit « dénué de toute contrainte commerciale », comme l'affirmait le directeur de Chanel au moment du lancement de la bulle. Quand on mesure le fabuleux retour sur investissement que représente l'avalanche de presse autour d'une telle opération, on peut considérer que son coût – non dévoilé – est sans importance. Il ne serait pas supérieur, nous a-t-on dit, à une campagne de presse internationale incarnée par l'actrice Nicole Kidman. L'opération a néanmoins été suspendue au début de 2009 pour raison de crise.

Dans le même esprit, en décembre 2008, Dior a sollicité vingt-deux artistes plasticiens chinois pour imaginer des œuvres en correspondance avec l'« univers Christian Dior ». Telle était la ligne éditoriale de l'exercice, baptisé « Christian Dior et les artistes chinois ». À l'arrivée, une exposition à Pékin, au Centre d'art contemporain Ullens – du nom du collectionneur belge –, avec des œuvres de commande très ciblées. Parmi celles-ci, un portrait de John Galliano par le peintre Zhang Dali, dont toute la pâte est faite de l'inscription « AK-47 » (le fusil mitrailleur d'origine russe) répétée dans les tons blanc, noir et gris, ou encore une installation géante du peintre Li Songsong, reproduisant le sac Lady Dior en bâtons de lumière au moyen de 6 000 néons. « Désormais, ce sac est mon œuvre », pouvait déclarer l'artiste, pas dupe pour un sou, tandis qu'un autre affirmait avec le même fatalisme : « J'ai été totalement libre. On m'a demandé une œuvre, pas un logo. J'ai fait absolument tout ce que j'ai voulu, et on m'en a donné les moyens[1]. » Histoire de garantir l'efficacité de l'opération, les vêtements, accessoires, bijoux et parfums siglés Dior faisaient partie des créations exposées.

Faut-il s'offusquer quand la dérive est générale et les victimes consentantes ? « Je ne vois aucune contradiction, en tant qu'artiste, entre peindre un tableau et un sac à main », s'amuse Richard Prince. Peu lui importait donc que, lors de l'une de ses expositions, une invitée l'aborde en lui disant avec flamme : « J'adore vos sacs ! »

Même attitude chez Takashi Murakami, qui, comme Damien Hirst ou Jeff Koons, produit en série dans des ateliers où travaillent une petite centaine de disciples, à New York et au Japon. « Il n'y a pas de limites ni de contradictions entre l'art et la mode, les musées et le marché, dit-il ; les frontières sont factices[2]. » Le même Murakami ne s'offusquait pas, lui non plus, que les hôtes de Bernard Arnault se bousculent à la fin d'un grand dîner offert par Vuitton à Hong Kong, en mai 2009, pour lui faire signer leur set de table en plastique reproduisant l'une de ses œuvres[3].

La revanche des créateurs

Si le luxe se sert des artistes, pourquoi ces derniers se priveraient-ils d'utiliser à leur tour l'univers des marques ? Avec ou sans humour, d'ailleurs. Lors d'une exposition

---

1. Anne-Line Roccati, supplément « Arts de vivre » du *Monde*, mars 2009.

2. Valérie Duponchelle, *Le Figaro*, 23 juin 2008.

3. Marie-Françoise Leclère, « L'art emballe Hong Kong », *Le Point*, 4 juin 2009.

qui lui était consacrée au Centre Pompidou, le designer israélien Ron Arad n'a-t-il pas présenté comme une sculpture un sac à main que lui avait commandé le fondateur de la marque de jeans Notify ?

Se moquer de la mode, en détourner les codes, c'est ce que font ou prétendent faire de nombreux artistes. Parmi eux, la plasticienne Sylvie Fleury, qui a réalisé une sculpture en forme de poudrier Chanel géant et expose des voitures américaines de luxe accidentées ou compressées. « Mises en scène » qui ont pour but de dénoncer les délires de l'ultraconsommation. « Si l'art est un produit de luxe, les produits de luxe pourraient bien faire office d'œuvre d'art », persifle-t-elle.

Ces jeux de miroirs entre art, luxe, mode et publicité ne relèvent pas seulement de calculs économiques et de stratégies marketing. La valeur ajoutée qu'apportent les artistes va bien au-delà de leur capacité à tonifier l'image des marques. L'univers du luxe et de la mode est peuplé de personnalités qui sont elles-mêmes des têtes d'affiche. Leur notoriété, mais aussi leurs goûts personnels les incitent à se mêler au milieu de l'art, jusqu'à en faire intimement partie. Jusqu'à devenir artistes eux-mêmes, comme Karl Lagerfeld, désormais photographe exposé et coté, Agnès b., maintenant galeriste et cinéaste, ou encore Miuccia Prada.

Dans le domaine du mécénat, les Italiens occupent l'avant-garde. Salvatore Ferragamo confie ses campagnes de publicité au peintre Lucio Venna. Il a aussi créé son propre musée pour exposer ses modèles historiques. La maison Max Mara s'est associée à la galerie anglaise White Chapel Gallery pour fonder le Max Mara Art Prize : l'une des œuvres des lauréats est intégrée à la collection Maramotti, appartenant à la maison de couture.

« Quand l'argent coule à flots sur la scène artistique, les apprentis Médicis sortent comme les champignons après la pluie[1] », s'amuse Michael Kimmelman dans un article du *New York Times Magazine* consacré à Miuccia Prada et à son mari Patrizio Bertelli, ironisant sur ceux qui veulent être les grands mécènes de l'époque contemporaine. Le couple a monté sa propre fondation d'art en 1993 sous le nom de Prada Milano Arte. Chaque année, il donne à deux artistes les moyens financiers de réaliser des travaux ambitieux, coûteux, volumineux, souvent des installations qui n'auraient pas pu être produites dans des conditions normales. L'ensemble de ces travaux était jusqu'ici exposé dans un espace industriel, à Milan, où Prada organisait ses défilés six fois par an. Le couple a ensuite demandé à l'architecte Rem Koolhaas de lui construire un musée, qui devrait ouvrir en 2012 et où seront rassemblées toutes les œuvres dont il a été le commanditaire. Encore plus fort que les financiers collectionneurs français, car Miuccia Prada ne se contente pas de montrer des œuvres, elle les finance. « Cela va-t-il les propulser plus haut dans les sphères les plus sélectes du monde de l'art ? » s'interroge le journaliste du *New York Times Magazine*. « La mode est amusante, mais frivole et avant tout commerciale, tandis que l'art contemporain est sérieux et intellectuel », s'exclame Miuccia Prada. Elle ne cache pas que les artistes dont elle s'entoure, ce qu'ils lui montrent, ce dont ils discutent ensemble, sont source d'idées pour les modèles qu'elle crée. Par exemple, elle a imaginé des chaussures inspirées d'un travail de Matthew Barney. Produire des artistes, c'est se nourrir d'idées nouvelles. C'est aussi « échapper à la routine », ajoute-t-elle.

1. *New York Times Magazine*, 23 mars 2008.

Plus les frontières deviennent floues, plus il apparaît évident que si l'art inspire la mode, la mode et le luxe, eux, ne l'inspirent pas, mais le démocratisent. Quand les artistes se mettent à incarner l'image glamour et avant-gardiste des marques à la manière des top models[1], leur travail se popularise. Il touche un public beaucoup plus large que celui auquel il s'adressait il y a vingt ans. Et les artistes deviennent à leur tour des marques à part entière. « C'est la marque qui fait la valeur d'une pièce ou d'un objet comparé à un autre de fabrication rigoureusement égale. C'est peut-être plus vrai encore dans l'art que dans la mode ou dans d'autres disciplines, affirme Philip Hoffman, président du fonds d'investissement spécialisé Fine Art Fund. Une œuvre d'art est porteuse d'autre chose que de sa beauté, c'est pourquoi un œil non expert ne peut pas savoir ce qui est valable ou non. » Les tableaux de la série *Butterflies*, collages d'ailes de papillons, dépassent le million de dollars pièce s'ils sont signés Damien Hirst. Le même assemblage réalisé par un artiste lambda ne vaudrait pas 500 euros. « En matière d'art, *what you see is not what you get* », ironise Philip Hoffman.

Le grand jeu des marques mondialisées

« Il ne faut pas se leurrer : on va picorer la substantifique moelle d'une force créatrice pour la transformer en business », déclarait en 2005 Vincent Grégoire, directeur du département « Art de vivre » du bureau de style Nelly

---

1. Natacha Wolinski, « L'art, c'est du luxe », *Madame Figaro*, 27 septembre 2008.

Rodi[1], l'une de ces agences dont le travail consiste à repérer ce qui sera dans le coup à l'avenir.

Les annonceurs parient sur la musique, la danse, le spectacle, l'art – toutes les créations originales susceptibles de secouer l'image des entreprises, de « tonifier » leurs marques en véhiculant des messages positifs de plaisir. Il s'agit de « ré-enchanter le quotidien » des consommateurs. De se singulariser, aussi, pour se démarquer de la concurrence. L'ogre de la société d'hyperconsommation avale tout ce qui crée, tout ce qui choque, tout ce qui innove. Dans ce jeu carnassier, quoi de plus efficace que l'art comme mode de renouveau et de provocation ? Et comme véhicule pour faire passer les marques de luxe du monde de l'élitisme au domaine de l'accessible ? Les démocratiser, en somme. Car le luxe n'est plus réservé à quelques bienheureux privilégiés. C'est devenu – on l'oublie trop souvent – une industrie.

La logique de la mondialisation et la compétition pour la conquête des nouveaux marchés obligent les grandes marques à adopter des méthodes marketing agressives : budgets publicitaires colossaux, communication hypertrophiée, surenchère dans l'innovation. Aucune fête, aucune inauguration, aucun lancement de produit ne doit ressembler à un précédent. Les créateurs, tel John Galliano, sont promus comme des stars. Les artistes deviennent des enseignes. Plusieurs années de croissance et de profits exceptionnels ont fait verser les marques de luxe dans la folie des grandeurs.

En octobre 2007, Fendi, propriété du groupe Vuitton, parvient à organiser son défilé sur la Grande Muraille de Chine. Une idée qui aurait paru insensée quelques années

---

1. Vincent Grégoire, « Les stratégies de l'avenir », www.sciences com.org.

plus tôt et qui se concrétise pour un coût de 10 millions de dollars, soit 7 millions d'euros. Une apothéose pour le propriétaire Bernard Arnault, qui se glorifie de ce que l'une de ses entreprises soit à l'initiative du « premier défilé visible depuis la Lune ».

Au cours de la même semaine, Pierre Cardin faisait défiler ses modèles en Chine au beau milieu d'un désert de sable, selon une scénographie inspirée des tableaux de l'un des peintres chinois contemporains les plus en vogue, Yue Minjun.

« La flambée des Bourses, du pétrole, des matières premières, a donné naissance à une clientèle qui a des moyens sans limites. Cela touche l'immobilier, l'art, comme le luxe », analyse l'ancien patron de Cartier, Alain-Dominique Perrin, qui a créé la Fondation Cartier. Une assertion qu'illustre à merveille une ville comme Miami : c'est l'immobilier qui a suscité et financé les grandes collections d'art contemporain.

Comme l'explique Karl Lagerfeld, les extravagances donnent lieu à des images qui passent en boucle sur les télévisions du monde entier. Une promotion qu'aucune campagne de publicité ne peut égaler. « Les gens veulent acheter la dernière nouveauté à n'importe quel prix […]. Le temps de calmer tous les nouveaux riches frustrés de consommation dans leur pays pendant des années, vous pouvez vendre encore pas mal de choses […]. Nous leur vendons une illusion. On ne vend pas des patates. Il faut donc être visible pour vendre des produits qui ne sont pas de première nécessité[1]. »

---

1. Interview de Karl Lagerfeld par Florentin Collomb, *Le Figaro*, supplément « Luxe », 11 décembre 2007.

Et, au cœur de cette bataille économique, on trouve les marques. Pour le publicitaire Christophe Lambert, les grandes marques mondiales sont des actifs clés[1]. Elles sont aujourd'hui la propriété quasi exclusive des multinationales occidentales. Mais elles sont convoitées par les pays émergents, qui croulent sous les liquidités financières. Ils pourraient se les approprier, alors qu'elles constituent un avantage compétitif considérable pour les entreprises occidentales. Dans une économie profondément dématérialisée, les actifs intangibles représentent 68 % de la valeur totale des cent premières entreprises américaines. Les marques pèsent 72 % du total de cette valeur.

Pour permettre aux entreprises européennes et américaines de gagner la bataille des marques, il est urgent de les inciter à modifier leur stratégie de communication, en l'orientant vers le divertissement et le festif. « En pleine tempête économique, pour défendre les marques [...], la communication doit s'attacher en priorité à renforcer la relation, l'attachement aux marques, plutôt que de chercher à vendre des produits à des consommateurs apeurés. Pour développer ces liens émotionnels, il faut produire des contenus réellement intéressants et divertissants », affirme Christophe Lambert[2]. On ne saurait être plus clair, et il est facile d'apprécier la place qui revient aux artistes dans de telles stratégies. « Le regard de l'artiste a une force extraordinaire et contagieuse. Il est

---

1. Christophe Lambert (chronique), *Le Figaro*, 10 décembre 2008.

2. C'est à cette fin que, après avoir quitté le groupe Publicis, il a créé en 2008, avec le producteur de cinéma Luc Besson, Blue, une agence d'*advertainment* destinée à produire et scénariser des contenus publicitaires et de divertissement.

évident que c'est une mine d'or pour les publicitaires, comme pour l'industrie du luxe, dès lors que les modes traditionnels ne suffisent plus à créer du désir[1] », analyse Catherine Grenier, conservatrice au Centre Pompidou.

L'artiste est devenu une mine d'or pour l'industrie du luxe et pour le monde de l'entreprise en général. Nombreux sont les chefs d'entreprise à s'être engagés dans la voie de l'« anoblissement » de leur image par l'art. Pas seulement pour s'affirmer et se singulariser vis-à-vis du monde extérieur, mais aussi, et peut-être davantage, pour des raisons de communication interne. L'art est en effet aujourd'hui « le seul territoire où s'opère la rencontre du singulier et de l'universel », rôle qui fut longtemps celui de la religion, puis du politique, ajoute Catherine Grenier.

Un nouveau duo : l'art et l'entreprise

« Avant, raconte la critique Élisabeth Couturier, pour motiver les cadres et les salariés et entretenir l'"esprit d'entreprise", on les emmenait faire un raid en Afrique ou descendre une rivière en rafting. Maintenant, on les initie à l'art moderne et contemporain. Je suis souvent appelée pour faire des conférences ou organiser des visites de galeries ou d'expositions. Je suppose que cela correspond à un désir de connaissances, de développement de soi en matière culturelle, qui est dans l'air du temps. » De fait, l'entreprise devient le nouvel eldorado des artistes.

Aux Galeries Lafayette, le jeune Guillaume Houzé a créé en 2001, avec sa grand-mère Ginette Moulin, un

---

1. Catherine Grenier, *La Revanche des émotions*, Seuil, 2008.

espace non marchand de 300 mètres carrés pour promouvoir les arts, et en particulier les artistes français de sa génération. Un lieu de rencontre inattendu entre les artistes et le public. C'est la « Galerie des galeries ». Guillaume Houzé explique : « Je voulais montrer que l'on pouvait désacraliser l'art, le confronter à la clientèle des grands magasins. Mon souhait était de casser les barrières. Aux Galeries Lafayette, cent mille personnes passent chaque jour. Elles peuvent voir les œuvres sans appréhension, sans avoir à pousser la porte des galeries. »

« Antidote » est le nom de l'exposition que Guillaume Houzé organise chaque année dans le grand magasin, à l'automne, au moment de la Fiac, autour d'une dizaine d'artistes émergents. « Avant d'être une exposition, "Antidote" est une collection, poursuit-il. C'est l'engagement de la famille au service de l'art : nous ne nous contentons pas de montrer les œuvres, nous les achetons. Ce n'est pas un faire-valoir pour le Groupe Galeries Lafayette. Nous croyons à ces artistes. En 2005, j'ai exposé les artistes français Mathieu Mercier et Tatiana Trouvé, qui n'étaient pas encore connus. Pour 2008, notre choix s'est porté sur onze artistes, dont six nouveaux et cinq que nous avions déjà exposés, pour créer une continuité. »

Ces œuvres rejoignent les presque trois cents autres déjà rassemblées par Guillaume Houzé et sa grand-mère. Celle-ci, dans sa jeunesse, s'intéressait plutôt à Soulages, de Staël ou Hartung, mais elle fait confiance à l'œil de son petit-fils pour repérer les talents d'aujourd'hui et de demain. Avec une priorité donnée à la scène artistique française et aux artistes des Émirats arabes unis, où les Galeries Lafayette vont ouvrir des succursales.

Autre exemple d'implication des entreprises dans l'art : la constitution de collections. Ainsi, la firme Lhoist, un groupe familial, possède l'une des plus grandes collections de Belgique, commencée en 1989. Les œuvres n'appartiennent pas à une banque ou à un organisme institutionnel, comme c'est le cas pour la plupart des « collections d'entreprise », ni à une fondation au statut fiscal avantageux. La contrepartie de ce système est que ces œuvres peuvent être revendues aussi librement qu'elles ont été achetées. Lhoist est devenu en quatre générations le leader mondial du commerce de la chaux et d'autres sous-produits dérivés du calcaire, indispensables dans les domaines de la construction et de la chimie. Ce sont des matériaux difficilement transportables, qui exigent d'implanter des usines de traitement à proximité des gisements, répartis dans une vingtaine de pays. L'entreprise a connu une extension progressive vers l'Europe de l'Est et les pays émergents. Les 6 000 salariés du groupe sont donc de pays, de langues et de cultures différents.

Comment ce groupe pouvait-il créer une culture d'entreprise susceptible d'unifier une collectivité aussi bigarrée et de lui donner une « identité partagée par tous » ? Comment mélanger les hiérarchies et les origines pour instaurer un dialogue réel entre des salariés tchèques, polonais, mexicains ou chinois ?

Réponse : la création artistique. « L'expression artistique étant par nature universelle et ouverte à tous, elle transcende les clivages linguistiques et géographiques, estime le PDG de Lhoist, le baron Berghmans. Les œuvres suscitent des débats, des engouements partagés, qui encouragent les échanges [...]. Ces moments sont importants dans la vie d'une entreprise. En apportant l'avant-garde artistique à ses collaborateurs, le groupe Lhoist leur offre, avec sa collection, l'opportunité de regarder le monde différemment. »

Les trois mille pièces de la collection ont été achetées dans des galeries, des ateliers d'artistes, des écoles de beaux-arts. Jamais dans les ventes aux enchères. La directrice de cette collection d'entreprise, Jacqueline d'Amécourt, s'est donné pour règle de rester sur le premier marché : découvrir de jeunes artistes quand ils sont encore abordables – comme Valérie Belin ou le photographe japonais Hiroshi Sugimoto, acheté il y a vingt ans –, ou s'adresser à des artistes confirmés pour des œuvres de commande. Jacqueline d'Amécourt a ainsi fait appel à Pierre Alechinsky et à James Turrell pour l'aménagement du nouveau siège de l'entreprise à Bruxelles. Et le Tchèque Joseph Kudelka a mené pendant plusieurs années un grand chantier photographique sur les « cicatrices » laissées par les mines à ciel ouvert d'où est extrait le calcaire.

Les pièces de la collection tournent entre tous les sièges sociaux de Lhoist à travers le monde. Une fois par an, en avril, une grande exposition est organisée en Belgique à l'occasion de la foire d'art de Bruxelles. Avec un thème tournant autour d'un mot – « crise », « innovation », « mondialisation »… – sur lequel on demande aux membres du personnel de s'exprimer pour en donner leur interprétation. En avril 2009, la thématique était « le regard asiatique sur le monde occidental » – décidément une interrogation récurrente dans les grandes entreprises mondialisées !

Ces réunions sont l'occasion de rassembler plus de deux cents collaborateurs venus du monde entier pour des visites de musées ou d'expositions : « Un instrument formidable de lien social, en particulier dans un climat de débâcle économique générale », affirme le directeur de la fondation de la banque portugaise Espírito Santo.

Avec un gros point noir, cependant : les collections d'entreprise sont étroitement liées au bon vouloir de leur dirigeant. Que celui-ci cesse de se passionner pour l'art ou que des difficultés économiques sérieuses surviennent, et la collection peut être purement et simplement vendue. Ce fut le cas, dans les années 1990, lorsque le marché de l'art s'est effondré en même temps que l'immobilier. Un ensemble très important appartenant à la marque de cigarettes Peter Stuyvesant a ainsi été dispersé du jour au lendemain.

Au sein de l'Association internationale des collectionneurs d'entreprise d'art contemporain (IACCCA), lancée en 2007 à la foire de Bâle, 90 % de la quarantaine de membres sont des financiers. Eux-mêmes, ou les actionnaires qu'ils représentent, peuvent être tentés de « prendre leurs bénéfices », comme en Bourse, lorsque la plus-value sur les œuvres est très importante. Constituée à partir de zéro il y a vingt ans, la collection Lhoist a aujourd'hui une valeur qui se chiffre en centaines de millions d'euros.

Cette nouvelle demande des entreprises a suscité toutes sortes d'initiatives. Des intermédiaires proposent de mettre les créateurs en rapport avec des sociétés intéressées par l'investissement dans l'art, mais n'ayant pas de contacts avec les artistes ni de personne qualifiée, en interne, pour s'en charger.

José Frèches, écrivain et chef d'entreprise à Paris[1], a créé l'agence de communication Artissimo & co. Pour

---

1. Conservateur, écrivain et énarque, José Frèches est l'auteur des sagas romanesques à succès *Le Disque de Jade* (en 3 volumes) et *L'Empire des larmes* (t. I : *La Guerre de l'opium*, XO, 2006 ; t. II : *Le Sac du Palais d'Été*, XO, 2006). Il a également dirigé l'ouvrage *Art § Cie. L'art est indispensable à l'entreprise* (Dunod,

lui, l'innovation est le moteur premier des entreprises dans un monde dominé par la compétition, surtout en temps de crise. Et qui dit art, *a fortiori* art contemporain, dit imagination et innovation. Rien de plus normal que de marier ces deux logiques. José Frèches note d'ailleurs des similitudes entre le marché de l'art et le marché tout court : ils obéissent aux mêmes règles, même s'il est assez mal vu de le dire ouvertement. « Artistes et entrepreneurs sont des aventuriers qui n'ont pas peur de prendre des risques », dit-il. Les uns et les autres s'adressent à des consommateurs mondialisés. Ils sont obligés de créer de la valeur à partir d'une œuvre, ou d'un objet industriel, dont le coût de fabrication n'a rien à voir avec le prix qui en sera demandé aux acheteurs. Pour faire reconnaître cette valeur marchande, le recours à la communication et au marketing est indispensable. José Frèches l'affirme sans détour : « Un artiste reconnu n'est rien de moins qu'une marque. » Et les problèmes qui surgissent autour de l'entretien, de la protection, de la promotion de cette marque, voire de sa production en série et de l'organisation de sa diffusion, sont en tout point semblables à ceux de n'importe quelle entreprise. Peut-être sont-ils même exacerbés du fait de la spéculation qui s'est emparée du marché de l'art.

En attendant, ces nouveaux débouchés représentent une manne pour les artistes. « Il y a un projet à la mode en ce moment, explique Fabrice Hyber : "art et entreprise". C'est un moment exceptionnel pour développer mon travail. J'ai créé une société pour répondre aux sollicitations des entreprises, des boîtes de communication

---

coll. « Stratégies et Management », 2005), auquel a notamment collaboré l'historienne de l'art Hélène Mugnier-Maratray.

internationale. On me demande aussi du consulting, des conférences. Prenons un exemple : une petite société, Amarante, avait un problème de communication interne et ne savait pas comment le résoudre. Cette entreprise fait du feutre, c'est très sale, ça fait beaucoup de poussière. J'y suis allé et j'ai demandé qu'on me prépare une sorte de plate-forme à l'extérieur, comme un chemin de feutre. J'ai dessiné dessus pendant deux ou trois heures avec des feutres verts et blancs. Que du feutre ! Tout le personnel est venu voir. Je suis sûr qu'ils ont parlé de ce travail chez eux, du mien et du leur. Être proche de la production, le faire savoir, c'est un moment important. L'artiste, dans l'art contemporain, est souvent considéré comme un mec bizarre. Et puis, vu de près, il apparaît comme quelqu'un qui travaille, qui produit. On le respecte. L'art, il est là, et il sert tous les jours. »

Interview de Pierre Huber, galeriste-collectionneur
« L'art contemporain, il faut que quelqu'un
vous aide à en trouver la clef »

Dans le petit milieu feutré et discret de l'art, aux conflits nombreux et aux rancunes tenaces, le Suisse Pierre Huber ne laisse pas indifférent. Pour certains, il possède le flair des grands découvreurs. Pour d'autres, il sent le soufre depuis qu'il a vendu 10 % de sa collection aux enchères à New York en février 2007[1].

C'est un atypique. Avant de s'intéresser à l'art et d'ouvrir sa galerie Art & Public, en 1984, il fut champion de l'équipe nationale de ski, créateur de centres de bien-être, restaurateur étoilé. Il a flairé, avant beaucoup d'autres, les nouveaux courants artistiques, défendant les Américains minimalistes et conceptuels, les artistes des pays émergents. Plutôt que de rejoindre les très riches sur les bords du lac – ceux que l'on appelle les « bords-du » –, il s'est installé dans un appartement donnant sur l'arrière de la cathédrale de Genève, où il nous reçoit. Chez cet enthousiaste prolixe, tout est grand format : les tableaux contemporains chinois, les installations indiennes, les photos américaines.

---

1. En février 2007, Pierre Huber met aux enchères 10 % de la totalité de sa collection chez Christie's, à New York, soit 73 œuvres – des œuvres achetées pour constituer une fondation que, affirme-t-il, « ni la ville de Lausanne ni celle de Genève n'ont voulue » ; 81 % d'entre elles seront vendues pour 16,8 millions de dollars. Le prix de certaines œuvres n'a pas atteint leur cote officielle, raison pour laquelle plusieurs confrères américains de Pierre Huber ont été fort mécontents. (Source : www.geneveactive.ch.)

Dans le milieu de l'art, vous passez pour un provocateur. Pouvez-vous nous expliquer pourquoi ?

PIERRE HUBER – La question que vous me posez est au premier degré, et elle est aussi restrictive. Laissez-moi vous expliquer ma démarche pour que l'on comprenne comment je travaille avec les artistes, comment j'ai contribué à l'évolution du marché.

J'ai deux exigences dans mon travail de galeriste : être à la découverte des artistes, donc chercher l'innovation dans l'art – c'est ce qui me passionne –, et contribuer à l'évolution et à l'organisation des foires. Celles-ci ont révolutionné le marché de l'art, les galeries qui représentent le premier marché et les marchands qui défendent le deuxième marché de leurs artistes.

Prenons d'abord le marché. Pendant quinze ans, dans les années 1980, j'ai été un des membres du comité de la foire de Bâle. J'ai piloté une réflexion pour réorganiser cette foire. Il fallait la professionnaliser et créer des synergies nouvelles pour tous les acteurs présents. N'oubliez pas que les foires avaient alors un retard important concernant l'organisation.

Nous avons introduit des changements : professionnaliser les commissaires, créer des secteurs pour la relève, les nouvelles tendances, ouvrir les portes à une nouvelle génération de galeristes, faire revenir les artistes dans les foires qu'ils avaient délaissées, fonder Art Unlimited pour montrer l'importance du travail des galeries en amont de la production d'œuvres muséales, développer le département de la vidéo et rendre la foire plus attrayante esthétiquement avec des secteurs mieux défi nis, créer et développer la sponsorisation dans la foire.

Aujourd'hui, toutes les grandes foires d'art du monde – l'Arco de Madrid, l'Armory Show de New York, la Fiac de Paris – ont suivi nos changements. Pour les galeries qui participent aux foires, l'organisation optimisée est essentielle. Dans une foire, les exposants vont réaliser entre 50 et 80 % de leur chiffre d'affaires annuel. Avec la multiplication des foires, beaucoup de galeries en font leur principale activité commerciale. Souvent, cette activité remplace le travail de galerie. Cela est moins vrai pour les galeries new-yorkaises, qui vivent une situation de « foire » toute l'année, en partie aussi grâce aux deux saisons de ventes aux enchères et à la plus grande concentration de collectionneurs et de musées aux États-Unis.

Avant que vous ne nous parliez de la deuxième force qui sous-tend votre démarche, pouvez-vous nous dire pourquoi le marché spéculatif a pris une telle ampleur ?

PH – L'art a toujours été une valeur refuge. On peut très bien concevoir qu'une personne qui dépense de 100 à plusieurs millions d'euros dans l'acquisition d'une œuvre d'art espère aussi que c'est un investissement. S'il n'en était pas ainsi, il n'y aurait pas tous ces fonds d'investissement qui naissent et disparaissent, ni toutes ces activités économiques autour des galeries, des artistes et de l'art, qui est une valeur refuge comme la Bourse, l'immobilier, les pierres précieuses, etc. Les critiques d'art dans les médias ont été remplacés par des chroniqueurs qui énumèrent des résultats de vente comme à la Bourse.

Il n'y aurait pas cet engouement si l'art n'était pas spéculatif, ce n'est qu'une certaine hypocrisie qui est inhérente à notre profession.

Comment travaillez-vous avec les artistes ?

PH – Dans les foires où j'ai exposé, j'ai donné la parole aux artistes, j'ai été leur producteur pour réaliser leurs projets. Qu'est-ce que cela veut dire ? Je vais vous donner trois exemples pour faire bien comprendre cette démarche. Elle consiste à faire en sorte que la création réponde à la réalité du marché à un moment précis.

Premier exemple : en 1987, je produis l'exposition « L'Art du réel », qui sera montrée à la galerie à Genève ainsi qu'à la foire de Bâle, avec entre autres Michael Corris, Jeff Koons, Matthew McCaslin, Allan McCollum, Steven Parrino, Tim Rollins et K.O.S., Peter Schuyff, Julie Wachtel, Wallace & Donohue.

Dans les années 1980, l'art minimal, l'art conceptuel, l'*arte povera* et le pop art sont derrière nous, nous sommes en plein dans la trans-avant-garde (Italie), la nouvelle figuration (France) et l'époque de Jean-Michel Basquiat et Keith Haring. Une nouvelle scène émerge à New York avec ses artistes, conservateurs et galeristes.

Je fais la connaissance, grâce à Olivier Mosset, d'un jeune critique local, Bob Nickas, et lui demande de me piloter à New York pour me montrer cette nouvelle scène. Nous décidons de refaire une exposition de « L'Art du réel », une exposition avec une autre génération que celle qui avait été présentée vingt ans plus tôt, en 1968, au Museum of Modern Art par E.C. Goossen. Pour Bob, ce sera sa première exposition dans une galerie en Europe et le début du travail – à la mode – de commissaire d'exposition ; elle ouvrira la porte à d'autres commissaires tels que Nicolas Bourriaud, Hans Ulrich Obrist et Hou Hanru. Cette pratique deviendra très courante.

À cette époque, les commissaires d'exposition étaient soit des artistes, comme John Armleder ou Helmut Federle, soit des commissaires d'exposition classiques pour la Biennale de Venise, les Pavillons nationaux ou la

Documenta de Kassel (Harald Szeemann, Jean-Christophe Ammann, Jan Hoet, Rudi Fuchs).

Deuxième exemple : pour la foire de Bâle 1995, j'ai demandé à l'artiste suisse John Armleder d'être le commissaire de l'exposition que l'on a appelée « Pudding Overdose ». Pourquoi ? La crise de 1990 avait fait déserter le marché de l'art, rien ne se vendait, les dépôts des marchands étaient pleins. Pendant les années fastes, on avait acheté tout à n'importe quel prix, il y avait eu une « overdose d'art ». Nous avons donc décidé, l'artiste et moi, de refléter avec cette exposition la situation du moment sur le marché. John Armleder est allé dans mon dépôt choisir des œuvres d'une quarantaine d'artistes, dont lui-même, Carl André, Alighiero Boetti, John Chamberlain, Fischli & Weiss, Dan Flavin, Sylvie Fleury, Tom Friedman, Raymond Hains, On Kawara, Sherrie Levine, Paul McCarthy, John McCracken, Gerhard Richter, Tony Smith, Frank Stella.

Nous avons voulu montrer le trop-plein d'œuvres dans des situations anticonventionnelles. Par exemple, un tableau des années 1960 de Robert Ryman qui appelle à la méditation, éclairé par une sculpture de néons bleus, verts et rouges de Dan Flavin. Nous avons voulu dépeindre le marché à ce moment précis et montrer que les foires en étaient le reflet le plus authentique. Ce message pouvait provoquer au premier degré, ce qu'il fit. Mais pour nous cela représentait en fait une œuvre conceptuelle, la somme des visions qu'un spectateur avait dû assimiler après une journée passée dans ce grand supermarché que sont les foires d'art. Il était important que cette installation soit organisée par un artiste comme John Armleder, venant du mouvement Fluxus, car il était complètement en phase avec ce projet.

La finalité était de transmettre au public ce qu'étaient devenues les foires : des *shopping centers* de l'art où la seule chose qui comptait, c'était la diffusion et le carnet de commandes. Était-ce alors une provocation ou l'œuvre d'un artiste ? Derrière cette mise en scène, il y avait effectivement un message qui dérangeait.

Troisième exemple : le projet de l'artiste Raphaël Julliard à la Fiac 2004, *1 000 monochromes rouges*, dont très peu de personnes ont saisi le sens. Un peu de mise en perspective pour vous faire comprendre l'histoire de ces 1 000 monochromes rouges. Comme dans d'autres filières économiques, le textile, les jouets, l'électronique, la Chine fabrique une grande partie de ces produits que nous consommons, et l'art ne fait pas exception.

C'est aussi une évolution de l'art et une spécificité des artistes chinois. Nous avons donc créé sur le stand un magasin dépôt-vente où l'on présentait 1 000 monochromes rangés sur des étagères. Ils avaient été fabriqués par des ouvriers chinois : chacun avait signé sa production, au contraire de ce qui se passe dans le monde du prêt-à-porter, où le créateur met sa marque sur ce que produisent les ouvriers. La toile coûtait 100 euros. Cette opération a permis à un public qui n'avait pas accès à la consommation de l'art d'acquérir une œuvre de l'histoire du monochrome, comme le *Carré blanc sur fond blanc* de Malevitch (1918), puis les *White Paintings* de Robert Rauschenberg (1951) ou les *Ultimate Paintings* d'Ad Reinhardt (1951), qui déclarait : « L'art ne peut venir que de l'art », suivis par les monochromes d'Yves Klein et ceux d'Oliver Mosset. Qu'on le veuille ou non, les puristes devront bien reconnaître que cette œuvre de Raphaël Julliard fait partie intégrante de l'histoire du monochrome.

En 2006, un de ces tableaux s'est vendu pour 600 euros. Conclusion, l'œuvre a pris sa place dans le second marché, comme toute œuvre d'art qui doit trouver sa place dans l'histoire ou non. Nous avons ainsi expérimenté les deux aspects qui nous intéressaient, l'artistique et le commercial. Voilà pour la provocation.

Parlons maintenant des artistes que vous avez découverts. L'artiste indien Subodh Gupta, qui est devenu une star du marché...

PH – Je l'ai repéré dans une exposition de groupe, en Italie, où j'ai vu une pièce. De là je suis allé en Inde, j'ai voulu découvrir la floraison d'artistes indiens. Subodh Gupta a été le premier que j'aie rencontré, grâce à lui j'ai pu m'immerger dans l'art contemporain indien. Il y avait une exposition importante à Paris, « Indian Summer », à l'École des beaux-arts. J'ai eu l'occasion d'y parler avec des marchands, des conservateurs indiens, qui m'ont initié à l'art indien.

Vous voyez là une œuvre que nous avons produite et qui fait partie des premières œuvres de Subodh Gupta. [Il s'agit d'un grand ensemble d'ustensiles indiens de cuisine en inox brillant. L'artiste utilise des objets de sa propre culture.] C'est une des premières œuvres que nous ayons montrées dans une foire d'art, que fréquente un public d'initiés. Dans une foire comme Frieze, ma règle était de faire des *one man shows*, ce qui permet à des artistes complètement inconnus de présenter un travail d'ensemble et donne une meilleure compréhension de leur œuvre.

En quelle année tout cela est-il arrivé ? Car il n'a pas tout de suite été apprécié par les collectionneurs...

PH – On travaille avec lui depuis 2002. La première œuvre de lui que j'aie montrée, c'était à New York, à l'Armory

Show. Il avait fait une grande installation, que personne ne regardait. Je l'avais invité à venir, j'avais payé l'avion et les frais. Il est resté une semaine. Nous avions produit l'œuvre en Inde et nous l'avons transportée (ce sont souvent des œuvres assez volumineuses). L'artiste était assis dans un coin du stand, il voyait les gens passer et constatait que cela n'attirait l'attention de personne. Rares étaient ceux qui posaient des questions. Cela n'intéressait pas ceux qui achètent aujourd'hui des œuvres de Subodh Gupta. À la fin de la foire, j'ai téléphoné à un ami de New York et lui ai dit : « Écoute, j'ai un artiste formidable, viens le voir, achète cette œuvre »… pour ne pas la rapporter à Genève, mais surtout pour encourager l'artiste par cette première vente. Alors j'ai fait le calcul de ce que l'œuvre m'avait coûté, j'ai additionné les frais de production, les frais de transport, les frais de douane, les frais de voyage et les frais d'hôtel, et je suis arrivé à 12 000 dollars. Il l'a achetée pour ce prix, puis il l'a mise dans son dépôt et, deux ans plus tard, il l'a revendue 60 000 dollars. Tout à coup, Subodh Gupta était devenu à la mode.

Comment se passe le déclic ?

PH – D'abord, il y a toujours un décalage. Quand vous voyez une œuvre nouvelle, il faut avoir à l'esprit que nous, galeristes, nous comprenons l'œuvre parce que nous connaissons l'histoire de l'art, et aussi nous avons une perception de la mondialisation qui est en train de se mettre en place. C'est à nous de faire ce travail de pionniers. Puis il faut faire comprendre à chaque collectionneur pourquoi ce travail est intéressant, pourquoi la culture indienne est aussi importante que les cultures des autres pays. Il faut taper sur le clou, persévérer, « cent fois sur le métier remettre l'ouvrage ».

Quel est l'artiste qui a réalisé ce grand tableau installé sur le mur de votre salon et représentant seulement une fine trame grisée ? [Le tableau est composé, de haut en bas de la toile, d'une trame grise faite de lignes très fines et posées côte à côte.]

PH – C'est Mohammad Ali Talpur. J'adore cet artiste, c'est un artiste du Pakistan qui fait tout sur la perception. C'est intellectualisé, et c'est aussi très beau. Il dessine en écoutant de la musique indienne à la cithare et, lorsque la musique est terminée, il reste ces lignes. Il dessine aussi les traces des oiseaux. Il a une feuille de papier, sort de chez lui et suit le parcours d'un oiseau jusqu'à ce que sa trajectoire quitte la feuille.

C'est extraordinaire, son travail est la suite de l'art minimal, de l'art conceptuel. Il ressort une incroyable poésie de la feuille de papier blanc.

Comment l'avez-vous découvert ?

PH – Je l'ai découvert en 2005 lorsque j'ai fait une tournée à l'École des beaux-arts de Lahore. J'ai passé deux jours à ne visiter que les ateliers d'artistes et, parmi les étudiants, j'ai repéré celui qui me paraissait le plus authentique et certainement le plus novateur.

Où l'avez-vous ensuite montré ?

PH – Je l'ai invité à la foire de Shanghai de 2007 – cette foire que j'ai créée pour ouvrir l'art à la mondialisation. Son travail a été exposé dans la partie « Best of Discovery ». Personne n'avait jamais vu ce travail. Il est entré dans une galerie de Londres. Il a participé à une exposition de groupe dans cette galerie. C'est à Shanghai que j'ai acheté mon premier tableau. J'ai organisé une exposition à Genève et il a travaillé pendant un an pour cette exposition.

Comment ont réagi les collectionneurs suisses ?

PH – Ils s'y sont intéressés parce qu'ils me font confiance, ils connaissent mon travail. Mais, vous savez, nous ne travaillons pas seulement avec une clientèle locale, les foires ont bien changé le marché. Et puis, quand on montre un artiste à Genève, on le montre à Paris et ailleurs... Il suffit d'avoir de la curiosité pour le découvrir. Ce n'est pas un travail à la mode. C'est un travail qui va exister dans la durée et qui est la continuité de tout ce que l'on connaît depuis l'art minimal, par exemple Agnes Martin. C'est la suite, le premier non-Américain, non-Européen, venu de ces pays émergents avec cette sensibilité orientale.

Il y a sur votre mur un petit tableau noir avec une date inscrite : « April, 14.1983 ».

PH – On Kawara est pour moi un artiste conceptuel incontournable. Il est japonais, son œuvre est principalement composée de peintures. Mais le concept va bien plus loin que « juste une peinture ». Il fait sa première *date painting* dans les années 1960. Si vous regardez rétrospectivement son œuvre, vous pourrez, avec les tableaux les uns après les autres, suivre son parcours de vie comme une autobiographie.

Chaque tableau, donc chaque date, représente le lieu où il se trouvait ce jour-là, un événement qu'il choisit et qu'il immortalise avec un article de journal. Le temps est alors arrêté, la coupure de journal du lieu où il se trouve est insérée dans sa boîte en carton, qu'il a mis un grand soin à fabriquer, ainsi que le tableau, commencé au lever du soleil et terminé au coucher. L'ensemble de son travail représente l'écoulement du temps et l'importance dans l'art du concept et de la réduction de la peinture à sa plus simple expression.

L'art contemporain, il faut que quelqu'un vous aide à en trouver la clef. Puis c'est à vous de faire la démarche, de faire l'effort. C'est comme en littérature.

Si vous allez au musée du Prado à Madrid, vous avez des étudiants qui sont assis tout au long du couloir et qui copient ; ce sont des copistes extraordinaires, mais ce ne sont pas des artistes.

Expliquez-nous comment vous avez fait partager la découverte de cet artiste difficile, et d'autres.

PH – Quand je découvre un artiste et que je veux travailler avec lui, j'ai envie de faire partager cette passion à d'autres personnes. Je fais partager ma découverte. On Kawara a commencé à vendre au milieu des années 1980, mais il fait des *date paintings* depuis 1966.

Il n'y avait que quelques musées et des initiés qui achetaient, c'était trop conceptuel. Ces tableaux valaient 2 000, 5 000, 10 000 dollars. Aujourd'hui, ça vaut 250 000 dollars. L'artiste a fait ses preuves. De même, Steven Parrino, que j'exposais, personne ne l'a acheté pendant des années, je vendais juste à quelques amis ; aujourd'hui, cela vaut beaucoup d'argent. On voyait bien que l'écriture de son travail entrait dans l'abstraction nouvelle, ce que personne n'avait jamais fait.

Le Japonais Murakami est devenu une marque. Est-ce une dérive ?

PH – Takashi Murakami est un produit de la société japonaise, dans laquelle la bande dessinée joue un rôle important. Avec l'appropriation, Marcel Duchamp a ouvert la voie à toutes ces nouvelles générations d'artistes qui l'ont utilisée, développée : Andy Warhol, puis Jeff Koons et Damien Hirst ont poussé le système commercial de l'art au plus loin. Une nouvelle génération d'artistes s'y engouffre, ils dirigent des ateliers avec des assistants et sont devenus de vrais chefs d'entreprise, comme dans la mode. Pour les collectionneurs qui aiment et comprennent l'esthétique de cet art, le travail de Murakami leur est accessible, facile à intégrer dans leur espace quotidien.

Je pourrais comparer le travail de Murakami à d'autres artistes, comme Jean-Michel Basquiat ou Keith Haring, c'est-à-dire une œuvre spécifique qui est le plus souvent négociée dans un cercle fermé de marchands, destinée à une clientèle bourgeoise, argentée, pas forcément cultivée ; ce travail est tout le contraire de l'œuvre d'On Kawara.

Les grandes marques de luxe prennent Murakami pour travailler sur des sacs avec leur marque...

PH – Ça, c'est intéressant : certains artistes tels que Murakami, Damien Hirst, Jeff Koons, Zhang Huan, ont développé leurs activités comme de vraies entreprises, avec centres de production, chefs d'atelier, contremaîtres, chefs de vente, etc. Ce sont des stars, avec le même *star system* que vous trouverez dans d'autres domaines – la mode, le cinéma, les vedettes sportives comme Federer et Ronaldo... Pourquoi en serait-il autrement dans l'art ? Ils se vendent, négocient leur nom auprès des entreprises du luxe qui font leur promotion culturelle. Dans certains cas, cela peut servir la cote de l'artiste (comme pour Jeff Koons à Versailles).

L'art fait partie de la société de consommation. Le tourisme de l'art fait partie intégrante du système ; les foires, les biennales, les Guggenheim, c'est comme les Sheraton, Hilton, Vuitton, McDonald's, Coca-Cola... Les marques sont développées dans l'inconscient du consommateur qui, grâce au circuit de l'art et à ses guides, s'achète une culture.

L'art contemporain est-il un phénomène de mode ?

PH – Le phénomène de mode existe dans tous les domaines, dans l'art aussi. Il fait vendre. Avec le temps, on peut arriver à dissocier les modes des phénomènes historiques. Chaque année, il y a de nouveaux artistes et de nouveaux consommateurs qui arrivent sur le marché.

Il y a beaucoup plus d'art et d'artistes que ce que l'histoire nous laissera. Cela ne les empêche pas d'être tous « consommés », puis de disparaître et, pour certains, de réapparaître ; cela fait partie de l'histoire. Ce ne sont pas toujours les produits qui s'assimilent le plus vite qui dureront le plus longtemps. De toute façon, pour moi, l'art est un jeu, et il faudra des générations pour décanter et confirmer ce qu'il en restera. Gardons donc une certaine humilité.

CHAPITRE 7

La ruée vers l'art

C'est la fête à New York, autour de Broadway West, dans les galeries de la 26ᵉ à la 20ᵉ rue, qui profitent de l'Armory Show pour faire une opération « portes ouvertes ». Il fait très doux en ce milieu de mois de mars. Des centaines de jeunes gens courent dans les étages des anciens entrepôts transformés en lieux d'exposition. Au rez-de-chaussée, les installations monumentales et splendides des grands marchands internationaux, de la Galerie Lelong à celle de Paula Cooper en passant par ZieherSmith ou Charles Cowles. Aux quatrième et cinquième étages, les débutants, ou ceux qui n'ont pas encore les moyens du succès. À mesure qu'augmentera leur chiffre d'affaires, ils descendront les étages, jusqu'à réaliser leur rêve : occuper une de ces vitrines sur rue si prestigieuses, où des architectes d'intérieur se sont déchaînés pour affirmer la créativité du lieu.

On pourrait se croire à Séville un soir de feria tant il y a d'animation et de visiteurs qui se rencontrent, bavardent, boivent en pleine rue. Dans des containers industriels placés sur la chaussée, de jeunes créateurs montrent leurs vidéos ou leurs installations. C'est LE lieu de rendez-vous d'une jeunesse new-yorkaise curieuse et branchée qui se retrouve là deux ou trois fois par mois, avant d'envahir, tard dans la soirée, les restaurants et les bars de Chelsea ou de Soho. Cette pratique a fait des émules. À Paris, les galeries du Marais, autour de la rue Vieille-du-Temple, celles du VIᵉ, du XXᵉ arrondissement, ou encore celles situées derrière la Bibliothèque nationale de France, organisent désormais de manière régulière des « portes ouvertes » le samedi. Certaines attirent plus de monde que d'autres, mais le spectacle est dans la rue : jeunes gens en vélo ou rollers, couples enlacés, bandes de copains ou de copines... Ils se sont donné rendez-vous, par exemple, dans la cour de l'hôtel particulier où siège la galerie d'Emmanuel Perrotin. Dans ce vaste local sur trois étages, c'est un va-et-vient continu. Il faut faire la queue pour prendre l'ascenseur qui permet d'accéder au troisième étage. Mais qui s'en soucie ? Il y a plus de convivialité dans la tournée des galeries que dans d'autres activités culturelles, comme le cinéma. Là, on voit les autres, ceux de sa génération. Et on se fait voir. C'est la mode du moment.

*L'*arty attitude

En réaction à une pratique supposée élitiste, la tendance de l'*art pour tous* s'est fortement développée ces vingt dernières années. Aujourd'hui, tout le monde veut « jouir des belles choses ». Et, pour être « dans le coup », il faut s'afficher en suivant les codes artistiques de son époque.

L'art contemporain mobilise aujourd'hui autant les collectionneurs confirmés que les « modeux ». Aux traditionnels acteurs du monde de l'art – galeristes, artistes, collectionneurs, critiques, conservateurs de musée – s'ajoutent désormais les « branchés », un troupeau qui voit grossir ses rangs à vue d'œil. Cette faune *arty* correspond à la génération des 20-40 ans. Ils trouvent là une énergie, un univers festif que leurs prédécesseurs avaient expérimentés dans l'explosion de la musique et de la mode pour tous, à partir des années 1960. Fêtes dans les galeries, vernissages, foires et marchés spécialisés, voyages à thème : l'art contemporain leur offre une vie sociale faite de rencontres et de découvertes amusantes. Plus rien à voir avec le monde compassé du marché de l'art d'autrefois, réservé à des intellectuels et à des professionnels triés sur le volet.

Suivre la création contemporaine, c'est vivre avec son époque et aussi racheter une partie de sa liberté, perdue dans des bureaux où l'on se sent souvent transformé en automate. Dans un monde de plus en plus uniforme, la jeunesse *arty* a le sentiment de franchir la dernière frontière de la différenciation sociale. C'est un marché sans fond qui s'ouvre pour les anciens comme pour les nouveaux créateurs. Ce marché n'est pas affecté par la crise. Bien au contraire, les statistiques montrent que toutes les activités culturelles sont en pleine expansion. À preuve, les files d'attente pour voir des expositions ou pour la Fiac. Sans parler des conférences proposées par les musées, les bibliothèques, les centres d'art, constamment prises d'assaut. Henri Loyrette, président du musée du Louvre, la plus vaste entreprise culturelle mondiale, dont la fréquentation a augmenté de 67 % entre 2001 et 2008, livre cette analyse : « En ces temps de crise, les gens ont de plus en plus besoin de la culture, de retrouver certaines valeurs, de se rattacher à ce long et visible chemin de l'humanité : ce qui nous connecte au monde[1]. » N'en déplaise à tous ceux qui voudraient conserver au territoire de l'art son caractère de chasse gardée, réservée à une poignée d'initiés, il faut l'admettre : la demande d'*art pour tous* est une tendance sociologique lourde.

L'art comme mode et comme mode de vie

Selon une étude réalisée à la fin de 2008, 63 % des personnes interrogées déclarent « avoir confiance dans leur capacité à créer » et 67 % jugent très important « le plaisir de découvrir des nouveautés » (elles n'étaient que 59 % en 1994). Alors que l'hyperconsommation des années 1980-1990 est considérée de manière critique, les clients de l'après-crise cherchent à donner du sens à leurs dépenses. Ils les veulent « moins fondées sur la stricte valeur marchande des choses que sur l'expérience de vie qu'elles sont à même de procurer[2] », écrit Michel Richard, professeur de philosophie et de psychologie, dans son ouvrage *Besoins et désir en société de consommation*. La « nouvelle cartographie du désir », comme la nomme le directeur de la prospective d'Ipsos, Yves Bardon, prend une double forme chez les nouvelles générations : le besoin d'affirmation de soi en tant que personnalité singulière et unique, et l'importance accordée au fait d'appartenir à une communauté conviviale, au sein de laquelle on se sent reconnu.

---

1. Interview d'Henri Loyrette, *Le Nouvel Économiste*, 7-13 mai 2009.
2. Michel Richard, *Besoins et désir en société de consommation*, Éditions Chronique sociale, 1980.

Ce nouvel adjectif, *arty*, est né en 2008. On est *arty* ou l'on est en dehors du coup. Cela exige une attention quotidienne à son environnement visible : vêtements, bijoux, mobilier, objets, tableaux ou photographies comme éléments de décoration de son intérieur. Chacun fait selon ses moyens financiers. Même s'ils sont très limités, le marché offre maintenant des multiples d'œuvres signées par de jeunes ou moins jeunes créateurs dont le nom est promu par les journaux de mode. Ikea, la marque de meubles la plus vendue au monde, a très bien anticipé le fait que la génération née après les années 1970 n'aurait plus du tout la même conception de l'habitat que ses aînés. En mettant le design à la portée de toutes les bourses, elle a connu un succès planétaire.

Le poids du *look*, du style, dans la définition de soi ou de ceux dont on choisit de s'entourer atteint un niveau jamais égalé, puisqu'il influencerait même la formation du couple contemporain. Selon le sociologue Ronan Chastellier[1], de plus en plus de jeunes couples sont « assortis visuellement », et un bon tiers des Français n'accepteraient pas un compagnon dont le look serait trop éloigné du leur[2]. La psychologue Émilie Bachelot constate que « la recherche de l'harmonie dans le couple peut transparaître dans un look associé ou commun[3] ». Ronan Chastellier s'en amuse, mais manifeste également une certaine inquiétude : « Comme ils ont choisi avec soin le design de leur canapé ou de leur cuisine, les individus ont aussi des exigences vis-à-vis de leur compa-

1. Ronan Chastellier, *Tendançologie. La fabrication du glamour*, Eyrolles, 2008.
2. Sondage OpinionWay réalisé auprès de 1 007 personnes en avril 2009 pour Match.com, leader mondial de la rencontre en ligne.
3. Article de Véronique Lorelle, *Le Monde*, 24 avril 2009.

gnon. Ce dernier devient un objet esthétique, comme le chihuahua que l'on accommode avec un bandana et le bébé habillé à la dernière mode, et qui est la chose de maman. »

Conséquence logique, la presse magazine, et même quotidienne, truffe ses articles de recommandations et conseils divers qui doivent permettre à ses lecteurs de suivre le mouvement et l'époque. En novembre 2008, le très respectable *Figaro Madame* publie un « Spécial *arty* » : l'éditorial est signé Jean-Michel Ribes, directeur du Théâtre du Rond-Point et auteur de la pièce de théâtre (dont a été tiré un film) *Musée haut, Musée bas.* « Comment fuir, s'échapper, trouver l'air, respirer ? déclame-t-il avec cet enthousiasme communicatif qui a fait son succès. L'art est notre anticorps, qui nous protège des tyrannies du savoir, des politiques sans âme, et des dindons qui s'agitent pour nous ramener vers le sérieux des raisons closes. Précipitez-vous dans les galeries, courez au musée, c'est là que se trouvent l'oxygène, le rêve, le désir, l'espoir réalisé de devenir autre chose que ce à quoi la société nous condamne. Sauver la planète, c'est sauver l'art, qui sauve les hommes. » Suit un article listant « Six bonnes raisons de commencer une collection », où l'art est présenté comme une manière efficace de se « sentir plus intelligent » et de « se faire des amis ». Lors de la dernière Fiac, apprend-on, la Galerie de multiples vendait 500 euros des sérigraphies de Stéphane Calais. Le jeune artiste sera sélectionné quelques mois plus tard dans la manifestation « La force de l'art », au Grand Palais, à Paris.

En mai 2008, dans un numéro spécial du *Monde Styles* titré « Plaisir d'été : tout un art », l'éditorial incite les lecteurs à consommer de l'art, « ce bonheur du temps » :

« Les œuvres des peintres indiquent l'itinéraire et donnent à la route des vacances la saveur d'un fabuleux voyage au pays du beau. Découvrir les collections privées, secrètement choyées au creux d'une intimité, ou s'enivrer des collections publiques généreusement exposées à la curiosité de tous, le plaisir est à portée de regard. Prenez-le. »

Le low cost *appliqué à l'art émergent*

C'est cette fringale d'art, dont il situe l'apparition il y a un peu plus de dix ans, qui a incité Éric Mézan à créer Art Process en 2000. Une agence d'abord destinée à conseiller les chefs d'entreprise qui souhaitaient insuffler de la réflexion créatrice et de l'esprit d'innovation dans leurs stratégies de développement, selon un modèle expérimenté chez IBM. « Une vague de fond, explique Éric Mézan. L'ambiance générale est à la créativité. Aujourd'hui, on doit être créatif dans son travail, mais aussi à titre individuel, sinon on est considéré comme peu dynamique. L'un des *business* les plus florissants, c'est celui des "loisirs créatifs". Les gens ne sont plus dans la consommation basique comme dans les années 1970. S'ils voyagent, ils veulent apprendre quelque chose, avoir un programme intelligent. Ils peuvent d'ailleurs faire les deux puisqu'ils ont de plus en plus de temps de loisir. »

Fort de ce constat, Éric Mézan a diversifié son activité en direction des amateurs d'art. Outre l'organisation de voyages dans les grandes foires artistiques, il invente un parcours dans Paris tous les troisièmes samedis du mois. Un bus sillonne la capitale avec à son bord une quarantaine de passionnés qu'il emmène faire le tour des gale-ries, des ateliers d'artistes, des friches industrielles transformées en lieux d'art ou des domiciles de collec-tionneurs privés – tous sites où il se passe quelque chose et qui sont difficilement accessibles aux étrangers au milieu.

Se mélangent, lors de ces excursions, des initiés – col-lectionneurs ou amateurs qualifiés – et des néophytes qui cherchent à s'informer et à se former. « La confrontation de ces deux publics crée une dynamique très intéressante pour eux comme pour nous. Leurs interrogations, leurs enthousiasmes ou leurs rejets sont pour nous aussi un apport important. C'est notre "R&D", notre recherche-développement. Les choses vont tellement vite aujourd'hui dans le monde de l'art que nous sommes tous en perpé-tuelle initiation : les artistes produisent de la pensée et des formes nouvelles tous les jours. »

Art Process a choisi pour devise une formule sarcas-tique que l'on doit à l'artiste espagnole Dora García, représentée par la galerie parisienne Michel Rein et qui a écrit en lettres de néon : « L'art est pour tous, seule une élite le sait. »

L'art est certes physiquement accessible à tous aujourd'hui, mais il demande un effort d'apprentissage qui n'est pas toujours évident et qui exige un travail personnel. Les musées l'ont bien compris qui proposent toutes sortes de stages d'initiation, conférences, visites guidées d'animation. Les « sociétés des amis » de musées voient affluer les adhérents, qui préfèrent visiter les expositions avec des conservateurs plutôt qu'avec des audioguides.

C'est plus compliqué au niveau des foires, des mar-chés ou des galeries privées – des lieux où l'on ne

montre pas de l'art, mais où l'on en vend. Ils se multiplient pour répondre à une demande qui croît de manière
exponentielle.

« Si les foires n'avaient pas de clients, elles n'existe-
raient pas, poursuit Éric Mézan. C'est parce qu'il y a un
public intéressé de plus en plus nombreux qu'elles poussent comme des champignons dans le monde entier. Il
n'y a pas un marché unique de l'art contemporain, il y en
a plusieurs. Regardez la foire qui a lieu à la Bastille deux
fois par an. Ce type de manifestation a commencé il y a
dix à quinze ans et s'est développé de manière incroyable.
Cela veut bien dire qu'il y a un public qui attendait ce
genre de marché. Il se sentait un peu exclu des grand-
messes comme la Fiac. Il ne trouvait pas les portes pour
y accéder. Il y a un phénomène évident de démocratisa-
tion de la demande d'art, et il s'accélère. Dans ces marchés d'art contemporain que j'appellerai "secondaires",
on trouve des œuvres très commerciales, très décoratives.
Même si c'est un art qui ne se retrouvera jamais dans les
musées ni dans les grandes collections, on ne peut pas
nier la place qu'il occupe, qui ne cesse de grandir. »

Au mois de mars 2007, à Londres, l'Affordable Art
Fair attirait plus de 20 000 visiteurs et rapportait 6 millions d'euros aux 110 exposants. Toutes les œuvres originales étaient proposées à partir de 100 euros et à moins
de 5 000 euros. Née en 1999, cette « foire de l'art accessible », créée par le galeriste londonien Will Ramsay, a
essaimé à New York, Sydney, Amsterdam. Puis, en
mai 2008, à Paris, sous la houlette de Yann Bombard, qui
a réuni à la Porte de Champerret 300 artistes et 70 galeries françaises et étrangères[1]. Pour Will Ramsay, l'art

---

1. Voir *Le Journal du dimanche*, 25 mai 2008.

contemporain doit être à la portée de toutes les bourses. Il veut être le promoteur du « *low cost* appliqué à l'art émergent ». Il est soutenu dans cette démarche par l'Arts Council England, organisme gouvernemental britannique qui affiche l'ambition de « mettre les arts au cœur de la vie nationale ». Un dispositif d'aide financière et fiscale a été mis en place pour inciter les particuliers à acheter. Afin de motiver les acheteurs, on leur propose un prêt de 100 à 2 000 euros, remboursable en dix mensualités et sans intérêts. Lorsqu'elle était ministre de la Culture, Christine Albanel s'est inspirée de ce système. Pour soutenir le marché de l'art contemporain, elle a suggéré l'instauration d'un prêt à taux zéro grâce à l'aide de banques mécènes. Cette disposition devait figurer dans la loi de finances 2009, mais elle en a finalement été retirée.

La crise ouvre pourtant des débouchés incalculables pour des œuvres d'art contemporain accessibles aux amateurs non fortunés. En gros, deux types d'œuvres répondent à cette demande : des œuvres originales ou à tirage limité produites par des créateurs encore peu connus, et des multiples d'œuvres d'artistes déjà lancés. Les unes et les autres obéissent à la théorie de la « longue queue », qui a suscité tant de polémiques dans l'industrie musicale : vaut-il mieux vendre cher peu d'articles – ou peu d'œuvres – à un nombre limité de clients ou, au contraire, proposer des prix bas et une plus grande variété de produits pour démultiplier la clientèle ?

Les deux, si c'est possible, sont tentés de répondre ceux qui vivent de ces commerces. Les grandes enseignes sont les premières à avoir compris le parti qu'elles pouvaient tirer de ce marché naissant. Elles ont commencé à « démocratiser » leurs marques en proposant des lignes d'accessoires, de vêtements, de maroquinerie portant leur sigle, pour séduire une clientèle urbaine jeune avec des articles « chics et pas chers » – moins de 100 euros le tee-shirt ou le petit sac à main. Afin d'attirer une clientèle de jeunes et de quadras, le Bon Marché, à Paris, a transformé ses murs en espace d'exposition où sont présentés des artistes en début de carrière. Les Galeries Lafayette, avant de lancer leur « Galerie des galeries[1] », avaient de leur côté organisé une exposition autour des travaux d'artistes squatteurs. Au printemps 2008, le BHV avait couvert sa façade d'affiches montrant les œuvres du célèbre peintre islandais Erró, exposées pendant deux mois sur la terrasse dominant l'édifice de quatre étages.

Dès 2000, un fabricant de prêt-à-porter, François Gadrey, a eu l'idée de surfer sur cette nouvelle vague. Il a créé sa société, Aventure des toiles, et s'est mis à la recherche de jeunes artistes dont le travail lui plaisait pour décliner leurs tableaux en trente ou quarante modèles de vêtements, à raison de huit par saison. Succès mondial. Ses « créations » se vendent dans toute l'Europe, en Asie, au Moyen-Orient. « Les habits amènent du rêve et de la couleur, dit-il. Ils contribuent à une vraie mondialisation du goût[2]. »

Quand et comment passe-t-on de l'œuvre d'art aux produits dérivés ? Et où est la limite ? Difficile à dire. Des « supermarchés » de l'art voient le jour depuis longtemps déjà un peu partout en Europe, offrant des œuvres sur papier d'artistes déjà reconnus, ou des œuvres originales d'artistes encore inconnus. C'est selon ce principe que fonctionne « BazArt », une exposition itinérante qui

---

1. Voir *supra*, chapitre 6, p. 227.
2. Véronique Lorelle, « Des tableaux déclinés en garde-robe », *Le Monde*, 11 juillet 2008.

propose à moins de 200 euros des œuvres originales réalisées par une trentaine de jeunes artistes. Des créateurs aujourd'hui aussi connus que Mathieu Mercier, Fabrice Hyber ou Bertrand Lavier figuraient il n'y a pas si longtemps – une dizaine d'années à peine – sur le catalogue de vente d'œuvres par correspondance baptisé *Buy-Sell*, lancé en 1998 par trois diplômés de l'École des beaux-arts de Bordeaux[1].

Dans le domaine des reproductions à tirage limité d'œuvres originales, la galerie Artcurial a joué les précurseurs en éditant des œuvres de Cocteau ou d'Arman. Les lithographies signées de grands artistes vivants, autrefois parents pauvres du marché de l'art, ont fait leur entrée à la foire de Bâle, représentées par des galeries spécialisées comme celle de la Française Catherine Putman. La photographie a permis elle aussi à une nouvelle clientèle d'entrer dans l'univers des amateurs d'art. On peut acheter dans des galeries ou des ventes aux enchères des tirages signés et limités de très grands photographes pour des sommes allant de 1 000 à 10 000 euros. Mais on peut aussi, comme le proposent de jeunes galeries ou des sites Internet spécialisés, trouver pour environ 50 euros des reproductions tirées à plus de 300 exemplaires au lieu d'une dizaine habituellement. « Nous pouvons ainsi les vendre vingt fois moins cher », expliquent les très jeunes fondateurs de la galerie parisienne YellowKorner, qui se sont fixé comme but de « démocratiser la photographie[2] ».

---

1. Roxana Azimi, « Des œuvres artistiques en libre service », *Le Monde*, 29 septembre 2002.

2. Véronique Lorelle, « Art à tous prix pour amateurs non fortunés », *Le Monde*, 28 décembre 2008.

Les initiatives se multiplient partout. Internet y occupe une place prépondérante, avec des sites qui se spécialisent dans la photo, les œuvres d'artistes confirmés ou, au contraire, les talents à découvrir. Il n'y a plus de limites à l'inventivité pour se saisir d'un morceau de ce marché exponentiel. En décembre 2008, dans la rubrique « SOS cadeau » du journal *Elle*, nous avons trouvé cette sélection réjouissante : « Pour la belle-maman *arty*, un chèque cadeau de chez Soozoo, le nouveau coffret cadeau ciblé art. À elle ensuite de choisir entre les photophores en céramique façon moule à gâteaux d'Ulrike Weiss (à partir de 12 euros) et les photos noir et blanc très oniriques d'Aurélie Crop (300 euros). » Nous sommes allées voir sur le site soozoo.fr (*soozoo* signifie « création » en japonais) ce que nous pourrions choisir pour nos amis *arty*, cette nouvelle cible marketing qui se démarque clairement de la « ménagère de moins de 50 ans » chère aux *media planners* de la publicité ! Parmi les galeries dans lesquelles on pouvait utiliser son chèque cadeau, on trouvait celle qui vend des photos argentiques contemporaines originales à 300 euros. Ou encore la très jeune galerie Schirman & de Beaucé, récemment ouverte dans le Marais et déjà très à la mode.

On peut rire de cette dynamique, s'en réjouir, s'en inquiéter aussi. Une telle dérive mercantile ne va-t-elle pas pousser à la production en série de gadgets estampillés « art contemporain » juste pour surfer sur l'air du temps ?

Les codes de l'époque :
l'art partout et la beauté pour tous

Le parti pris *arty* s'est emparé de tout ce qui nous entoure et de nos lieux de vie : la mode, l'architecture, la maison, la rue, le spectacle. Tout se mélange, tout s'imbrique. Au cours des dix dernières années, l'intérêt pour la décoration intérieure et le design a littéralement explosé partout dans le monde. Le salon Maison & Objet, réservé aux professionnels, a ouvert ses portes au grand public en janvier 2009 à Villepinte. Les grandes foires d'art comme Art Basel et Art Basel Miami sont désormais accompagnées d'une foire du design où se mêlent fous d'art contemporain et passionnés de mobilier. L'un ne va pas sans l'autre dans des appartements très personnalisés qui sont aussi des cocons, des « maisons refuges ». Aussi cotées et connues que les grands peintres ou les grands plasticiens de leur génération, les stars du design contemporain ont pour noms Ron Arad, Zaha Hadid, Philippe Starck, Andrée Putman, Ronan et Erwan Bouroullec…

La folie du design n'est pas réservée à une poignée de privilégiés. Bien au contraire, les nouvelles valeurs montantes du secteur ont été poussées dans cette direction par une puissante vague de transformation de l'habitat venue de Scandinavie. Ce mouvement a été consacré par une grande exposition au Musée international du design de Munich, d'avril à juillet 2009, sur le thème du « design démocratique » – une expression reprise du slogan lancé par Ikea au Mecca, la grande foire de l'ameublement et du design de Milan, en 1995. Cette année-là, la marque suédoise fit l'événement en annonçant son concept éditorial : produire des meubles fonctionnels au design élaboré et les proposer à des prix tels qu'ils soient accessibles au plus grand nombre de gens possible. C'était une manière de contredire tous ceux qui voulaient faire du design un indicateur de statut social, un choix d'esthète réservé à quelques privilégiés, clients de galeries de luxe, qui, comme dans l'art, exigeaient des modèles uniques et exclusifs. Par ce message, le plus grand fabricant de mobilier du monde réaffirmait ce qui avait été son credo de départ, lorsque son directeur artistique déclarait, en 1979 : « Les formes esthétiques appartiennent à tout le monde. Elles ne sont pas réservées aux musées. »

À Munich, des objets et des meubles créés par Ikea sur six décennies étaient mis en scène et replacés dans leur contexte historique : celui du modernisme classique scandinave, avec son choix de formes épurées et de matériaux naturels – du bois, du verre ou de l'acier –, tant en architecture que pour le mobilier. Mais on y décelait aussi l'influence de l'esthétique internationale des années 1960, avec l'internationalisation du *flower power* et de modes de vie débarrassés de nombre de contraintes du passé. Ou encore celle de l'école allemande du Bauhaus ou du grand précurseur Thonet, qui, au XIXᵉ siècle, avait fait de sa fabrique de meubles le premier exemple d'une production de masse de qualité développée au niveau mondial.

L'exposition soulignait les deux innovations majeures d'Ikea : la prise en compte des besoins spécifiques des très jeunes en matière d'ameublement, accompagnant la transformation du statut de l'enfant dans la société contemporaine ; et le renouvellement permanent des modèles afin d'épouser le rythme de la mode et de répondre au désir de plus en plus marqué des clients de personnaliser leur intérieur. Se différencier dans un univers de consommation de masse, qui écrase la singularité, demande encore plus d'imagination que de moyens. On pourrait aussi citer la folie du vintage, la vogue du dessin, etc.

L'air du temps est au pari plastique comme argument commercial. Hôtels et restaurants ne sont pas seulement *arty* ; ils sont « 100 % design » et mettent en avant pour se vendre ce qu'ils appellent le *lifestyle*. Tous les hôtels de New York, de Londres ou de Paris, du luxe aux deux étoiles, ont été transformés ou sont en cours de mutation. Ils abandonnent le côté confort cosy pour le style minimaliste : parquet et literies blanches et grises, cloisons de verre, banquettes à la place des fauteuils, meubles intégrés… On se croirait sur un stand du Salon du meuble et du design de Milan. Voyons, pour l'exemple, quel est l'argument publicitaire d'un grand hôtel de Rome appartenant à une chaîne internationale. Il s'adresse à « tous les fans de l'immobilier contemporain qui se sont lassés des palaces romains, de leurs meubles Renaissance, de leurs dorures et de leur style suranné », et vante l'éclairage de la cour intérieure, sur laquelle donnent toutes les chambres, « qui offre un spectacle fluo graphique digne d'un tableau de Mondrian ». Les responsables d'Art Process prennent bien soin de trouver un hôtel *arty* pour leurs amateurs d'art lorsqu'ils organisent un déplacement. À Paris, le jeune milliardaire et collectionneur Alexandre Allard a entièrement détruit l'intérieur du quatre étoiles Royal Monceau pour le transformer en « un établissement résolument contemporain tourné vers les arts pour répondre aux attentes d'une nouvelle clientèle jeune dont les goûts et les codes ont changé ».

Peintres, sculpteurs, designers de meubles ou de mode et aussi architectes de renom sont sollicités pour apposer leur « griffe » sur les temples du tourisme et du voyage d'affaires. L'argument commercial massue, c'est la contribution des artistes. Au Windsor, à Nice, la conception de trente chambres a été confiée à des peintres ou plasticiens : Gottfried Honegger, Raymond Hains, Jean Le Gac, Claude Viallat, François Morellet... Les murs et les portes de l'une d'elles sont entièrement couverts de phrases multicolores « gribouillées », réalisées par le dessinateur Ben. À Vérone, Sol LeWitt, Anish Kapoor, Takashi Murakami, Cindy Sherman, Vanessa Beecroft sont les faire-valoir d'un hôtel branché. À Boulogne, Cyrille et Caroline Troubetzkoy ont fait de leur restaurant La Blanchisserie un mini-Palais de Tokyo où ils accueillent des peintres, des vidéastes et des plasticiens de leur génération. Comble de la branchitude. Le Rough Luxe Hotel (littéralement l'hôtel « Luxe rustique ») de Londres joue la carte brocante chic et destroy : le papier peint décrépi des chambres est à moitié arraché, laissant une partie des murs à nu, et les meubles défraîchis sont dépareillés et bancals.

Public art : *le musée hors les murs*

Pour faire bénéficier un public toujours plus vaste du travail des artistes, la tendance en vogue est le « musée hors les murs ». La ville et ses espaces publics utilisés comme des surfaces d'exposition offrent des possibilités considérables de mise en valeur de l'art contemporain. Des lieux gratuits, géants et à ciel ouvert, voilà qui convient parfaitement aux installations monumentales ou éphémères de l'art conceptuel. Dans le prolongement des œuvres initiées par le *land art*, le mouvement pour

« sortir l'art de sa boîte blanche » est très fortement soutenu à New York. Rochelle Steiner, ancienne conservatrice de la Serpentine Gallery à Londres, est la directrice du Public Art Fund. Son projet le plus ambitieux à ce jour : avoir confié à Olafur Eliasson, artiste islandais né au Danemark, spécialiste des jeux de lumière, l'installation de quatre cascades lumineuses dans le bas de Manhattan, à Brooklyn et à Governors Island, donnant au port de New York des allures de mini-chutes du Niagara. Le Public Art Fund soutient de dix à quinze projets majeurs par an, installés et montrés dans des lieux publics comme le Rockefeller Center, le parc de l'Hôtel de ville, le pont de Brooklyn ou le site maritime de Coney Island. Parmi eux, la fontaine électrique aux 3 390 ampoules de Tim Noble et Sue Webster, le *NYC Manhole Covers* de Lawrence Weiner, l'immense champ de pavot de Jeff Koons ou encore les collages féministes de Barbara Kruger, affichés sur tous les autobus de la ville.

« Est-ce qu'il y a assez d'art offert au grand public ? Non. Est-ce qu'il y a autant de place qu'on en veut pour ça ? Oui », répondent Yvonne Force Villareal et Doreen Remen, qui ont fondé en 2000 l'Art Production Fund, une autre institution à but non lucratif. Selon elles, on ne voit pour le moment que le sommet de l'iceberg qu'est le *public art* et ce qu'il peut offrir. Leur but : donner à l'art contemporain un public aussi large que possible en créant des événements accessibles à tous et, bien sûr, gratuits.

Le mouvement du *public art* s'étend tranquillement. Il n'en est qu'à ses débuts. Au Canada, l'art va au-devant du public sur les supports publicitaires extérieurs laissés vacants par la crise ou les périodes creuses : métros, Abribus, panneaux d'affichage ou autobus. En août 2007, quarante-sept œuvres de quatorze artistes internationaux ont été ainsi présentées à Montréal, Toronto, Québec, Ottawa et Vancouver. « Le support publicitaire devient un musée ouvert sur la ville et offre des expositions vingt-quatre heures sur vingt-quatre », affirme Manuel Bujold, président et cofondateur du projet.

Les grand-messes artistiques sont évidemment pain bénit pour la presse populaire, toujours avide d'événements. L'intérêt qu'elles suscitent oblige les journaux à gros tirage à consacrer des pages entières à l'art contemporain, qui jusqu'au milieu de la décennie 2000 ne bénéficiait que de rares articles. Comment aurait-on pu imaginer, il y a de cela quelques années, qu'un magazine comme *Paris-Match* consacrerait dix pages à l'artiste anglais Damien Hirst pour la vente aux enchères de 223 de ses propres œuvres chez Sotheby's, en septembre 2008 ? Évidemment, le chiffre de 140 millions d'euros comme résultat des deux jours de vente était ahurissant, et plus encore le prix du seul *Veau d'or*, parti à 13,02 millions d'euros. Mais l'artiste lui-même était déjà assez célèbre dans le monde des *people* pour mériter une couverture de *Time Magazine*. Dans ces conditions, on est moins surpris de voir que, en avril 2009, un des journaux gratuits distribués dans le métro incitait ses lecteurs à visiter l'exposition « La Force de l'art », au Grand Palais, leur proposant même de réserver dans leur agenda la soirée du 21 avril pour assister chez Artcurial à une dispersion de lots mis à prix entre 50 000 et 400 000 euros. « Vendu, on y va ! » concluait l'article, garantissant : « C'est un moment à vivre »…

Philippe de Montebello, directeur de musée
« Il ne faut pas seulement gérer un musée, il faut l'inspirer »

Philippe de Montebello a été pendant trente et un ans le patron charismatique de l'un des plus grands musées du monde, le Metropolitan Museum of Art de New York, plus connu sous le nom abrégé de Met. Sa carrière extrêmement longue témoigne de tous ses talents. Sous sa gouvernance, le Met a vu sa taille pratiquement doubler, les collections ont été enrichies et réorganisées dans des galeries agrandies et entièrement rénovées, de nouvelles activités dans le domaine éducatif sont venues accompagner des expositions au retentissement international. Le seul reproche que dut affronter Philippe de Montebello fut **son** manque d'appétence pour l'art contemporain.

Depuis janvier 2009, Philippe de Montebello est professeur à l'université de New York, au prestigieux Institute of Fine Arts, et conseiller spécial de cette université pour le campus qu'elle aménage à Abu Dhabi.

On dirait qu'il y a un marché « affiché » de la nouveauté, qui fait les gros titres de l'actualité et qui a souvent trait à l'art contemporain, et comme un marché « caché » de l'art classique, hors des projecteurs des médias.

PHILIPPE DE MONTEBELLO – Le marché « classique » n'a pas la même aura que celui de l'art contemporain parce que l'art classique n'intéresse plus personne. Sauf les musées. Il y a très peu de collectionneurs de maîtres anciens, de moins en moins de collectionneurs d'antiquités, pour des raisons de patrimoine et de problèmes diplomatiques.

Dès qu'il y a un grand chef-d'œuvre, un Rembrandt, par exemple, comme celui qui a été assez récemment découvert, on atteint des prix énormes, et les acheteurs sont en général des particuliers. Voyez la dispersion, à New York, du musée Albright-Knox, qui a vendu ses antiquités. Un objet a fait plus de 30 millions de dollars ! 30, 40, 50 millions... Quelle est la différence entre 20 et 40 millions ? Qu'est-ce que ça veut dire ? RIEN ! Si j'avais voulu l'acheter pour le Met, j'aurais pu dépenser 6 ou 7 millions. Pas 30 !

Les musées aiment acheter les objets chez les marchands. Pourquoi ? Parce que le marchand leur dit : « Tel objet est à vendre et il coûte 2,8 millions. » On sait à quoi s'en tenir sur la somme qu'il faut aller chercher auprès des donateurs auxquels les grands musées américains s'adressent pour recueillir des fonds. Si l'objet est en vente chez Sotheby's ou Christie's, avec une estimation à « 2 ou 3 millions », il suffit que, le jour des enchères, il y ait dans la salle deux Chinois, un Russe ou trois *hedge funds managers* pour que son prix s'envole éventuellement jusqu'à 8 millions. Un musée ne peut pas s'adresser à ses mécènes avec des estimations aussi floues. De ce fait, les musées n'ont pratiquement plus rien à faire dans les ventes publiques.

Pourquoi cet engouement pour l'art contemporain ?

PM – Toutes mes opinions sont personnelles, je le précise avant de me prononcer.

Pour moi, c'est une question de génération. L'une des raisons tient au manque d'éducation générale dans les écoles et ailleurs. Vous avez maintenant un public qui sort de l'école sans avoir de connaissances en géographie, et encore moins en histoire. Beaucoup de jeunes

Américains ne savent même pas ce que c'est que la guerre du Vietnam. Pire, ils n'ont même pas envie de le savoir.

Pour regarder un tableau de Claude Lorrain, un Poussin, il faut avoir quelques notions d'histoire, de mythologie, de la Bible, du contexte dans lequel ces tableaux ont été peints. Or les collectionneurs d'aujourd'hui, qui appartiennent à la nouvelle richesse, sont des gens qui n'ont pas ce genre d'éducation. Alors, pour eux, c'est beaucoup plus facile d'acheter un Rothko (que j'apprécie d'ailleurs énormément) ou une œuvre d'art contemporain, ça ne leur pose aucune question iconographique. Comme ils ne comprennent rien à l'art ancien, l'art ancien ne les intéresse pas.

L'autre raison, c'est qu'il faut épater le voisin et le concurrent. Quelqu'un qui a fait ses milliards dans les *hedge funds*, qui a acheté une grande maison et qui invite ses amis ne va pas les impressionner avec un Guerchin : ils ne vont pas le regarder parce qu'ils ne le reconnaîtraient pas. Par contre, un Warhol, ça va les exciter. Ils vont vouloir en connaître le prix d'achat. C'est comme « le parfum le plus cher du monde », cette publicité qui a fait le succès d'un grand parfum français. Je connais même des gens qui surenchérissent dans les ventes pour le plaisir de dire qu'ils sont l'acheteur de tel ou tel tableau, à un prix astronomique dont tout le monde parle. Ce n'est plus une question de valeur, de mérite ou d'esthétique.

Est-ce qu'il n'y a pas eu un manque d'offres, pour une clientèle qui aurait voulu acheter des œuvres classiques mais ne pouvait pas en trouver sur le marché ?

PM – Il est vrai qu'il y a de moins en moins d'œuvres majeures disponibles dans l'art ancien. Il n'y a pas assez d'art ancien valable pour l'argent disponible dans le monde. Il y a des milliers de collectionneurs, il n'y a que quelques bons tableaux anciens, et très peu de belles sculptures.

Mais je ne crois pas que cela suffise à expliquer le formidable développement du marché de l'art contemporain depuis les années 1980. Je le constate : il y a beaucoup plus de gens qu'avant qui dépensent de l'argent pour acheter de l'art. Je connais peu de collectionneurs d'art contemporain. Mais il me semble que beaucoup d'entre eux vont directement vers l'art contemporain, parce que c'est ce que tout le monde achète, c'est ce dont tous les journaux parlent, c'est ce qui est « dans le coup », là où se trouve la « bulle » financière.

Dans bien des cas, il s'agit d'abord d'investissements, tant que c'est un marché à la hausse : vous avez même de temps en temps dans le *Wall Street Journal* une comparaison entre l'évolution du marché de l'art et les cours de Bourse du Dow Jones, avec des graphiques. Et puis, il n'y a aucun risque pour eux. Il n'y a pour ainsi dire pas de faux. Dès qu'on achète une sculpture romaine ou un bronze chinois, il y a des chances, si les collectionneurs ne sont pas très bien conseillés, que ce soit un faux, ou un objet mal ou trop restauré. Il n'y a pas ce risque dans l'art contemporain : si vous achetez le cochon, même pas empaillé, de Damien Hirst, il est de Damien Hirst[1]. Pas d'erreur possible de ce côté-là.

---

1. Lors de l'exposition « Sensation », à Londres, à la Royal Academy of Arts, le jeune Damien Hirst, qui n'était pas encore célèbre, avait montré un cochon coupé en deux et conservé dans le formol. Chaque moitié s'en allait « comme en promenade » dans un sens différent.

Ces nouveaux amateurs rêvent en entendant parler de M. Untel qui engrange des plus-values considérables en revendant certaines pièces ou certains tableaux à des prix dix fois supérieurs à ce qu'il avait payé des années auparavant. Ou de tel autre qui achète des douzaines et des douzaines – pour ne pas dire des centaines – de tableaux de certains peintres et les accumule, un peu comme on investit en Bourse sur les titres d'une entreprise. D'autres collectionneurs font des achats plus éclectiques. En tout cas, tous connaissent bien les artistes qu'ils ciblent. Ils ont soigneusement étudié leur travail, leur potentiel, ils ont fait des choix. Je ne partage pas leurs goûts, mais j'admire leur savoir-faire.

Pourquoi est-ce si difficile aujourd'hui, aux États-Unis, de trouver de bons directeurs de musée ? Il y a de nombreux postes à pourvoir. Que se passe-t-il ? L'économie l'emporte-t-elle sur l'artistique ?

PM – D'abord, il y a un très grand nombre de musées aux États-Unis. De plus, il n'existe pas de formation comme ce que vous avez en France, des écoles qui mènent au titre et au statut de conservateur.

Le métier en France n'est pas tout à fait le même. D'abord, les directeurs sont pratiquement toujours choisis parmi les conservateurs. Ensuite, on peut faire son métier de conservateur à un autre niveau, car on a moins de tâches annexes, comparé à ce qui se passe aux États-Unis. Il faut nuancer, car, peu à peu, avec la mondialisation, les musées se mettent à se ressembler d'un bout à l'autre de la planète.

Aux États-Unis – comme c'est maintenant de plus en plus souvent le cas en France aussi –, le directeur de musée n'a pas seulement pour rôle de représenter son institution vis-à-vis de l'extérieur. Il doit savoir parler aussi bien des questions juridiques et éthiques avec les avocats que des travaux de rénovation ou d'agrandissement des locaux avec les architectes : il est responsable de *tout*. On lui demande de connaître tous les dossiers : programmes, expositions, animations, finances, problèmes juridiques... Il lui faut aussi entretenir des relations suivies avec les donateurs et les membres du conseil d'administration.

Il y a beaucoup de conservateurs qui n'ont ni l'envie ni l'aptitude ou les qualités requises pour faire autre chose que leur travail de scientifiques. Leur demander de s'adresser à des banquiers ou à des financiers purs serait contre-productif. D'abord, parce que ce serait un échec. Ensuite, parce que ça les détournerait de leurs tâches principales. Je dois ajouter que diriger un musée comme le Met, ou n'importe quel autre grand musée, ne peut pas se limiter à une question de management. Il faut avoir des connaissances et des idées en matière d'art, avoir la vocation. Même bien géré, un musée peut être extrêmement ennuyeux. C'est une question d'âme. Il ne faut pas seulement gérer un musée, il faut l'inspirer.

Je l'ai déjà dit à d'autres interlocuteurs journalistes : si aujourd'hui on me proposait le poste que j'ai occupé pendant trente et un ans au Met, je pense que je le refuserais. Celui que j'ai accepté en 1977 ressemblait bien peu à ce qu'il est devenu. En 1977, il y avait un avocat au Met ; à présent, ils sont sept. Il y avait six personnes au département des finances, il y en a maintenant quarante.

Au début de ma carrière de directeur du Met, je m'occupais de toutes les publications. Je me chargeais personnellement de rédiger les textes d'accompagnement des expositions. Je passais la moitié de mon temps à m'occuper de questions artistiques. À la fin, c'était à peine un dixième. Ce n'était plus très drôle.

Le profil idéal pour diriger un grand musée aujourd'hui ? Quelqu'un dont la vision de l'avenir soit celle d'une génération nouvelle, celle des quadragénaires.

Très peu de personnes cumulent les qualités managériales et artistiques. Le grand problème du futur, c'est d'éviter que les managers ne prennent le pas sur les conservateurs professionnels. Il faut souhaiter, au contraire, que les conservateurs qui en auraient le désir suivent des formations économiques, financières, managériales. C'est indispensable de nos jours pour mener de front toutes les tâches si diverses qu'implique l'animation d'un musée, dans tous les sens du terme.

Si vous étiez banquier, auriez-vous investi dans l'art contemporain ?

PM – Si j'étais banquier et que c'était MA banque, je ne mettrais pas un sou dans l'art contemporain.

Il y a des banques qui ont essayé de le faire. Mais si les fonds d'investissement basés sur l'art s'écroulent, ce n'est pas bon pour la réputation de la banque. Je siégeais il y a une quinzaine d'années au conseil d'administration de l'une d'elles à New York. Quand la question s'est posée de créer un fonds d'investissement spécialisé dans l'art, j'ai conseillé de ne surtout pas le faire. On peut acheter des œuvres pour décorer les couloirs et les bureaux de la banque ou la cafétéria. La banque peut aussi décider d'investir pour elle-même. Mais elle ne doit pas acheter pour les clients, avec leur argent. C'est très dangereux.

CHAPITRE 8

L'exception chinoise :
le plus grand marché de l'art du monde

« Le long de l'autoroute qui mène à l'aéroport de
Pékin, nous raconte le directeur de la galerie parisienne
LIPAO-HUANG, installée rue Dauphine, on trouve des
villages qui comptent jusqu'à 3 000 artistes. Je sais, ça
peut paraître démesuré et même fou. Mais il ne faut
jamais, jamais oublier qu'on est dans un pays d'un milliard et demi d'habitants, avec une capitale qui en compte
30 millions, dont 17 *intra muros*. Rien de comparable
avec New York ou Paris, qui à côté sont de petites villes.
Il est impensable de se déplacer à pied à Pékin comme
nous le faisons couramment dans ces deux villes. » Serge
Lipao s'est donné comme objectif d'établir un pont entre
les artistes de France, pays de naissance de sa mère, et de
Chine, patrie de son père. Il s'emploie à mieux faire
connaître les créateurs chinois contemporains en Europe
et « alterne les expositions d'artistes connus et de jeunes
talents[1] ».

---

1. La galerie LIPAO-HUANG a été sélectionnée parmi les « 21
galeries qui comptent à Paris » par le *Figaroscope* daté du 21 au
27 octobre 2009. Celui-ci a inauguré, à l'occasion de la Fiac 2009,
un baromètre annuel des « galeries d'art qui donnent le ton ».

Il ne faut pas oublier non plus que la Chine affiche une progression du nombre de milliardaires tout aussi spectaculaire que les 8 % de croissance annuels de son économie. Parmi les 1 000 Chinois les plus riches, ceux dont le patrimoine est supérieur à un milliard de dollars sont passés de 101 à 130 en 2009. « Un petit "club" qui cumule un pactole de 571 milliards de dollars (environ un sixième de la richesse nationale chinoise)[1]. »

Embarquée dans la spirale de la mondialisation du marché de l'art, la peinture contemporaine chinoise a explosé à partir de 2004. Elle représentait un tiers du chiffre d'affaires des maisons internationales d'enchères en 2008. Et, à cette époque, trente-cinq des cent artistes les plus vendus dans le monde étaient chinois. Les prix de leurs œuvres ont atteint des sommets inimaginables : des tableaux de Zhang Xiaogang qui, au début des années 2000, se négociaient à 5 000 euros ont trouvé preneur à 6 millions de dollars au printemps 2008 dans une vente à Hong Kong[2]. Ce peintre né à Kunming, révélé par sa série des « grandes familles » (des groupes composés de parents et d'enfants aux visages gris et aux grands yeux écarquillés, comme vitrifiés), est ainsi passé au rang de star internationale. Il fait partie des artistes phares de la collection du metteur en scène américain Oliver Stone.

Fin 2007, la Chine était devenue le deuxième marché de l'art contemporain, et Sotheby's et Christie's vendaient deux fois plus à Hong Kong qu'à Paris. Si la crise

---

1. Bruno Philip (correspondant du journal à Pékin), *Le Monde*, 23 octobre 2009.

2. En septembre 2007, l'une des œuvres de Zhang Xiaogang, *Chapter of a New Century*, s'était vendue 3,06 millions de dollars chez Sotheby's à New York.

économique mondiale a provoqué un refroidissement des prix des trente artistes chinois les plus cotés sur le marché international, elle n'a pas pour autant gelé une explosion artistique qui paraît inéluctable, parce qu'elle s'épanouit sur un terrain favorable.

Depuis que les dirigeants chinois ont compris qu'on pouvait gagner beaucoup d'argent avec l'art, ils encouragent la production artistique pour au moins deux raisons. La première, c'est qu'ils y voient l'instrument d'une « offensive culturelle » destinée à faire connaître la culture chinoise à l'étranger, un instrument de pénétration de l'Occident, avec des retombées aussi économiques : c'est le fameux *soft power* (« pouvoir en douceur ») cher aux Américains. La seconde raison, c'est que le commerce de l'art s'inscrit dans leur stratégie de développement du marché intérieur chinois.

« Les Chinois ont, ou auront, un marché national qui leur permettra d'assurer un revenu à des milliers d'artistes », analyse le courtier Philippe Ségalot. « Tôt ou tard, il y aura des collectionneurs chinois », reprend en chœur Lorenz Helbling, ce Suisse propriétaire de la galerie d'avant-garde ShanghArt – dont les clients sont, pour le moment, principalement européens ou américains. « Même si c'est seulement le début, et que c'est long, la Chine a un milliard et demi d'habitants : ils viendront au marché tôt ou tard. »

Dans cette perspective, le gouvernement chinois a décidé de promouvoir mille artistes nationaux à l'occasion de la grande Exposition universelle de Shanghai en 2010. Il a aussi le projet de doter chaque ville de plus de 4 millions d'habitants d'un musée – public, privé ou mixte – proposant des œuvres modernes et contemporaines.

Shanghai et Pékin sont désormais des foyers de création artistique en ébullition. Pour Shanghai, c'est à cause de ses galeries internationales, comme Shangh-Art, qui ont été à l'origine du lancement de l'art contemporain chinois en Occident. En 2010, dans le cadre de l'Exposition universelle, la ville accueillera nombre de galeries chinoises et étrangères qui exposeront des artistes occidentaux et chinois sur le site-exposition World Explorer. Pékin, de son côté, abrite la plus grande communauté d'artistes du monde. Elle s'est d'abord regroupée dans le quartier de Chaoyang, puis ses effectifs et la surface occupée ont littéralement explosé.

Le sociologue et essayiste Michel Lamberti décrit ainsi la cité des artistes au début de 2009 : « Chaoyang est une ville dans la ville, à vingt minutes du centre de Pékin. C'est un gigantesque marché de l'art, presque un supermarché. Dans les friches industrielles d'un vaste complexe militaire désaffecté, l'ancienne usine d'armement, le 798, a été occupée par quelques artistes dans les années 1975 à 1980. D'autres les ont rejoints et se sont installés dans les bâtiments administratifs et les logements de six à dix étages en brique brun-rouge abandonnés par les militaires. Ensuite, ce sont les garages, les entrepôts et les magasins qui ont été transformés en ateliers.

« Ce sont le manque d'espaces de travail et les loyers élevés au centre de Pékin qui ont poussé les artistes confirmés à s'installer à Chaoyang. Ceux-là ont été rejoints par de nouveaux venus à l'art, qui se sont découvert des talents de créateurs en constatant la montée très rapide des prix des œuvres. Puis sont arrivés les copieurs, qui cherchaient aussi à profiter de l'engouement des touristes étrangers et chinois pour ce "village des artistes".

« Les galeries ont suivi le mouvement et se sont installées par centaines à Dashanzi et Chaoyang. Tout comme les peintres et les sculpteurs, certaines étaient de haute, même de très haute tenue. D'autres n'étaient pas gérées par de véritables professionnels du marché de l'art, mais plutôt par des commerçants à la recherche de bonnes affaires.

« En 2007 et 2008, on trouvait pêle-mêle dans cette banlieue est de Pékin des galeries de réputation internationale, le musée privé du grand collectionneur belge Guy Ullens et des vendeurs de pacotille.

« Comme les loyers avaient triplé en l'espace de deux ans, les ateliers d'artistes se sont aussi implantés dans nombre de petits villages comme Songzhuang, à 30 kilomètres à l'est de Pékin, appelé le "Barbizon chinois[1]" Puis ils ont continué de progresser en suivant l'autoroute jusqu'à 20 kilomètres au-delà de l'aéroport, rassemblant des communautés de 300 à 3 000 artistes. Celles-ci ont commencé à se fragmenter et à émigrer vers le nord et le sud de la capitale pour échapper à l'augmentation du coût de la vie. »

Comment s'y retrouver dans ce foisonnement de production artistique où l'on trouve le meilleur et le pire, depuis les grands artistes consacrés par le marché international jusqu'aux plagiaires qui copient ce qui marche – au demeurant, souvent avec beaucoup d'habileté ?

---

1. Abel Segretin, « Le Barbizon chinois », *Libération*, 24 septembre 2007.

En y regardant de près, on découvre une véritable segmentation dans la production chinoise. Elle s'applique autant aux artistes qu'à l'organisation des réseaux (galeries, salles de ventes, critiques et théoriciens) et à leurs clientèles... Aux prix, aussi. Pour l'analyser, on peut diviser la production d'art chinois en cinq catégories. L'ensemble est appelé par les officiels chinois « industrie de l'art ». L'une des portes qui marquent l'entrée du quartier de Chaoyang est d'ailleurs surmontée d'un panneau qui annonce clairement : « Village de l'industrie culturelle ».

Les œuvres cotant plusieurs millions de dollars sur le marché international forment une première catégorie. Leur clientèle, essentiellement occidentale, les désigne comme la « nouvelle vague chinoise » ou l'« art contemporain chinois ». En Chine, on parle d'« art excessif » ou d'« artistes excessifs ». Qui les a faits rois ? Des galeries françaises, anglaises, américaines, en recherche perpétuelle de nouveautés et de nouvelles sources de profit. Ce qu'ils produisent – du hors-norme, des installations, des vidéos, des happenings, des œuvres éphémères, ou même du « format traditionnel » – ne trouve pratiquement pas preneur en Chine, mis à part quelques rares collectionneurs qui suivent les indications du marché[1].

La deuxième catégorie est la plus prisée par la classe moyenne chinoise. Celle-ci est en pleine expansion, si l'on en juge par un des instruments d'analyse utilisés pour mesurer le rythme et l'évolution de l'enrichissement

---

1. L'une des plus grandes collections d'artistes contemporains chinois appartient au milliardaire Guan Yi : il possède sept cents œuvres abritées dans un hangar situé dans la banlieue de Pékin et qui est en fait son musée privé. Voir Yann Rousseau, *Les Échos*, 27 septembre 2007.

des Chinois : le nombre de nouvelles immatriculations de voitures, surtout de voitures de luxe[1]. Les nouvelles fortunes chinoises apprécient une forme d'art qui, tout en étant fortement inspirée des techniques occidentales, véhicule un esprit et des traditions proprement chinois. On l'appelait autrefois l'« art chinois moderne » ; maintenant, c'est l'« art occidentalisant sinocentré ». Ses détracteurs – souvent les bénéficiaires des investissements du *financial art* international –, partisans de l'avant-garde et des « ruptures artistiques », parlent quant à eux, par dérision, d'artistes et d'art « chinois ringards »[2].

Avec la crise économique mondiale, la tendance s'est retournée en leur faveur : on constate que le marché international soutient moins, ou plus du tout, les artistes chinois en vogue en Occident. Et que le public chinois, lui, adhère à des formes d'art plus classiques. En réalité,

---

1. Le marché automobile chinois est celui qui croît le plus vite au monde. Les ventes de voitures particulières ont augmenté de plus de 40 % sur les trois premiers trimestres 2009, battant en brèche des estimations à 5 %. Sur cette période, 7,24 millions de véhicules ont été vendus à des particuliers. Les perspectives sont prometteuses : en Chine, il n'y a que 22 véhicules particuliers pour 1 000 habitants (contre 500 en Europe). Wang Chuan Fu, le patron du numéro un des constructeurs privés, BYD Auto, est devenu l'homme le plus riche du pays selon le classement Hurun Rich List des milliardaires chinois, avec une fortune estimée à 3,4 milliards de dollars.

2. Avant la crise, les investisseurs privilégiaient une toute petite part de la création artistique contemporaine chinoise, des œuvres avant-gardistes qui garantissaient une valorisation rapide de leurs placements. Le désir de réussite immédiate a poussé bon nombre d'artistes chinois à s'automutiler en imitant jusqu'au plagiat ceux de leurs homologues qui connaissaient le succès en Occident. La crise a conduit de nombreux acteurs du marché – artistes, galeristes, collectionneurs – à se désengager du *financial art*.

le *financial art* et toute la communication qu'il a suscitée ont occulté un foisonnement artistique qui existait depuis longtemps.

Les trois catégories que l'on peut encore distinguer présentent sans doute moins d'intérêt aux yeux des promoteurs du *financial art*, mais elles constituent un volume d'affaires important à l'intérieur de la Chine. Il y a d'abord l'« art sinocentré dégradé ». Il s'agit des œuvres copiées ou inspirées d'artistes à succès, reproduites à l'infini. Elles sont destinées aux centaines de milliers de touristes chinois ou étrangers qui viennent à Chaoyang en autobus pour visiter le « village de l'industrie culturelle ». Une manne financière pour les artistes et les galeries locales.

Ensuite, le genre « ancien », l'art purement classique – les dessins et peintures à l'encre sur papier de riz et toutes les autres méthodes très spécifiquement chinoises telles qu'elles se pratiquent depuis au moins quinze siècles –, revient fortement à la mode.

Enfin, l'art populaire, que d'aucuns qualifient d'« art artisanal », est encore très vivant dans les campagnes, où se perpétuent les traditions de la peinture sur verre et de la sculpture sur pierres dures ou sur bois.

L'« art excessif » : de Tian'anmen aux enchères mondialisées

Quel est le profil des trente-cinq chinois qui ont fait partie des cent artistes les plus chers du monde ? Pourquoi eux, et comment ont-ils acquis une notoriété mondiale ?

La plupart ont voyagé, ont quitté la Chine dans diverses circonstances et y sont revenus, souvent à temps partiel.

Ils ont un domicile à Shanghai ou à Pékin, un autre à New York ou à Paris. Moins souvent à Londres. Yan Pei-Ming vit en France depuis 1980 et travaille à Dijon, où il a décoré la cantine de l'université. Ses œuvres se vendent au-delà de 2 millions d'euros. Il est célèbre pour ses portraits rouges de Mao, réalisés selon une technique apparentée au lavis.

« Tous les artistes chinois connus dans le monde entier ont commencé leur carrière en Chine, nous explique Chen Yin, artiste classique, installé à Paris depuis les années 1950. Ils ont mélangé la culture occidentale et asiatique dans la "grande machine à laver de la mondialisation" jusqu'à ce que les deux histoires soient lisibles par tous. Le meilleur exemple est peut-être celui de Cai Guo Qiang, qui conçoit des œuvres gigantesques, comme celle de l'armée des tigres, exposée au musée Guggenheim à New York en mars 2008. »

Trois de ces artistes sont devenus cosmopolites et ont été choisis pour participer à l'exposition « Les Magiciens de la Terre », organisée au Centre Pompidou en 1989[1] et considérée comme le tournant de la mondialisation de l'art parce qu'elle a sonné le glas de l'occidentalocentrisme dans ce domaine. L'un d'entre eux, DeXing Gu, qui travaille sur des déchets de matières plastiques présentés comme des boyaux, est revenu à Pékin. Huang Yong Ping est resté en France. Il a fabriqué un grand moulin à prières à Vassivière, dans le Limousin. Yang Jiechang utilise des matériaux et des supports traditionnels pour obtenir des surfaces de grandes dimensions sur lesquelles il trace des formes étranges, non figuratives.

---

1. Année du massacre de Tian'anmen (avril).

Le galeriste parisien Serge Lipao nous explique : « La plupart des artistes chinois qui sont aujourd'hui célèbres à l'étranger sont issus des contestataires de Tian'anmen. Ils ont quitté le pays avant ou juste après les événements, car ils étaient opposés au régime de l'époque, puis ils s'y sont réinstallés. Aujourd'hui, ils n'ont plus aucun souci avec les autorités. Leur carrière internationale s'est faite entre 2004 et 2008. Galeristes et marchands d'art ont poussé à la roue. Tous ces "contestataires" ont fait partie d'un certain nombre de clubs dans les années 1980, comme le Club de l'Étoile.

« Vingt ans après, il y a eu une exposition des peintres de Tian'anmen au musée privé des Ullens. Ce qui apparaissait clairement, c'est que ces peintres avaient une solide et sérieuse formation en matière de technique et de peinture, contrairement à beaucoup de leurs successeurs, dont le travail relève souvent du gribouillage. C'est très important, car les Chinois sont de grands amateurs d'art. L'artiste a, en Chine, un statut privilégié, honorifique, et ce depuis la nuit des temps. Même les gens de catégories très populaires savent apprécier la qualité technique d'un travail artistique, quel qu'il soit : peinture, sculpture, travail sur bois et sur pierre, calligraphie… »

Le fait qu'il soit possible de réaliser des gains conséquents avec ces artistes encore peu chers à l'achat – comparés à des artistes occidentaux – a lancé le mouvement. À Paris, la Galerie de France, dirigée par Catherine Thieck, aidée alors par le jeune universitaire chinois Xin Dong Cheng[1], a été très active pour propulser ces artistes « émergents », en particulier le peintre Zhang Xiaogang.

---

1. Xin Dong Cheng a ouvert sa galerie à Pékin en 2000. Il est installé à Chaoyang.

La préparation des Jeux olympiques de Pékin a placé sous le feu des projecteurs tout ce qui représentait la Chine nouvelle. Le conseiller artistique pour le stade en forme de nid géant, Ai Weiwei, ce contestataire qui a vécu à New York, dont la galerie se trouve en Suisse et qui habite désormais à Pékin, est devenu une célébrité planétaire.

La liste de tous les artistes chinois adoubés par le marché international serait trop longue. Ils ont fait l'objet de nombreuses expositions aux États-Unis et en Europe[1]. Après quelques hésitations, les grandes maisons d'enchères Christie's et Sotheby's ont inauguré des ventes spécialisées à Hong Kong, New York et Londres en 2006. Ce fut le début d'une explosion des cotes, à laquelle la spéculation n'était pas tout à fait étrangère. Au point qu'un galeriste comme Lorenz Helbling pouvait choisir ses clients : « Il ne faut pas vendre à n'importe qui, nous disait-il en septembre 2007 à l'occasion de la première foire d'art contemporain de Shanghai. Il faut être sélectif. Et surtout éviter que les gens n'achètent pour mettre les œuvres dans des entrepôts où personne ne les verra. »

Peut-être pensait-il sans le dire à l'anecdote que l'on entendait raconter à l'époque à Shanghai : lors d'une vente à Pékin, une milliardaire chinoise avait acheté un tableau de Liu Xiaodong, l'un des pionniers du néoréalisme chinois, pour la somme de 2,75 millions de dollars. Il s'agissait d'un ensemble formant un panneau géant intitulé *Newly Displaced Population* et se référant aux populations chassées de leurs terres par la construction du barrage des Trois Gorges. Or, tant que l'œuvre est restée en sa possession, au lieu de l'expo-

---

1. Voir le catalogue de l'exposition « China Gold » à la Fondation Dina Vierny-Musée Maillol, en juin 2008, à Paris.

ser elle l'a gardée roulée dans une armoire, comme c'était l'usage avec les fresques décoratives tradition-nelles de la Chine ou du Japon anciens. Pour une large partie de l'opinion en Chine, cela équivalait à traiter l'art sans respect.

De nombreux ouvrages et pamphlets rédigés en chi-nois critiquent la mise à mort de l'art traditionnel au bénéfice d'un art clinquant et sans valeur esthétique. Cer-tains vont jusqu'à affirmer que le *financial art* n'est rien d'autre que la nouvelle forme, dans le champ artistique, d'un « complot américain » (sous-titre d'un ouvrage sur l'art d'avant-garde publié en chinois) qui poursuivrait ses agressions contre la Chine en profitant de la mondialisa-tion de la culture.

Les artistes et les intellectuels qui se rattachent à ce mouvement de « re-sinisation » de l'art s'en prennent aux galeries « snobs » installées en Chine, ainsi qu'aux peintres et aux collectionneurs qui en ont financièrement tiré parti. Ils les accusent d'être coupés de leurs racines et de trahir leur héritage ancestral jusqu'à conduire à sa « destruction ». *Mezzo voce*, ils attribuent souvent cette inculture à la coupure culturelle qu'ont constituée à la fois l'ère de Mao et la Révolution culturelle que le Grand Timonier a déclenchée[1].

---

1. Adoptant volontiers des postures éthiques, ces intellectuels estiment que si les derniers avatars de l'art contemporain, ses « excès » et ses « ruptures » violentes, ont été vécus sans trauma-tisme par les Occidentaux, c'est parce qu'ils sont le fruit d'une évo-lution qui s'est accomplie sur plusieurs siècles, tandis que le peuple chinois et ses créateurs ont été exposés brutalement aux dernières phases de ce processus, sans avoir suivi les multiples étapes et rup-tures intermédiaires de son élaboration.

L'art « occidentalisant sinocentré »

L'art « occidentalisant sinocentré » n'est pas une nouveauté, bien au contraire. Il plonge ses racines dans la Chine du XVIIe siècle, lorsque les jésuites missionnaires ont commencé à peindre et à produire de l'art occidentalisé pour la cour impériale de la dynastie Qing... qui l'appréciait fort peu !

Il a été progressivement, puis massivement, occulté par l'irruption de l'art contemporain d'avant-garde, mondialisé, spectaculaire et hyper-médiatisé. Mais l'effondrement de ce dernier en 2008 lui a donné un nouveau souffle et une nouvelle visibilité. En moins d'un an sont apparus en Chine des circuits spécifiques de production et de commercialisation réunissant des galeries, des musées, des critiques, des réseaux de communication. En même temps se dévoilait une nouvelle clientèle d'amateurs, issue principalement des classes moyennes enrichies mais agrégeant aussi quelques millionnaires collectionneurs, échaudés par les pertes qu'avaient subies leurs investissements dans l'art très contemporain.

Un bref rappel historique permettra de comprendre pourquoi ce mouvement artistique, profondément ancré dans la culture chinoise, est à la fois « occidentalisant » et « sinocentré ».

Dans la mouvance des premiers missionnaires, puis de l'installation des comptoirs étrangers, les artistes chinois découvrent la peinture sur chevalet, la peinture à l'huile, la sculpture sur socle, la perspective à l'italienne, le portrait, les toiles tendues sur cadre et non plus roulées... Ces nouvelles techniques cohabitent avec l'art pictural traditionnel – peinture sur soie ou papier de riz, pinceaux chinois, calligraphie. Mais, quels que soient les moyens employés, l'art chinois du XIXe siècle reste très chinois par ses thématiques.

Durant la période qui va de 1949-1950 à la fin de la Révolution culturelle, en 1970-1975, l'« art pour l'art » disparaît en Chine. La création a désormais la fonction de louer le régime maoïste, sur le modèle des productions académiques de l'Union soviétique. L'esthétique bien en cours relève presque exclusivement du « kitsch flamboyant ». Avec toutefois l'apparition de quelques nouveautés : l'affiche et les bandes dessinées à l'encre de Chine, les romans-photos en microformat.

Pendant cette période, Formose (aujourd'hui devenu Taïwan) joue le rôle de conservateur de l'« esprit ancien » de la culture chinoise[1]. L'ouverture de la Chine elle-même sur le monde extérieur, après la Révolution culturelle, accentuera bien entendu encore davantage cette fusion entre le « moderne » occidental et le « traditionnel » chinois. Le courant « occidentalisant sinocentré » n'a pas cessé d'évoluer et représente depuis les années 1980-1985 le gros de la production artistique chinoise en matière de peinture et de sculpture.

La majorité des artistes chinois d'aujourd'hui sont tempérés dans leur quête de modernisme. Ils ne participent pas aux événements spectaculaires ni aux ventes aux

---

1. L'ouverture de Formose/Taïwan à l'Occident – Europe, États-Unis, Canada, Australie – a favorisé le renouveau d'une manière occidentale de faire de l'art. À Taïwan d'abord, en Chine ensuite. En effet, lorsque les relations entre la Chine et Taïwan se sont apaisées, après la Révolution culturelle, puis nettement améliorées, la circulation des artistes entre les « deux Chine », d'une part, et l'Europe ou les États-Unis, d'autre part, a ramené vers la Chine continentale un art sous double influence.

enchères mirobolantes qui ont placé l'art contemporain d'avant-garde au premier plan de l'actualité. Leur esthétique en peinture est très fortement influencée par les diverses écoles occidentales qui ont surgi successivement en Europe entre le milieu du XIXᵉ et le XXᵉ siècle, à savoir l'académisme, le fauvisme, l'impressionnisme, l'expressionnisme, le surréalisme, l'hyperréalisme, le cubisme, l'art abstrait – interdit pendant les années Mao – et le minimalisme. Le fauvisme, l'impressionnisme et leurs innovations les ont tout particulièrement inspirés.

Pour d'autres peintres chinois, l'influence, assez récente, du dadaïsme, du surréalisme et de l'hyperréalisme est manifeste. Ils cultivent dans leurs œuvres le goût de l'absurde, de la provocation et de l'humour. Mais ils n'ont visiblement pas pour objectif de délivrer des messages sociopolitiques, comme l'ont fait les artistes occidentaux à la suite des grandes guerres du XXᵉ siècle.

Les artistes chinois « modernes » occidentalisants sont en effet très mesurés dans l'exercice de la critique sociale et politique. Certes, à l'instar des artistes occidentaux, et contrairement aux artistes chinois classiques, ils ne se privent pas dans leurs œuvres de dénoncer et condamner certaines des calamités et des épreuves qui affectent la Chine contemporaine. Mais jusqu'à un « certain point » seulement... Lequel est défini par la censure gouvernementale. Et probablement aussi par l'autocensure, qui participe de cette manière à la définition de l'« excès ».

À ce jour, les critiques relativement « recevables » sont celles portant sur la destruction de l'environnement, le saccage du patrimoine historique et traditionnel, le « nouvel urbanisme » et les désastres générés par la Révolution culturelle. Sont exclues, en revanche, les œuvres critiques – si belles et saisissantes soient-elles – à propos des graves événements politiques et sociaux qui secouent la Chine, des atteintes aux droits de l'homme ou à la démocratie. Le fait d'être si célèbre à l'étranger n'a pas empêché Ai Weiwei d'être retenu par la police pendant onze heures et frappé en raison de son engagement dans le mouvement « Enquête citoyenne », qui tente de faire la lumière sur ce qui s'est passé après le tremblement de terre dans le Sichuan. De même sont bannies les mises en cause des limites politiques et géopolitiques du nationalisme panchinois, ainsi que les critiques trop explicites de la corruption. Enfin, les œuvres jugées « excessivement » érotiques sont tout simplement mises au ban. Les artistes chinois qui touchent à ces tabous ne sont pas tolérés en Chine – d'ailleurs, la plupart vivent à l'étranger !

La « sinisation » de l'art contemporain chinois

Les artistes de la mouvance « occidentalisante sino-centrée » peignent essentiellement pour le marché intérieur, pour un public d'amateurs chinois qui peut comprendre et apprécier leurs œuvres. Et, de plus en plus souvent, les acheter.

Pour occidentalisés qu'ils soient, ces artistes ne rejettent pas les acquis de l'art pictural traditionnel ni de l'art ancien de la calligraphie, bien au contraire. Ils ne récusent pas non plus la pensée des philosophies chinoises, qui sous-tendent certaines manières de peindre et des pratiques artistiques codées. En un mot, ces artistes « n'oublient pas d'où ils viennent ».

Lorsqu'ils peignent des personnages reconnaissables, il s'agit dans l'écrasante majorité des cas de personnages chinois. Les oiseaux, les roseaux, les montagnes sont bien dessinés à la manière traditionnelle, mais placés dans un contexte moderne. Ce type de « sinisation » est poussé à l'extrême, par exemple, par le peintre Cheung Christopher, qui vit à Paris mais expose à Singapour. Un de ses tableaux représente un somptueux habit de la cour impériale peint avec une extrême minutie, flottant dans un décor surréaliste et entouré d'une nuée de passeports français virevoltants !

Pour « siniser » leurs œuvres, les artistes chinois modernes récupèrent aussi des matériaux, des outils, des coloris, des supports employés depuis 500 avant J.-C. jusqu'au XIIᵉ siècle. Par exemple, ils utilisent de l'encre de Chine, des colorants végétaux et minéraux, du papier chinois très fin, de la soie, des pinceaux spéciaux. Ils recourent aussi à des techniques de l'art traditionnel : la peinture sans retouches, la stylisation sobre à coups de traits de pinceau reproduisant les mouvements réglés de la calligraphie des caractères chinois, l'application de plusieurs perspectives dans une seule et même œuvre, l'incorporation de textes calligraphiés, et même l'apposition de sceaux-signatures rouges traditionnels. Ils valorisent la nature, la fonction et le statut des individus plutôt que la dimension physique et esthétique individuelle. Cette façon de faire et de penser est tout à fait à l'opposé de l'art occidental, lequel exalte depuis l'Antiquité grecque et romaine, puis à nouveau depuis la Renaissance, l'individualisme, l'expressionnisme et… la nudité. Dans l'art classique chinois, à l'inverse, l'homme et la femme sont toujours habillés, les personnages ne sont pas réalistes mais standardisés, anonymes. Le portrait individuel réaliste n'existe pas. Le groupe, la série, l'anonymat des personnages prévalent.

Pour échapper aux contradictions qui existent entre les traditions occidentales et asiatiques, des artistes chinois ont trouvé une parade : le « camouflage ». Chez certains peintres, il consiste dans le floutage des corps. Chez d'autres, les corps et les nus sont irréalistes au point de se transformer en abstractions. Chez d'autres encore, le nu prend la forme de quelques traits stylisés, et il se fond tellement dans l'arrière-plan qu'il faut y regarder à deux fois pour le repérer. D'autres enfin opèrent de manière étonnante, en imprimant aux pinceaux des mouvements conformes à l'ordre et à la cadence de ceux qui gouvernent l'écriture de chaque caractère chinois : de haut en bas et de droite à gauche, mais avec des lignes pouvant s'écrire horizontalement de gauche à droite ou verticalement, et en composant les colonnes du côté droit de la page[1].

En avril 2009, le Centre culturel de la République populaire de Chine, à Paris, a présenté une étonnante exposition où figurait le meilleur des œuvres d'artistes contemporains occidentalisants sinocentrés du XXe siècle. On y retrouvait quelques noms connus en Chine, mais très peu en Europe, tels Xu Beihong, Pan Yuliang, Chang Yu. Nombre d'entre eux ont voyagé et séjourné en Occident, mais presque tous ont fait leur carrière en

---

1. Ces faux-vrais idéogrammes – qui peuvent compter plus de vingt traits – figurent de faux-vrais personnages entrelacés. Ils peuvent facilement être perçus comme de l'écriture... à condition de savoir lire le chinois. Ce type de peinture mariant subtilement des influences totalement opposées a connu et connaît encore beaucoup de succès. Le patron d'une galerie de Shanghai nous a confirmé que le courant qu'il appelle les « peintres calligraphes » reste très prisé des collectionneurs chinois. Une toile de ce style se serait vendue pour plus de 100 millions de dollars en 2008.

Chine. On peut identifier dans leurs œuvres chacune des écoles de peinture occidentale qui les ont inspirés, ainsi que les « techniques de sinisation » qu'ils ont utilisées. On peut aussi constater que la plupart des œuvres sont de petite taille, l'une des caractéristiques majeures des peintres de cette mouvance durant la décennie 1935-1945. Beaucoup de peintures et de sculptures présentées sortent des collections privées de collectionneurs chinois et sont peu connues en Occident. Les organisateurs de l'exposition sont à l'origine de la qualification de « peintres modernes sinocentrés ».

Pour les coureurs de musées d'art moderne et de galeries en Occident, cette esthétique dégage une impression de « déjà vu/pas encore vu » : sous les styles occidentaux, facilement reconnaissables, se cache le résultat de tentatives de fusion entre ces écoles et celles issues de l'art traditionnel chinois. Le caractère étrange, dépaysant, la facture souvent spectaculaire, raffinée, précise, voire maniériste, de ces œuvres génèrent un sentiment de nouveauté incontestable. On peut sans aucune erreur identifier et désigner ce courant comme un « art nouveau globalisant », ou peut-être comme une esthétique nouvelle : celle des artistes chinois de l'« époque de la mondialisation ».

En Chine, cette esthétique plaît pour d'autres raisons. D'abord, elle donne le sentiment de participer au mouvement de modernisation du pays tout en conservant, dans une certaine mesure, les racines d'un passé culturel dont on n'a pas à rougir. Ce faisant, elle flatte le nationalisme profondément ancré dans l'âme chinoise. Il n'y a pas de doute : l'art modernisant contemporain sinisé est un art fait pour séduire les Chinois et leur aspiration à « pouvoir compter sur leurs propres forces ». Cet art correspond aussi à ce que recherchent beaucoup d'acheteurs potentiels moyennement riches – des œuvres moins gigantesques, moins « flashy », et mieux adaptées à leurs moyens financiers.

Nouveaux collectionneurs, nouvelles galeries, nouveau marché

Des galeries chinoises qui autrefois peinaient à s'intégrer au mouvement du *financial art* se sont reconverties et orientent désormais leurs activités vers le marché intérieur chinois. Les prix qu'elles affichent sont absolument sans comparaison avec ceux pratiqués par les galeries étrangères aux États-Unis, en Suisse, en Allemagne, à Taïwan, ou même en Chine continentale à l'époque du grand boom de l'art contemporain. La crise mondiale a entraîné partout une spectaculaire dégringolade. De plus, en Chine même, les artistes « modernes sinisants » sont de plus en plus nombreux, et en conséquence moins bien payés. La tournée de quelques galeries à Shanghai et à Pékin montre que des pièces de qualité sont vendues aujourd'hui à des prix variant entre 3 000 et 10 000 dollars pour des tableaux de petite taille et entre 8 000 et 80 000 dollars pour des peintures d'environ 1,70 × 1,20 mètre, alors que, avant le crash, elles auraient pu partir à des prix au moins dix fois plus élevés[1].

---

1. Cependant, les prix pour les sculptures d'artistes occidentalisants sinisés qui utilisent le bronze ou la pierre en lieu et place de la résine plastique varient entre 80 000 et 150 000 dollars, voire montent – mais rarement – jusqu'à 600 000 dollars (pour des pièces en bronze de grande taille).

Les grandes galeries chinoises ou étrangères championnes du *financial art* en Chine souffrent encore plus. Prises en tenailles entre la diminution du nombre des très riches acheteurs, la baisse des prix des œuvres et l'accroissement des charges, plusieurs d'entre elles quittent le quartier de Chaoyang et se replient sur de nouvelles zones où les charges sont nettement plus faibles. Elles sont encore aujourd'hui une centaine à Chaoyang, dont environ la moitié passent pour « bonnes » ou « moyennes ». Parmi celles-ci, plusieurs sont des galeries de Taïwan installées depuis moins de dix ans. Elles considèrent qu'elles n'ont pas intérêt à déménager, car leur clientèle de collectionneurs fidèles, principalement chinois, les connaît et a ses habitudes dans le quartier. D'autres galeries, de Taïwan, de Chine et de Corée, tournées vers le « marché intérieur chinois », apparaissent aussi à Chaoyang.

Ces galeristes estiment que le temps est presque venu pour une catégorie de collectionneurs aisés de se développer à l'intérieur du pays. Il faudra, selon eux, attendre la résorption de la crise économique en Chine et la relance des exportations vers l'Occident, qu'ils prévoient pour 2010-2012 ! Ils tablent également sur la migration de l'art chinois occidentalisant sinocentré, reflétant un aspect nationaliste qui ne s'enracine pas seulement en Chine, vers tous les pays qui comptent d'importantes communautés chinoises, dont certains membres sont très fortunés – Singapour, le Cambodge, le Vietnam, mais aussi les États-Unis, le Brésil et, en Europe, plus particulièrement la France. Dans tous ces pays, il existe des galeries « spécialisées » dans l'art chinois. Elles visent bien entendu la clientèle locale, mais comptent aussi beaucoup sur les acheteurs et collectionneurs des communautés chinoises, dont les sentiments nationalistes sont très forts. À Paris, la galerie LIPAO-HUANG a vu le jour en 2007. Elle expose presque exclusivement des peintres chinois : Zhao Nengzhi (voir cahier central, p. 2), Yang Qian, Jia Juan Li, Wang Gang, Yang Chen.

« Je ne prends en Chine que des artistes qui ont déjà une réputation assise parmi la clientèle chinoise et internationale, nous dit son directeur. Et je fais leur cote en Europe. Très souvent, les prix pratiqués en Chine sont plus élevés que ceux que je peux obtenir en France. Ce sont des niveaux de prix que l'on n'atteint pas généralement en France pour des artistes "non spéculatifs". Une partie de mon travail consiste à persuader les peintres chinois ou leur galerie qu'ils doivent accepter des prix en relation avec les habitudes françaises : vous savez, le fameux "principe du notaire" selon lequel, quoi que l'on achète, tableau ou appartement, on veut être sûr de récupérer au moins le montant de l'investissement de départ, surtout si l'on agit sur un coup de cœur. Ils acceptent parce que l'objectif de la plupart des artistes chinois, c'est de vendre à l'étranger, pas seulement en Chine. »

Le mouvement des artistes occidentalisants sinocentrés, surtout pour la sculpture, s'inscrit dans la droite ligne de la nouvelle et récente stratégie économique de la Chine, qui entend sortir de la crise « d'origine internationale » en tablant sur l'énorme potentiel du marché intérieur. On relève aussi quelques indices d'une assistance apportée par les pouvoirs publics aux représentants de cette mouvance. Les musées leur achètent des tableaux. Les municipalités couvrent de leurs œuvres les espaces publics, les parcs et les terrepleins situés entre les voies rapides. Par exemple, à la sortie d'une autoroute à Shanghai est installée depuis peu une œuvre gigantesque : huit chevaux blancs, grandeur nature, au galop. S'étendant sur une quinzaine de mètres, elle évoque les peintures et sculptures chinoises traditionnelles, qui font depuis toujours grand cas des chevaux au galop, peints à l'encre de Chine. On constate par ailleurs que des émissions de télévision des chaînes publiques (comme CCTV) mettent de plus en plus souvent en valeur les artistes chinois relevant de la catégorie des « occidentalisants sinocentrés ». Des salles de ventes chinoises d'État mettent aux enchères ce type d'œuvres, largement vantées par de nouvelles publications artistiques. De grandes expositions à vocation internationale sont organisées à Hong Kong et en Europe.

On a l'impression que le but ultime de cette mise en valeur est de faire de l'art moderne chinois « occidentalisant sinocentré » un produit d'exportation, une marque de fabrique ayant vocation à représenter en Occident une culture chinoise « labellisée ». L'exemple chinois s'inscrit d'ailleurs dans un mouvement général de repli du marché de l'art sur les territoires nationaux, observable un peu partout dans le monde. La crise économique a entraîné, à partir de la fin de 2008, une « renationalisation » des marchés de l'art : on achète moins cher des peintres et des créateurs plus proches géographiquement et mentalement de leur clientèle. Des artistes qui n'ont pas encore de surface internationale. Cette tendance va avec la tentation de la fermeture des frontières et du rétrécissement protectionniste des espaces commerciaux.

Est-ce à dire qu'il y aura bientôt un vaste marché chinois de l'art, mais moins, ou plus du tout, d'artistes chinois dans les grandes ventes internationales ? « Je ne le crois pas, affirme le galeriste Lorenz Helbling. On parle d'art chinois, mais ce n'est pas ce qu'il convient de dire. On doit parler de l'"art d'aujourd'hui", dans lequel il y a des artistes chinois, indiens, anglais ou allemands. Quelle que soit leur nationalité, ce sont des artistes de notre temps. »

Installé aujourd'hui à Shanghai et à Paris, Pierre Dumonteil fait partie des galeristes qui ont été sélectionnés par le comité chinois de l'Exposition universelle de 2010 pour proposer un artiste qui exposera en solo, en l'occurrence le Français Jean-Marie Fiori. Il considère que le marché de l'art chinois naissant n'arrivera à maturité que lorsqu'il sera organisé, là comme ailleurs, selon la trilogie traditionnelle : artiste-galeriste-collectionneur. « Pour y parvenir, estime-t-il, il est nécessaire que, dans ce pays, la notion de collectionneur s'affine, que l'acte de collection cesse d'être assimilé uniquement à un investissement spéculatif. Il faut promouvoir en Chine des artistes chinois et occidentaux en se fondant sur le critère de leur qualité, pas sur celui de leur nationalité. »

Propos corroborés par l'expert international et grand courtier Philippe Ségalot : « Aujourd'hui, le marché s'intéresse à la nationalité : on vend des peintres chinois, russes, japonais, indonésiens, thaïlandais. C'est une mauvaise façon d'appréhender le commerce de l'art, qui a été initiée par des ventes "à thème", conçues selon une logique purement marchande. Il faut changer d'angle de vue, se projeter dans le contexte mondial de l'histoire de l'art, voir comment la génération des artistes du début du XXIᵉ siècle s'y inscrit. Il y en a de très intéressants en Chine comme en Inde, en Amérique ou en Europe. Quand ces artistes-là grandiront, prendront une stature internationale, la question de leur pays d'origine deviendra beaucoup moins importante. »

Interviewé par le théoricien de l'art Hou Hanru, le peintre Yan Pei-Ming, qui a réalisé en 2009 pour le musée du Louvre la fresque *Les Funérailles de Mona Lisa*, regimbe lui aussi contre la stigmatisation identitaire des artistes : « J'habite en France, dans mon travail il n'y a pas de côté "made in China". Je veux être un artiste tout court. Un simple artiste[1]. »

---

1. Conversation tirée du film *Chine, l'empire de l'art ?*, réalisé par Sheng Zhimin et Emma Tassy, et diffusé sur Arte le 3 décembre 2009.

CHAPITRE 9

L'exception française

« Les artistes français ont un petit problème : il leur manque un zéro[1]. »

Le constat est sans appel : les peintres et plasticiens français, quelle que soit leur notoriété en France et à l'étranger, enregistrent sur le marché des cotes très sensiblement inférieures à celles de leurs collègues américains, anglais ou allemands.

Est-ce une conséquence inéluctable de la mondialisation ? Ou faut-il y voir une « exception française » ?

Daniel Janicot, président du Magasin, le Centre national d'art contemporain de Grenoble, et de l'Agence pour la vallée de la culture, penche pour la première hypothèse. Il explique ainsi la place que peut occuper la création française sur la scène internationale : « Le monde a changé. Être dans la mondialisation, c'est accepter de faire partie d'un tout. Il y a 100 000 artistes contemporains aux États-Unis. En France, nous en avons seulement 2 000 ou 3 000, et nous comptons à peine une dizaine d'écoles de beaux-arts de niveau national. Ça n'a aucun sens de vouloir se

---

1. France Huser et Bernard Géniès, « Pourquoi l'art français se vend-il si mal ? », *Le Nouvel Observateur*, 7 juin 2001.

poser en concurrents de lieux de création qui ne sont pas à notre échelle. Avoir cinq artistes de renommée internationale, c'est déjà très bien pour un pays comme le nôtre. Le véritable enjeu aujourd'hui, ce n'est pas la place qu'occupent les artistes français sur la scène internationale de l'art. L'important – je dirais même que c'est décisif –, c'est notre capacité à attirer chez nous des créateurs de toute la scène internationale. »

Christian Boltanski, artiste phare de la France à l'étranger, n'est pas loin d'aller dans le même sens quand nous l'interrogeons sur la place et la cote des créateurs français sur le marché mondial : « Je n'ai pas à me plaindre, je suis exposé dans tous les pays du monde. Après Anselm Kiefer en 2007 et Richard Serra en 2008, j'ai le grand honneur d'avoir une exposition personnelle au Grand Palais en 2010. La France n'a pas un problème avec la reconnaissance de ses artistes, elle a un problème avec le marché. Nous sommes un pays de taille moyenne, qui doit se percevoir au niveau de l'Europe et prendre sa juste mesure en comparaison de l'Amérique ou de l'Asie. Si nous avons cinq artistes reconnus dans le monde par génération, c'est bien. C'est à notre échelle au niveau de la planète. »

La France de la « diversité culturelle » devrait-elle en rabattre sur ses prétentions de « rayonnement dans le monde » ? Doit-elle faire le deuil de la position centrale qu'elle occupait pendant toute la première moitié du XXe siècle dans le domaine de l'art, pour s'accepter désormais comme une puissance moyenne ? Le temps est loin où le président John F. Kennedy, recevant le ministre français de la Culture, André Malraux, à Washington lors du déplacement de la *Joconde* en 1962, déclarait : « Monsieur le Ministre, aux États-Unis, nous sommes reconnaissants pour ce prêt accordé par le premier pouvoir artistique du monde, la France[1] »...

Tenants de la seconde hypothèse, celle de l'« exception française », de nombreux experts affirment qu'il y a faute et que c'est une « responsabilité collective ». Penchés avec regret et désolation sur le berceau de la création artistique de notre pays, ils considèrent que les artistes français sont victimes d'institutions contraignantes qui les pénalisent.

Freiner la dégradation de la position hexagonale sur le marché de l'art contemporain est, aujourd'hui plus que jamais, une affaire politique. Le président de la République, Nicolas Sarkozy, s'en est mêlé : « La réponse de la France à la crise économique doit être culturelle, et c'est à l'État de porter ce message[2]. » Mais, justement, la solution qu'il préconise est considérée par certains comme LE problème. Le débat porte précisément sur le rôle et la place des organismes d'État dans le fonctionnement des industries culturelles en France. Leur dirigisme isolerait les créateurs français et les couperait d'un marché mondialisé où se jaugent les valeurs de l'art.

La polémique n'est certes pas neuve, mais elle s'est exacerbée avec l'envolée des prix des œuvres. Quand les enchères s'enflammaient à New York, Londres ou Hong Kong, les cotes des artistes français, elles, restaient à la traîne.

Jusqu'à présent, dans le petit milieu de l'art hexagonal, celui qui se risquait à soulever le problème subissait l'ostracisme des conseillers et hauts fonctionnaires du ministère de la Culture. Le spécialiste en sociologie de l'art Alain Que-

---

1. Frédéric Martel, *De la culture en Amérique*, Gallimard, 2006. André Malraux a été ministre de la Culture entre 1959 et 1969.
2. Discours du 4 février 2009.

min en a fait les frais. En 2001, le ministère des Affaires étrangères, qui cofinance la politique artistique française à l'extérieur du pays, lui avait commandé une étude approfondie sur « Le rôle des pays prescripteurs sur le marché et dans le monde de l'art contemporain ». Il accomplit un travail d'universitaire minutieux et sans concession. Mais le constat tiré de l'enquête était si accablant pour la France que le rapport fut jeté aux oubliettes afin d'éviter de trop violentes controverses. Il fut rebaptisé le « rapport disparu » lors de sa publication par un éditeur audacieux[1].

Y a-t-il un art officiel en France ?

Quelles révélations explosives ce rapport contenait-il pour mériter pareille censure ? En voici quelques-unes :

• dans le palmarès 2002 des cent artistes vivants les plus connus et les plus considérés au niveau mondial du très reconnu Kunst Kompass allemand[2], on trouvait seulement quatre artistes français : Christian Boltanski (10e), Daniel Buren (59e), Pierre Huyghe (68e) et Sophie Calle (98e). En 2007, ils n'étaient plus que trois, contre dix Anglais, et Christian Boltanski était passé à la 19e place. À notre connaissance, il n'y a pas eu de nouveau classement, ni en 2008 ni en 2009 ;

• dans les grands musées internationaux, les accrochages permanents privilégient les artistes contemporains américains, allemands et anglais. Quant aux Français

---

1. Alain Quemin, *L'Art contemporain international : entre les institutions et le marché (Le rapport disparu)*, Jacqueline Chambon/ Artprice, coll. « Rayon Art », 2002.

2. Classement mondial des cent artistes les plus cotés, le Kunst Kompass est publié par le magazine allemand *Capital*.

exposés, soit ils sont morts depuis longtemps (Matisse, Derain), soit ils appartiennent à la génération des années 1960 (Arman, César, Tinguely, Soulages, Mathieu), comme si la création hexagonale s'était interrompue depuis ;

• si des artistes français vivants participent à des expositions temporaires à l'étranger, il est extrêmement rare qu'ils bénéficient d'expositions individuelles et monographiques, faute d'une notoriété suffisante.

Sept ans plus tard, un article intitulé « La mort de la culture française », paru en une de l'édition européenne du magazine *Time*[1], déclencha un véritable scandale et provoqua un grand traumatisme dans les milieux culturels nationaux. Parmi les symptômes du mal culturel français, le journaliste américain Donald Morrison désignait « une culture sous perfusion, largement subventionnée par l'État et les collectivités publiques, mais sans écho à l'extérieur de l'Hexagone ».

Ces analyses, parfois réfutées avec indignation, trouvèrent néanmoins un large écho en France même. Un journal étranger s'autorisait à dire tout haut ce qui se disait souvent à mi-voix, à savoir que les subsides publics permettaient aux acteurs de la création française de vivoter à l'intérieur de leurs frontières sans affronter le marché mondial ; que les cadres trop restrictifs érigés par l'État bridaient les initiatives privées et le mécénat, les empêchant de s'épanouir ; enfin, que le marché de l'art avait déserté Paris[2]. Conclusion : l'intervention de l'État brouillait les cartes.

---

1. Donald Morrison, « La mort de la culture française », *Time*, 3 décembre 2007.

2. Antoine Compagnon (professeur de littérature au Collège de France), « Le déclin français vu des États-Unis : une réponse », *Le Monde*, 30 novembre 2007.

En France, le pouvoir a toujours considéré l'art comme un instrument au service de sa grandeur. Dès son arrivée aux affaires en 1958, le général de Gaulle confie à André Malraux un grand ministère de la Culture, avec l'idée de « faire pour la culture ce que Jules Ferry [a] fait pour l'instruction[1] ». Vaste programme visant à rendre accessible à un large public tout le champ de la création, jusque-là réservé à une élite « éclairée ». Les institutions publiques doivent être le moteur de la dynamique culturelle.

Après la guerre, Paris est un centre incontournable du monde de l'art. La concentration des artistes y est spectaculaire. En 1945, « tous les jeunes artistes y sont présents, tous y convergent, tous s'y retrouvent : Français bien entendu, Allemands, Italiens, Espagnols, Scandinaves, Américains du Nord et du Sud[2] ». Le grand marchand français Paul Durand-Ruel, installé à New York depuis 1886, fait découvrir les impressionnistes aux Américains. C'est ensuite le galeriste Pierre Matisse qui, à partir de 1932, promeut le fauvisme et les peintres de l'École de Paris. Très vite, pour les collectionneurs américains comme pour les musées, le seul art digne de ce nom est celui qui se fait à Paris. On commence par des tableaux de Matisse et de Braque, on continue avec Miró, Giacometti et Dubuffet. Les artistes français sont sollicités pour exposer aux États-Unis. Un des marchands les plus actifs sera Leo Castelli.

---

1. Jean Lacouture, « L'aventure du pouvoir », *Le Monde 2*, 7 mars 2009.
2. Serge Lemoine (dir.), *L'Art moderne et contemporain*, Larousse, 2007.

Au milieu des années 1960, deux phénomènes font basculer le centre de gravité de Paris vers New York. Le premier, auquel personne ne prête suffisamment d'attention, est l'affirmation par le régime gaulliste de son anti-américanisme, qui détourne les grands mécènes de la France. Le second, auquel la majorité des galeristes, des collectionneurs et des critiques français n'accordent pas non plus l'importance qu'il mérite, est l'évolution de la production artistique américaine. Et surtout son influence sur le monde artistique.

Le peintre allemand Georg Baselitz raconte qu'en 1958, à Berlin, lors d'une exposition du MoMA, il a vu des tableaux de Pollock, Newman, De Kooning, et que sa vision de créateur s'en est trouvée bouleversée : « J'avais 20 ans, et j'ai compris que mon problème était devant moi et que mon problème, c'était les Américains. Jusque-là, je connaissais l'École de Paris, Wols, Hartung, des toiles qu'on pouvait accrocher au-dessus d'un canapé. Là, je découvrais des Pollock de 5 ou 6 mètres de long. Ce n'était plus la même échelle, plus la même esthétique. Il y avait une liberté absolue : pas de souvenirs, pas de réflexions, pas d'histoire de composition. Une liberté absolue… Je me suis dit que ma seule chance, comme Européen, face à cette puissance américaine, c'était de me définir comme un marginal, un artiste totalement différent[1]… »

En 1964, Robert Rauschenberg fait sensation. Le peintre américain reçoit le grand prix de la Biennale de Venise. Il vient de redéfinir la peinture : elle ne concerne plus seulement le regard. L'œuvre fait aussi appel au tou-

---

1. Philippe Dagen, « L'œuvre de Georg Baselitz envahit les musées de Baden-Baden », *Le Monde*, 22 novembre 2009.

cher. En incluant sur la toile divers objets de récupéra-
tion, en créant des assemblages puisant dans les objets du
quotidien, l'artiste fabrique ce qu'il appelle des *combine
paintings*. Rauschenberg ouvre la voie au pop art. Selon
le galeriste-collectionneur Daniel Cordier, « c'est le séisme
esthétique : Marcel Duchamp met des moustaches à la
Joconde, mais Andy Warhol reproduit la Campbell's
Soup. Le modèle de l'art américain, ce n'est pas la
culture, c'est la vie[1] ».

À la même époque, André Malraux construit des Maisons de la culture pour tous, ouvre le Théâtre national
populaire (TNP), relance le Centre national d'art contemporain. L'État aide les artistes et permet à un large public
d'accéder aux œuvres. Les grands ministres de la Culture
qui suivront ne changeront pas de cap, qu'ils soient de
droite ou de gauche. Jacques Duhamel impose le 1 % sur
la construction de bâtiments au profit de la création
d'œuvres d'art. Jack Lang institue les Fonds régionaux
d'art contemporain (Frac) en 1982 afin de développer la
création contemporaine sur tout le territoire. Les prési-
dents de la République successifs imposent aussi leur
marque : le Centre Georges Pompidou est ouvert en
1977, la Grande Pyramide du Louvre en 1989, le Musée
des arts premiers (musée du Quai Branly) en 2006.
Cependant, les grandes idées et l'argent public ne suffisent pas à préserver la position dominante de la France
dans le monde de la création artistique. New York prend
la place de Paris, et les artistes français se trouvent peu à
peu marginalisés.

---

1. Interview de Daniel Cordier par Alfred Pacquement, « Le rôle
des galeries », in *Paris-New York*, Centre Georges Pompidou/Galli-
mard, 1991.

« En 1965, raconte le collectionneur Bob Calle[1], si l'on s'intéressait à l'art contemporain naissant, il fallait prendre le train pour Amsterdam ou pour Londres. » À partir de 1961, selon lui, on voit peu à peu disparaître les Français des expositions organisées par les principales galeries et les musées des grandes capitales européennes, au profit des artistes américains, qui connaissent leur apogée dans les décennies 1970 et 1980. Même dans une très grande exposition comme « Le nouveau réalisme », montée à La Haye en 1964, on trouve très peu de Français, alors que ce mouvement était fortement représenté en France par des artistes regroupés autour du critique Pierre Restany. Mais les « nouveaux réalistes » français ont été ignorés par l'institution, qui ne leur a pas consacré d'exposition d'ensemble. De même qu'aucune grande exposition sur le pop art n'a été organisée en France, alors que l'on en a vu dans toute l'Europe en 1965-1966.

Les Français ont boudé les *combine paintings* de Rauschenberg et les drapeaux de Jasper Johns. L'institution a snobé la galeriste Ileana Sonnabend, venue promouvoir les artistes américains à Paris. Déçue, elle est repartie s'installer à New York en 1970. Le marché et les musées français n'ont pas accordé de place à la nouvelle esthétique américaine et ont dédaigné le pop art américain ainsi que le minimalisme. Comme si la France avait rejeté en bloc tout ce qui venait d'ailleurs et choisi de se replier

---

1. Après avoir accompli la majeure partie de sa carrière de médecin cancérologue comme directeur de l'Institut Curie, Robert Calle a été le premier directeur du Carré d'art, le musée d'art contemporain de Nîmes, créé en 1993. Il se consacre depuis plus de dix ans au catalogue raisonné de l'œuvre de Christian Boltanski. Deux ouvrages ont déjà paru aux Éditions 591 : *Livres d'artiste*, en 2008, et le premier tome récapitulatif de ses œuvres en 2009.

sur une création hexagonale qui, elle, n'a pas trouvé de débouchés hors de nos frontières. Le Centre Pompidou a certes contribué à un retournement de tendance, mais il n'a été inauguré qu'en 1977.

« La France a pris un retard énorme au niveau de sa place dans le marché de l'art, estime Bob Calle, parce qu'à partir de 1970, du fait de critiques monomaniaques et aussi de l'influence d'autres tendances artistiques, comme le mouvement conceptuel, il a été entendu et imposé que la peinture, c'était fini. Aux Beaux-Arts, on disait aux étudiants jusqu'à très récemment : "Ne perdez pas votre temps à peindre." C'est une aberration. La peinture comme le dessin sont des arts innés chez l'homme, et ce dès l'enfance. De plus, depuis toujours, c'est la peinture qui fait les prix dans les ventes. »

Or le ministère de la Culture est le tuteur de l'École nationale supérieure des beaux-arts. Il possède le levier de la commande publique. L'« exception française » ne pourrait pas avoir d'équivalent dans les pays où la libre organisation du marché est un dogme. Cette « voie française » protège-t-elle les artistes ou, à l'inverse, les handicape-t-elle lorsqu'ils tentent de se placer sur un pied d'égalité avec les créateurs du reste de la planète ?

Pour les contempteurs de cet interventionnisme d'État, l'art français s'apparenterait à un art officiel, fortement dépendant des subventions et des choix des acteurs publics. Il serait, en conséquence, taxé de médiocrité par ceux qui « font » le marché. Les années passant, les responsables des structures destinées à servir les arts ont eu tendance à favoriser ou imposer leurs choix, sans bien sûr faire l'unanimité.

Toutes sortes de critiques se sont exprimées à l'égard des « fonctionnaires de la culture ». Yves Michaud, ancien directeur de l'École nationale supérieure des beaux-arts, n'emploie pas la langue de bois pour décrire un système qu'il connaît bien : « Les décideurs institutionnels français ont tendance depuis longtemps à déterminer leurs choix d'après ce qui leur semble être "en vogue" sur le marché international[1]. » On leur a reproché aussi de faire du « saupoudrage » en prenant le parti d'aider toutes les catégories d'artistes afin de ne pas être accusés de favoritisme ou de réflexes claniques. Ou bien, au contraire, on les a soupçonnés de privilégier certaines écoles de création au détriment des autres. Enfin, les conservateurs des musées nationaux d'art contemporain favoriseraient les artistes émergents étrangers, et plus spécialement américains, par rapport à leurs homologues français. Ils auraient également concentré leur intérêt – et leurs achats – sur des formes nouvelles de création artistique, comme les installations ou la vidéo, mettant la peinture à l'index pendant très longtemps. Cela expliquerait en partie pourquoi les Français ont perdu pied sur le marché international, où la peinture est revenue en force ces dix dernières années.

En septembre 2007, plus de mille artistes plasticiens français ont signé une pétition intitulée « L'art, c'est la vie ». En substance, elle remet en question « la dérive de la politique de l'État français en matière d'art contemporain », lui reprochant « la normalisation et le monopole d'un certain art officiel ». Elle réclame que la création soit libérée de l'encadrement officiel pour témoigner de sa diversité. « L'action du ministère public, qui cherchait

1. Yves Michaud, *La Crise de l'art contemporain*, PUF, 1998. Yves Michaud est professeur de philosophie à l'université Paris-I Panthéon-Sorbonne et président de l'Université de tous les savoirs.

à favoriser la vitalité créatrice des arts plastiques, en désorganise désormais de plus en plus profondément le cadre naturel par ses excès. »

Hourvari dans les milieux officiels de l'art. Les signataires de la pétition sont immédiatement accusés d'être aigris et de dénigrer un système qui fait vivre nombre d'entre eux. Ces commandes publiques suscitent des œuvres à propos desquelles se pose la question centrale : quelle est la source d'inspiration ? L'élan créateur ou la nécessité de gagner sa vie ?

Deux clans s'affrontent : les défenseurs de la production et des intérêts nationaux, d'une part ; les promoteurs d'un libéralisme qui se veut réaliste, d'autre part. Le débat se formule donc ainsi : faut-il aider les artistes ? Si oui, lesquels ? Ceux qui sont le plus susceptibles de s'inscrire dans le grand Monopoly mondial ou les autres ? Où commencent la contrainte et la partialité ?

En tout état de cause, si l'art permet à un pays d'accroître son rayonnement international, la stratégie française en la matière semble manquer considérablement de clarté : les missions des organismes officiels sont trop larges. Elles s'embourbent dans les arcanes d'administrations différentes et souvent rivales. Là où nos voisins européens ont regroupé leurs activités culturelles à l'étranger au sein d'institutions uniques et spécialisées, la France répartit un milliard d'euros par an entre les centres culturels, les alliances françaises, les lycées, l'audiovisuel extérieur, les services diplomatiques spécialisés. Face au British Council, au Goethe Institut, à l'Instituto Cervantes, la France dispose du plus grand réseau culturel au monde, mais, s'emporte Olivier Poivre d'Arvor, directeur de CulturesFrance, « dans la bonne tradition française, nous avons une sorte de plateau de fromages qui ne permet pas de nous identifier [...]. Aujourd'hui, notre action dans le monde est illisible ». Son souhait : que la présence culturelle de la France à l'étranger cesse d'être mesurée à l'aune des personnels dédiés ou des mètres carrés occupés à l'extérieur de l'Hexagone, comme c'est le cas aujourd'hui. Sa proposition : travailler « hors les murs » et favoriser les échanges avec des lieux culturels où se rend volontiers le public dans les autres pays. Ceux-ci pourraient recevoir nos artistes et créateurs, tandis que nous recevrions les leurs chez nous.

Le rapporteur de la commission des affaires culturelles du Sénat, Adrien Gouteyron, dresse le même constat : « Où le spectateur français va-t-il voir les mises en scène de Krzysztof Warlikowski, metteur en scène polonais ? Au Centre culturel polonais ? Non, à l'Opéra Garnier ou à Bastille. Où va-t-il voir *La Vie des autres* ? À l'Institut Goethe ? Non, dans une salle de cinéma commerciale. Où va-t-il voir les expositions de Takashi Murakami ? À la Maison du Japon ? Non, à la Fondation Cartier. Nos amis allemands, américains, japonais ne sont pas différents de nous[1]. »

Les partisans d'une réforme profonde de notre action culturelle à l'étranger estiment qu'il faut en finir avec l'utilisation de la culture française comme alibi au profit d'une sorte de « club informel des amis de la France ». Et que notre diplomatie ne doit pas se servir de la culture,

---

1. Adrien Gouteyron, « La diplomatie culturelle française en crise d'identité », *Le Monde*, 9 février 2009. Le rapport de la commission des affaires culturelles du Sénat s'intitule « Quelles réponses à apporter à une diplomatie culturelle en crise ? ».

mais tout au contraire se mettre à son service, en soutenant nos artistes à l'international.

Le dilemme des collectionneurs : vivre caché ou s'exposer

Les premiers qui manquent à l'appel du marché français de l'art sont les collectionneurs eux-mêmes, qu'il s'agisse de particuliers ou d'entreprises. Cela aussi, c'est une spécificité française : les collectionneurs français, peu nombreux, préfèrent se cacher. D'abord parce qu'ils redoutent les contrôles fiscaux. Mais aussi parce qu'afficher sa richesse ne fait pas partie des mœurs françaises, comme le résume cet adage : « Pour vivre heureux, vivons cachés. »

Quand, à New York, nous avons demandé à Michael Hort, qui accueillait dans sa demeure huit cents visiteurs pour un brunch géant, les laissant s'égailler dans les trois étages pour admirer sa collection d'art contemporain[1], s'il ne craignait pas le vol, il nous a regardées d'un air tout à fait surpris. Dans tous les cas, il préfère prendre ce risque plutôt que de rester obscur et anonyme : être collectionneur aux États-Unis, c'est aussi une affaire de statut social.

En Allemagne, Peter Ludwig, le « roi du chocolat », a constitué avec sa femme Irene une des plus grandes collections d'art moderne et contemporain d'Europe. En 1976, ils ont créé le musée Ludwig à Cologne. La collection est régulièrement exposée dans l'un des cinq musées appartenant en propre à la Fondation Peter Ludwig a

---

1. Voir *supra*, introduction, p. 20.

Cologne, à Aix-la-Chapelle, à Vienne et même en Russie. Elle est également prêtée à d'autres musées pour être vue par un large public.

Ces grands collectionneurs jouent un rôle de *taste-makers*, de lanceurs de tendances. Ils soutiennent en priorité leurs artistes nationaux. Ils garantissent l'effet d'entraînement du marché local, à la fois par leurs achats et par l'émulation qu'ils suscitent auprès d'acheteurs plus modestes. La solidarité des collectionneurs entre eux a pour effet de créer et de faire vivre des mouvements artistiques nationaux, et donc de conforter le marché local. C'était aussi l'objectif de la collectionneuse italienne Giuliana Setari Carusi quand elle a lancé sa Dena Foundation for Contemporary Art[1].

Il n'existe pas de locomotives comparables en France. Même François Pinault demeure assez discret sur les œuvres qu'il possède : rares sont ceux qui peuvent se vanter de connaître sa collection dans son intégralité. Et il a toujours donné la priorité aux artistes phares de l'art contemporain international plutôt qu'aux artistes français. Quant à Bernard Arnault, on ne sait pas ce qu'il achète pour l'instant, ni de quoi sera faite la collection qui sera installée en 2010 dans le Jardin d'acclimatation

---

1. La Dena Foundation, créée en 2001, est une organisation sans but lucratif de droit américain, basée à Paris. Elle vise à « promouvoir sur la scène internationale de jeunes artistes et tisser des liens entre l'Italie et les autres cultures ». Les lauréats bénéficient de bourses d'études. Le Centre international d'accueil et d'échanges des Récollets, à Paris, les accueille en résidence pour une durée de un à six mois. La fondation finance chaque été pour un jeune artiste italien un séminaire de trois semaines au Centre international des arts d'Omi, dans l'État de New York. Et elle remet chaque année un prix international.

de Paris. Même Antoine de Galbert, l'un des héritiers du groupe Carrefour, qui a créé la fondation privée La Maison rouge[1] pour promouvoir l'art contemporain, ne dévoile que quelques œuvres de sa propre collection.

Bob Calle commente : « Les grands collectionneurs étrangers achètent leurs artistes nationaux et les montrent dans leurs pays. En janvier 2008, trois collectionneurs allemands se sont associés pour mettre en perspective quarante ans de création de l'artiste allemand Gerhard Richter dans une grande exposition à Baden-Baden. Tous trois étaient propriétaires des soixante tableaux accrochés ! François Pinault, lors de l'exposition inaugurale de sa fondation à la Pointe de la Douane, à Venise, n'a montré aucun artiste français, à part Martial Raysse. J'en tire deux conclusions. La première : les grands collectionneurs, ceux qui s'intéressent vraiment aux artistes, constituent des ensembles de leurs artistes préférés, ils ne font pas de l'échantillonnage. La seconde : il n'y a pas de visibilité des grandes collections françaises, donc pas de valeur d'exemple pour les collectionneurs débutants. »

On dit souvent qu'il n'y a pas de collectionneurs en France. Il y en a beaucoup plus qu'on ne croit, mais ils ne se montrent pas, ou peu. L'Adiaf (Association pour la diffusion internationale de l'art français), présidée par Gilles Fuchs, regroupe une centaine d'entre eux. Ses membres se retrouvent pour faire des visites d'expositions, de foires, ou pour remettre, chaque année, le prix Marcel Duchamp, un prix qu'ils ont créé et qui récom-

---

1. La Maison rouge-Fondation Antoine de Galbert est une fondation reconnue d'utilité publique. Sa vocation est de promouvoir les différentes formes de la création actuelle en présentant, sur 1 000 mètres carrés, des expositions temporaires, souvent consacrées à des collections privées.

pense un jeune artiste. Mais tous les collectionneurs français ne font pas partie de l'Adiaf. Ainsi ce très gros distributeur d'équipements ménagers, qui a commencé une importante collection d'art contemporain dans les années 1960. Il s'est fait construire une maison conçue comme un bunker, dont les murs abritent en toute sécurité des centaines de tableaux. Il en accroche quelques-uns et les fait tourner pour son propre plaisir. Il n'en vend jamais, en parle peu et n'est connu que des marchands et des galeries.

La plupart des collectionneurs français n'accordent pas d'importance particulière aux créateurs nationaux. Ils achètent de préférence des œuvres déjà labellisées, donc très souvent étrangères. Leur argument : les artistes français n'étant pas suffisamment « installés » sur le marché international, il est difficile de les revendre sans perdre sur son investissement initial. Il n'y a donc pas en France de « second marché » stable pour les créateurs français, ce qui, par contrecoup, fragilise leurs galeries. Les gens qui misent sur de jeunes artistes français ont beaucoup de mal à les « monétiser » si leurs goûts ou leurs orientations changent. Mais pourquoi cette absence de patriotisme culturel, quand la plupart des pays occidentaux agissent de manière exactement contraire ?

L'art et la musique, parents pauvres de notre éducation

C'est Christian Boltanski qui nous donne des clefs : « En Allemagne et aux États-Unis, il y a une tradition de mécénat. Être *trustee* d'un musée, c'est l'équivalent d'un titre de noblesse. Aux États-Unis, jusque dans les années

1920, les juifs n'étaient pas acceptés comme *trustees* dans les grands musées classiques. Ils ont donc fondé des musées d'art contemporain, dont ils sont devenus les commanditaires. Il y a également une tradition protestante : un bon protestant peut, doit réussir et même gagner de l'argent. Mais, en contrepartie, il doit se montrer généreux à l'égard de ses concitoyens : "rendre au monde autant qu'il en a reçu", selon la formule d'Albert Einstein. D'où les fondations, comme la Menil Collection[1], et les donations. En Allemagne, je ne sais pourquoi, il y a toujours eu un grand intérêt pour l'art contemporain. Depuis le XIXe siècle, dès 1880, de petits musées locaux montraient l'art de leur temps. Et puis l'Allemagne défend les peintres allemands, les Anglais les peintres anglais, les Américains les artistes américains. Chose très mystérieuse, les Français ne défendent pas leurs nationaux, il y a une forme de dérision par rapport au patriotisme. De plus, les collectionneurs allemands ont trente, quarante œuvres d'un même artiste de chez eux. En France, ça n'arrive pas. »

Le collectionneur d'art contemporain Marin Karmitz fait le même constat et s'en indigne : « On est dans un état de faillite de l'orgueil national, une faillite civique[2]. » Il a pris le parti de battre en brèche les mauvaises habitudes des collectionneurs hexagonaux, en consacrant la plus grande partie de ses achats à des artistes français.

---

1. La Menil Collection a été créée par les Français Jean et Dominique de Ménil à Houston (Texas). Les collectionneurs ont fait construire par l'architecte Renzo Piano un musée privé pour installer une exposition permanente de leurs œuvres d'art contemporain, à côté de la Chapelle Rothko, où se trouvent les œuvres du peintre expressionniste abstrait.

2. *Art Absolument,* septembre 2007.

« Dans ma collection, il y a essentiellement des artistes français, j'essaie de faire en sorte de les montrer le plus possible et de convaincre un grand nombre de gens que ces artistes sont largement à la hauteur, si ce n'est au-dessus, des artistes américains. » Il ajoute : « Nous avons des trésors dont nous ne faisons rien, et nous en sommes tous responsables. Pas seulement l'État. C'est nous, l'État. Nous tous, les collectionneurs, les marchands, les journalistes, les mécènes, les musées privés [...]. C'est à nous de faire les choses. »

Le problème de fond réside, sans doute, dans un manque généralisé de culture en matière d'art et d'histoire de l'art. Et ce problème commence à l'école. L'art et la musique sont depuis longtemps les parents pauvres de notre système éducatif : « Nous sommes dans un pays littéraire, analyse Bob Calle. Les Français ont bien plus d'appétence et de connaissances en matière de littérature que dans les domaines des arts plastiques et de la musique. Cela commence par la carence de l'enseignement de ces disciplines à l'école. Ensuite, ça se répercute sur l'ensemble de la société. De la même manière qu'il n'y a que deux ambassades de France à l'étranger qui bénéficient de la présence permanente d'un fonctionnaire spécialisé dans les arts plastiques, la province française est un désert culturel en la matière.

« Si l'on regarde l'annuaire international des lieux d'art, on voit plein de pages pour Francfort ou Munich. Pour Bordeaux ou Toulouse, c'est une demi-page à peine. En Allemagne, il y a des centaines de centres d'art de qualité, avec les Kunsthalle. Cela impacte l'éducation des gens. En France, il n'y en a pas assez. Si on prend le Languedoc-Roussillon, par exemple, à part le Frac, il n'y a que le centre d'art de Sète qui soit de qualité. »

Ce traitement *a minima* des arts plastiques se retrouve, cela va de soi, dans les médias. Quand un artiste français obtient un grand prix international, la presse n'en rend compte qu'en quelques lignes. Quand Le Clézio est couronné par le prix Nobel de littérature, c'est une avalanche d'articles, un événement national. Buren en 2006, Boltanski en 2007 ont reçu le prix Praemium Imperial, le plus prestigieux au monde, l'équivalent du Nobel dans le domaine de l'art – peinture, sculpture, architecture, musique, théâtre et cinéma compris. Être distingué parmi les cinq lauréats primés chaque année signifie pour un artiste la reconnaissance de son talent par l'ensemble de la communauté artistique internationale. Un honneur récompensé par un chèque de 130 000 dollars.

« Croyez-vous que chez nous la presse a salué la nomination de Buren et Boltanski, deux artistes français succédant à Robert Ryman, Anselm Kiefer ou Robert Rauschenberg, à la mesure de cet événement ? Pas le moins du monde », regrette Bob Calle.

Artistes et galeristes face aux « lois du marché »

Et les artistes eux-mêmes, comment se situent-ils dans ce jeu complexe ? Certains ne s'en cachent pas, ils veulent bien le beurre et l'argent du beurre. Être soutenus par les institutions et les commandes publiques, et être reconnus à l'étranger, sans forcément prendre les risques qu'implique la compétition internationale. Le principal reproche adressé à la communauté des artistes en France, c'est son individualisme. Il est de notoriété publique que les artistes français vendent souvent à des particuliers sans passer par leur galerie, même quand c'est la galerie qui a trouvé le client. Impensable en Angleterre ou en Allemagne ! Jérôme de Noirmont, le galeriste de Jeff Koons à Paris et de Fabrice Hyber, explique : « C'est vrai que souvent l'artiste est en faute. On connaît bien ceux qui vendent directement dans leur atelier tout en affichant des positions idéologiques qui devraient leur interdire de négocier "au noir". Le problème, c'est que s'il n'y a pas de fidélité absolue entre l'artiste et son galeriste, il n'y aura pas de marché. La création et le marché de la création, ce n'est pas le même métier. »

Ce commerce parallèle est évidemment préjudiciable à la bonne santé des galeries en France, mais celles-ci ne peuvent guère s'y opposer : elles ne disposent pas de la puissance financière qui leur permettrait de s'attacher les artistes en les rémunérant à l'année ou en leur versant des avances importantes.

Deuxième expression de cet individualisme très français : les artistes français ne se soutiennent pas entre eux. Résultat : ils apparaissent comme isolés, alors que, pour se faire connaître à l'étranger, il vaut mieux appartenir à un groupe. Les « courants », les « réseaux », les « écoles » s'exportent mieux que les individus. Or, depuis les années 1970, la France ne propose plus de « courants » qui lui permettraient d'apparaître comme un pays qui compte sur le marché international de l'art. Par exemple, il y a une école allemande de la photographie, mais il n'y a pas en la matière d'école française clairement identifiable, même si la France compte de grands photographes.

Bob Calle aime à raconter l'anecdote suivante. Alors qu'il était directeur du Musée d'art contemporain de Nîmes, au début des années 1990, il rend visite en Angleterre à Damien Hirst, qui n'était pas encore le milliardaire ni la vedette internationale qu'il est devenu. Au moment de se séparer, Damien Hirst lui recommande d'aller voir une artiste alors totalement inconnue, Rachel Whiteread, qui vivait dans la grande banlieue de Londres.

« Le taxi m'a coûté presque aussi cher que l'œuvre que je lui ai achetée. Je plaisante, mais cette œuvre vaut aujourd'hui pratiquement cent fois le prix que je l'ai payée ce jour-là. Le Carré d'art de Nîmes, qui en est propriétaire, a fait une bonne affaire, mais ce n'est pas ce qui me frappe le plus. Damien Hirst aurait pu se dire : "J'ai le contact avec cet acheteur, je vais lui vendre quelque chose, je ne vais pas en faire profiter les autres." »

Autre anecdote : le grand conservateur hollandais aujourd'hui disparu, Eddy de Wilde, rend visite à Willem De Kooning, à New York, dans les années 1960. Quand il sort de l'atelier, De Kooning le rappelle et lui dit : « Je pense que tu devrais aller voir deux jeunes artistes qui me paraissent intéressants. Ils s'appellent Jasper Johns et Robert Rauschenberg. » Eddy de Wilde achètera à Rauschenberg un *combine painting* rouge de sa grande époque. Le tableau, qui a été exposé récemment au Centre Pompidou, est aujourd'hui inestimable.

Pareilles aventures ne risquent guère de se produire en France, où les artistes connus se posent en rivaux les uns des autres, jusqu'à étaler leurs dissensions par articles de presse interposés. Or la première étape de la notoriété pour un artiste, c'est d'être reconnu par ses pairs. Un artiste, même s'il vit mal, même s'il ne vend pas, a toutes les chances d'inscrire son œuvre dans la durée si son talent est apprécié par les artistes de son temps, à défaut de l'être par le grand public. La solitude des artistes français d'aujourd'hui les affaiblit.

Pourquoi les galeries françaises ne jouent-elles pas le même rôle que leurs homologues anglaises ou allemandes pour faire connaître leurs artistes nationaux hors de France et sur le marché international ?

La première raison tient sans doute à leur taille : elles sont trop petites pour atteindre l'assise financière qui leur permettrait de rivaliser avec des galeries américaines ou anglaises qui, elles, se situent d'emblée à un niveau international. Deuxième raison, leur nombre : on compte plus de quatre cents galeries d'art en France, se disputant une clientèle relativement restreinte et plus réticente qu'ailleurs à investir dans l'art. « Une des faiblesses du marché français tient au trop grand nombre d'opérateurs, galeristes ou agents d'art, sans qu'il existe parmi eux, comme aux États-Unis, en Grande-Bretagne et en Allemagne, des agents prescripteurs suffisamment puissants pour exercer, internationalement, un pouvoir de marché[1] », regrette l'universitaire Raymonde Moulin.

Manque de capitaux ou frilosité ? Les deux. Nous sommes un pays vieillissant, et ces propos de l'un des plus prestigieux galeristes parisiens l'illustrent bien : « J'ai fait ma carrière à Paris, mes affaires ont toujours très bien marché, ce n'est pas à mon âge que je vais les transporter de l'autre côté de l'Atlantique. Mon fils le fera, s'il le veut. » L'ennui, c'est que son fils est encore au lycée. Pendant ce temps, les principales galeries anglaises et allemandes s'internationalisent. Conséquence : à la foire de Bâle, le nombre de galeries françaises retenues par le comité d'organisation est passé de 33 en 2000 à 24 en 2006 – pour finalement remonter à 26 en 2009. « Des

---

1. Citée *in* Alain Quemin, *L'Art contemporain international*, *op. cit.*

galeries françaises fournissent d'énormes efforts pour monter de bons stands à Bâle, expliquait Samuel Keller en 2000, alors qu'il était directeur de la foire. Mais d'autres manquent encore de professionnalisme et d'expérience pour présenter leurs programmes à un niveau international. Même si les artistes sont intéressants, le comité constate que certains dossiers n'ont pas été bien préparés[1]. »

De plus, la plupart des artistes proposés à la vente dans leurs stands n'étaient pas français. Nouveau cercle vicieux : les galeries françaises manquent de confiance dans les artistes hexagonaux parce qu'ils se vendent à des prix inférieurs à ceux de leurs collègues anglais ou allemands ; les artistes hexagonaux, quant à eux, préfèrent se tourner vers des galeries étrangères, disposant de meilleurs réseaux de vente, lorsqu'ils atteignent une certaine cote ou une bonne notoriété. Et, pour les artistes étrangers connus, une galerie française est avant tout un maillon dans une chaîne commerciale, très rarement un représentant exclusif.

Les acteurs traditionnels du monde de l'art en France se montrent réticents à entrer dans un univers mondialisé, qui brutalise leurs habitudes et aussi leurs convictions. Il ne s'agit plus de découvrir le monde, mais de s'y adapter.

Christian Boltanski explique : « La situation a beaucoup évolué, car le monde de l'art a changé de dimensions. Avant, un galeriste comme Yvon Lambert, par exemple, avait une dizaine d'artistes et trente ou quarante collectionneurs qu'il connaissait bien. Il s'enfermait avec l'un d'eux dans son bureau pendant une heure ou deux, il

---

1. *Le Journal des arts*, juin 2000.

lui montrait des toiles, lui parlait des artistes et lui vendait presque toujours quelque chose. Alors que, maintenant, ce côté "relation amicale et parole" a disparu. On n'est plus une famille, on vend dans des foires ou à des inconnus sur Internet. Donc il n'y a plus cette intimité d'un petit milieu artistique de collectionneurs et de critiques réunis autour d'un artiste.

« La grande différence, aujourd'hui, c'est le nombre. Quand j'étais jeune, on était très peu nombreux à s'intéresser à l'art contemporain. Il y avait Sonnabend ou Lambert. On se retrouvait aux vernissages de Bruce Nauman ou de Ryman : on était dix ! On se connaissait tous. Maintenant le cercle s'est considérablement élargi, il y a beaucoup de jeunes artistes, le secteur est tout à fait mondialisé. On est passés d'une époque où les gens importants étaient les critiques et les conservateurs de musée, avec des passages obligés qui étaient la Documenta de Kassel ou la Biennale de Venise, à une époque où le pouvoir est entre les mains des fondations privées et des maisons de ventes. Alors qu'autrefois c'étaient les milieux intellectuels qui faisaient la cote d'un artiste, on en est arrivés actuellement à des manipulations purement monétaires. »

Le manque d'appétence des Français pour le commerce n'y est peut-être pas pour rien. Leo Castelli racontait : « Je ne comprends pas les galeristes français : ils ne font jamais de *deal* "donnant-donnant". Ils me proposent d'exposer chez eux, en France, des artistes de chez moi. Mais ils ne demandent pas de réciprocité pour eux, à savoir que j'expose leurs artistes – français ou non – dans ma galerie de New York. C'est surprenant... »

Mais la première et la principale raison de la torpeur du commerce de l'art en France, c'est que, dans notre pays, marché et culture ne font pas bon ménage, pour ne pas dire que ces notions sont antinomiques. La France n'a jamais voulu traiter la culture comme une marchandise ordinaire. Elle défend bec et ongles l'« exception culturelle ». La notion anglo-saxonne de *trade* – au sens littéral de « commerce » – est mal perçue par une large partie de l'opinion française, alors qu'elle sous-tend toute l'activité et toute la pensée de la plupart des pays actifs sur le marché international. Le jeu de la libre concurrence, de l'offre et de la demande, et tout ce qui se rapporte à ce que l'on désigne en général comme les « lois du marché » sont regardés chez nous avec suspicion. Comme le vecteur du néolibéralisme, en tout cas d'une idéologie du court terme qui ne s'intéresse qu'au quantitatif. Et qui générerait toutes sortes de contraintes sociales assimilables, selon certains sociologues, à une « servitude volontaire ».

Ce sentiment est largement partagé par le monde artistique, qui refuse que l'argent soit le thermomètre du succès et, pis encore, celui du talent. Ils sont sur ce plan en rupture évidente avec le monde anglo-saxon, pour lequel la cote marchande d'un artiste est le premier critère de jugement.

L'art comme enjeu du développement économique

De nombreuses initiatives sont prises aujourd'hui pour répondre à ceux qui se plaignent que les artistes français ne sont pas assez soutenus. Une manifestation appelée « La force de l'art[1] » se tient désormais tous les trois ans

---

1. La manifestation « La force de l'art » a été initiée par Dominique de Villepin, Premier ministre de 2005 à 2007 et collectionneur d'art contemporain.

au Grand Palais. La première édition avait mis sous les projecteurs quatre-vingt-dix artistes français ou vivant en France. La deuxième a frisé la caricature de ce qui est reproché au système français. On s'attendait à voir des œuvres proposées par les artistes eux-mêmes et initiées par eux. Tout au contraire, trois commissaires d'exposition se sont adressés à un petit nombre d'artistes, qu'ils avaient choisis, pour leur demander de créer une œuvre spécialement destinée à cette exposition, voire conçue *ex nihilo* pour l'occasion. Résultat peu convaincant, puisque plusieurs d'entre eux n'ont fait que répondre à une commande publique avantageuse, qui ne semblait pas les avoir particulièrement inspirés. Mais leurs galeries, toujours en mal de financement, les avaient évidemment poussés à accepter.

Pour promouvoir les artistes français confirmés, il a aussi été décidé d'aménager un nouveau lieu d'exposition dans les sous-sols du Palais de Tokyo.

C'est sur ce type d'opérations qu'intervient la question cruciale des choix. Qui sera retenu, qui sera écarté ? Qui est habilité à décider ? Quels sont les critères de jugement ?

Les pétitions qui ont été lancées pour réclamer une meilleure place et une meilleure défense pour les artistes français sont parfois ambiguës : certains, groupés autour de la Maison des artistes, demandent un statut d'intermittents comparable à celui dont bénéficient les gens du spectacle. Fonctionnariser les artistes, est-ce une solution, et comment la mettre en œuvre ?

Les positions sont toujours aussi tranchées et les tensions aussi vives entre les parties prenantes aux décisions sur ces dossiers. L'enjeu pour les années à venir est de donner sa véritable dimension économique à ce champ culturel aux potentialités immenses. Des pressions s'exercent pour que le secteur de la culture s'ouvre davantage au financement privé selon le modèle américain, où des fondations privées s'articulent avec le service public. Beau sujet de débat, qui n'a pas manqué de faire ressurgir, à longueur d'articles et de chroniques dans la presse, les divergences qui s'expriment depuis plus d'un demi-siècle à propos de la part et des responsabilités qui incombent à l'État dans la gestion et la promotion de la culture. Nous pourrions dire : « Rien de nouveau ! » Sauf que, pour cause de crise économique, il y a une accélération du chantier de la réforme de l'État afin de rendre l'administration plus efficace et plus économe.

Et si, tout simplement, le changement venait non plus de l'État centralisateur, mais des régions ? Certaines d'entre elles ont entamé leur révolution, inspirées par l'exemple de villes étrangères comme Bilbao en Espagne ou Liverpool en Angleterre, qui ont reconverti leurs activités autour de pôles culturels. Ainsi, le musée Guggenheim, au Pays basque espagnol, a transformé l'économie d'une région industrielle sinistrée. Quelques grandes métropoles régionales françaises – Lyon, Toulouse, Nantes, Lille, Bordeaux… – voient désormais l'art contemporain et la culture comme des stimulants économiques et des instruments de résistance à la crise. Parfois même, le public et le privé s'entendent pour jouer le jeu d'une certaine complicité.

Fin 2009, à Lyon, sur le quai de la Saône – où se construit le nouveau quartier de la Confluence –, la Xe Biennale a été installée dans le bâtiment industriel La Sucrière, qui fait face à la Docks Art Fair – un espace où les galeries représentaient leurs artistes. Dans le centre-ville, une vingtaine de lieux – boutiques de mode et de décoration, hôtels, restaurants – présentaient dans leurs

« Arty Vitrines » les œuvres de trente-cinq créateurs pendant toute la durée de la biennale. Lyon semblait tout entier mobilisé pour l'art contemporain. « Je suis persuadé que la poussée de l'art est liée à l'expansion des villes[1] », affirmait son maire Gérard Collomb. La ville et la communauté de communes avaient accueilli deux délégations chinoises, l'une culturelle et l'autre économique, venues constater l'implication des élus dans le développement du « tourisme de l'intelligence ».

Parfois le changement passe par les responsables de collectivités locales, parfois par des associations de mécènes industriels. À Marseille, ce sont trente PDG de la Chambre de commerce et d'industrie qui ont fondé l'association Mécènes du Sud. L'enjeu est de donner une dimension économique au champ culturel. Les industries culturelles ne créent-elles pas des emplois, alors que le secteur automobile en supprime tous les jours ?

Un colloque organisé à Avignon en octobre 2009 a réuni trois cents décideurs privés et publics de toutes nationalités pour réfléchir aux « stratégies culturelles pour un nouveau monde ». Les intervenants ont souligné la « valeur monétaire énorme » que représentent les industries culturelles, à l'heure où ceux qui sont prêts à les consommer sont « tous reliés les uns aux autres par deux milliards d'ordinateurs, trois milliards de téléphones et trois milliards de télévisions[2] ». Quelle place la France va-t-elle occuper dans ce dispositif planétaire ?

---

1. Interview de Gérard Collomb par Michel Guerrin, *Le Monde*, 16 septembre 2009.
2. Florence Evin, « À Avignon, stratégies culturelles pour temps de crise », *Le Monde*, 22 novembre 2009.

« Si nous voulons rester la première destination touristique au monde, cela suppose une stratégie de valorisation pour exporter nos talents », affirmait l'ancien ministre de la Culture, Renaud Donnedieu de Vabres, en mars 2009 lors d'un dîner-débat avec Marin Karmitz organisé par *Le Figaro* à l'occasion du cinquantenaire du ministère de la Culture.

Valoriser. Le mot est lâché, et la porte est entrouverte : l'entreprise privée est invitée à faire son entrée dans le monde clos de la culture, jusqu'ici terrain de jeu réservé aux clercs de l'État. « Il reste beaucoup à faire pour dynamiser le marché de l'art français, notamment pour ce qui concerne les collections privées. C'est un enjeu très important », admet Martin Béthenod, commissaire général de la Fiac et auteur d'un rapport sur le sujet commandé par le ministère de la Culture. Pour Olivier Kaeppelin, encore délégué aux arts plastiques de ce même ministère à la fin de 2009, les solutions ne peuvent pas être seulement techniques : « Pour être plus présents à l'étranger, il faut d'abord que la scène artistique française se fasse remarquer par son dynamisme, sa vitalité créative et sa confiance en elle-même. C'est ce à quoi nous travaillons tous, que nous appartenions au secteur public ou au secteur privé. Pour que les autres nous aiment, il faut d'abord s'aimer soi-même[1]. »

---

1. *Culture Communication*, octobre 2009.

Nicolas Bourriaud : « L'"altermodernité" : l'errance, le nomadisme des formes et des idées dans un monde globalisé »

Critique d'art, écrivain et commissaire d'exposition, Nicolas Bourriaud est l'un des théoriciens les plus représentatifs d'une jeune génération qui s'est investie dans l'art contemporain. Il découvre sa vocation de « passeur » en lisant le texte du critique Pierre Restany[1] dans le catalogue du peintre Yves Klein, dont on exposait les œuvres. Il a 17 ans. La carrière de conservateur de musée ne le tente pas ; après sa licence d'histoire de l'art et une formation de médiateur culturel, le jeune homme rapide et curieux, qui veut « comprendre [son] époque à travers les formes produites par l'art », va s'occuper des artistes de sa génération. Souvent hors des frontières françaises En 1990, à 25 ans, il montre à la Biennale de Venise le travail de Dominique Gonzalez-Foerster, Fabrice Hyber, Philippe Parreno, Pierre Huyghe... « Des artistes que j'ai contribué à lancer, dit-il, que j'ai suivis, qui ont récemment exposé à New York, au Guggenheim. D'emblée, j'ai su que ma carrière ne serait pas française. »
Nicolas Bourriaud a été le cofondateur, avec Jérôme Sans, du Palais de Tokyo, qu'ils ont dirigé ensemble de 2000 à 2006. Il a également été le cofondateur des revues *Documents sur l'art* (1992-2000) et *Perpendiculaire* (1995-1998). En 2007, il est appelé à la Tate Bri-

---

1. Pierre Restany (1930-2003) est l'un des plus importants critiques de la seconde moitié du XXᵉ siècle. Sa rencontre avec Yves Klein l'a conduit à défendre un art capable d'exprimer les bouleversements de la société de l'après-guerre.

tain de Londres, la plus grande institution muséale de Grande-Bretagne, pour concevoir et mettre en place une exposition triennale, dont la quatrième édition a eu lieu en 2009. Il l'a baptisée « Altermodern ». Son ambition est de démontrer que le modernisme et le postmodernisme sont dépassés et que nous expérimentons l'émergence d'une modernité globalisée, qu'il appelle l'« altermodernité ». L'exposition a pour but de refléter les premières étapes d'un mouvement artistique très contemporain, en train de naître.

Comment vous êtes-vous positionné dès le départ avec un profil international ?

NICOLAS BOURRIAUD – Dès le milieu des années 1980, il était clair que la France avait perdu sa position dominante et que le défi consisterait pour moi non seulement à porter la création française internationalement, mais surtout à opérer moi-même à un niveau international. En 1989, il y avait eu l'exposition organisée par Jean-Hubert Martin, « Les Magiciens de la Terre ». Une exposition historique, qui marquait le début d'une nouvelle époque. C'est la dernière exposition organisée en France qui ait suscité un débat mondial, et il y a maintenant un avant et un après cet événement. Elle obligeait à remettre en question le jugement porté sur les œuvres au regard d'une évolution historique de l'art, conçue en fonction de la chronologie occidentale, de l'histoire de l'art vue et connue par les Occidentaux. L'idée commençait à s'imposer que, pour juger d'œuvres produites par des artistes de pays dits « périphériques », il fallait se placer dans le contexte dans lequel ils évoluaient, et non plus les évaluer selon des critères devenus « européocentristes ». Cela impliquait de se démarquer, finalement, de tout récit chronologique. Mais on est encore très fortement tributaire des réflexes anciens. Dans le relativisme culturel absolu qu'on est en train de vivre, la question centrale est : « Qu'est-ce qui va me permettre, à moi, mâle, blanc, occidental, hétérosexuel, de juger l'œuvre d'une femme noire, africaine, lesbienne ? » C'est le grand dilemme du postmodernisme : le relativisme qu'il présuppose. Si ce n'est plus en fonction de l'histoire de l'art telle que nous la connaissons, telle qu'elle nous est enseignée, en fonction de quoi va-t-on juger les œuvres ? Quels critères retenir pour les évaluer ? Va-t-on les analyser dans leur contexte particulier, ou les rapporter au schéma historique que nous, Occidentaux, avons élaboré ?

C'est là un des effets de la mondialisation. Elle a apporté avec elle une « aporie » : un questionnement radical du jugement esthétique tel que nous l'avons pratiqué pendant des siècles. Il faut désormais réinventer un jeu de critères, un modèle d'appréciation des œuvres qui nous sont proposées. Moi, c'est ça qui me passionne.

Les pays anglo-saxons sont dans une approche plus multiculturelle que nous. Mais ils pratiquent une autre forme d'exclusion : ils « ghettoïsent » les formes artistiques dites « périphériques » en Occident, ou bien fétichisent la culture de l'autre en la folklorisant, tout en faisant mine de la « respecter ».

En France, on est encore trop souvent dans un déni de l'autre, un refus de la culture de la différence au nom d'un universalisme dont les fondements sont de plus en plus discutables. Aucun de ces deux modèles ne me satisfait.

Ma recherche personnelle tourne autour de la nécessité actuelle de réinventer une modernité. J'emploie le mot « altermodernité ». J'entends par là un dialogue possible entre la culture d'un artiste bantou, ou lao, et une culture « informée » par la mondialisation. À la condition expresse que les cultures traditionnelles bantoue ou lao en question ne soient pas préservées dans des particularismes auxquels on ne pourrait pas toucher. Ça me paraît la tâche essentielle des années à venir, de notre « altermodernité ».

Vous considérez-vous comme atypique ?

NB – Un petit peu. Je travaille dans le monde anglo-saxon, où le modèle dominant est le multiculturalisme, et je suis effectivement atypique par rapport à ce modèle.

Le marché de l'art aujourd'hui demande à un artiste camerounais, mexicain ou indien d'exprimer sa petite différence : on oscille entre une demande implicite d'exotisme et une demande d'altérité. Pour moi, il y a là encore une forme insidieuse de colonialisme. Pourquoi demande-t-on à un Africain de montrer qu'il est africain, alors qu'on ne le demande pas à un artiste français ou américain ? C'est ça, l'hypocrisie du modèle multiculturaliste. Sa sempiternelle question est « d'où viens-tu ? », tandis que le moderne demande « où allons-nous ? »…

Qu'avez-vous montré à la Tate Britain dans votre exposition triennale de 2009 ?

NB – L'exposition, qui s'appelait « Altermodern », a posé le problème d'un éventuel dépassement du post-moderne au profit de la constitution d'une *modernité* d'aujourd'hui. Pour moi, elle ne peut être qu'*alter*, c'est-à-dire une modernité nécessairement « informée ». Je veux dire influencée par cette situation tout à fait nouvelle qu'est la mondialisation et par l'archipel des luttes spécifiques qui s'opposent à l'uniformité qu'elle génère.

La mondialisation ne touche pas seulement le marché de l'art, mais aussi la production de l'art. Comment répondre à ce nouveau défi ?

NB – Pour moi, c'est inclus dans la globalisation. Je ne sais pas s'il faut isoler la production de ce processus. La meilleure manière de répondre à ça, c'est de poser le problème de la singularité. Pourquoi est-ce qu'un artiste nous intéresse, pourquoi est-ce qu'il nous bouleverse ? À cause de sa singularité ! L'artiste véritable propose un point de vue, un angle inédits, et non pas la répétition de ce que nous savons. Je crois que c'est l'absolue singularité du travail d'un individu, son irrédentisme individuel ou collectif, qui fait le prix d'une œuvre d'art. Effectivement, la globalisation est une machine de standardisation. Et cette standardisation, paradoxalement, opère souvent par la valorisation de cette petite singularité qui s'appelle le typique, ou l'exotique, en un mot le folklore. Finalement, l'exotique est devenu inséparable de la globalisation. Or un artiste véritable semblera atypique, *résistant*, dans n'importe quel contexte, y compris celui qui l'a vu naître.

Cela implique une recherche très approfondie des artistes et des œuvres, partout dans le monde...

NB – Absolument. Mais ce qui change par rapport au mythe dix-neuviémiste de l'artiste isolé dans sa mansarde, c'est qu'aujourd'hui il y a une immédiateté des moyens de communication. Conséquence : il est quasiment impossible qu'un artiste qui a envie de se faire entendre passe totalement inaperçu. On peut dire tout ce qu'on veut, je pense que le mythe de l'« artiste incompris » est devenu obsolète et ne correspond plus à la réalité actuelle. Tout un chacun peut se connecter au monde entier par Internet et dispose des moyens de se faire connaître. Donc le problème n'est pas tant de se livrer à une sorte d'exploration mondiale, à la recherche de l'artiste inconnu, que de ne pas se tromper, de bien savoir qui on va voir et pourquoi. Le plus difficile n'est pas de trouver les artistes, mais de les évaluer et de projeter leur problématique dans le temps. J'ai beaucoup travaillé avec des artistes thaïlandais, dont certains sont maintenant très connus. Il y a une vraie réflexion sur la façon dont leur culture de base, qui est le bouddhisme, permet d'envisager autrement l'art et la manière de le produire. C'est ça qui m'intéresse. Ce sont des gens qui utilisent le prisme du bouddhisme pour regarder l'art conceptuel, par exemple. Ils opèrent la jonction entre des mondes qui sont très différents. C'est cela qui me paraît être la culture d'aujourd'hui. Ce sont des artistes que je qualifie de *sémionautes*, c'est-à-dire des navigateurs parmi les signes. Ils sont capables de relier des signes, des formes, des images très éloignés les uns des autres et de les réorganiser en une forme fulgurante, qui est en fait le fruit d'un patient cheminement.

Faisons un petit retour en arrière. Vous n'avez pas le diplôme-sésame de conservateur et vous codirigiez, avant d'aller à Londres, l'institution parisienne de la modernité, c'est-à-dire le Palais de Tokyo. Comment avez-vous réussi ?

NB – Avec Jérôme Sans, qui a été codirecteur du Palais de Tokyo avec moi, nous avions envie de créer un lieu à Paris. On en a parlé à Guy Amsellem, le délégué aux arts plastiques de l'époque, qui nous a dit qu'allait s'ouvrir un appel à candidatures pour la direction du Palais de Tokyo. Concours que nous avons remporté. Catherine Trautmann a assigné aux directeurs du Palais de Tokyo la tâche de fonder l'institution et d'en définir les objectifs. Cela a fait grincer des dents parce que nous ne sommes pas du sérail. Ni Jérôme ni moi, en effet, ne sommes conservateurs des musées nationaux, ce qui est en principe le passage obligé de tous les responsables de musée français. Cette rigidité est un drame national. C'est terrifiant. Nicholas Serota, l'actuel directeur de la Tate, a commencé sa carrière au service éducation de l'institution qu'il dirige aujourd'hui... Ce n'est pas un « conservateur » diplômé ; pourtant, le bilan de son action me semble bien plus indiscutable que celui de l'action de beaucoup de Français drapés dans leurs titres, mais qui n'ont jamais rien prouvé. Bref, je suis pour que la notion de mérite républicain ne s'arrête pas à la porte des universités.

Vous êtes cependant resté six ans au Palais de Tokyo...

NB – Oui, parce que c'était un modèle de centre d'art qui n'existait pas en France. Il ne correspondait pas aux modèles existants, par le fait d'être ouvert jusqu'à minuit, par le rythme et la flexibilité des expositions, par notre souci d'avoir des médiateurs au service du public, par l'importance qu'on donnait au restaurant et aux boutiques dans le dispositif – afin, précisément, que les gens viennent le soir –, bref, une philosophie et une muséographie en rupture avec la conception et la pratique qu'ont les Français d'une institution muséale.

Ensuite, nous avons organisé nous-mêmes, avec la direction aux arts plastiques, le recrutement de notre successeur. Cela s'est fait d'une manière que j'espère exemplaire, avec un appel à candidatures international.

Avez-vous reçu par la suite des propositions de travail en France ?

NB – Dans la foulée, Bertrand Delanoë et Christophe Girard nous ont demandé d'organiser la Nuit blanche 2006 à Paris. Puis, l'un comme l'autre, nous n'avons eu que des propositions venant de l'étranger. Nous étions un peu vexés, car notre bilan était extrêmement honorable : en quatre ans, nous avions monté le centre d'art le plus visité d'Europe (hors musées, en tant que centre d'art ne possédant pas de collection permanente, mais organisant des expositions temporaires) et établi sa notoriété internationale à partir de zéro. Nous avions affirmé un modèle économique : puisque la subvention de l'État ne couvrait que 70 % des frais fixes, il nous avait fallu trouver nous-mêmes de l'argent privé avant de planter le premier clou de la première exposition. Et on l'avait trouvé… À notre départ, notre successeur disposait par avance d'une somme de 400 000 euros de recettes propres. Nous étions fiers d'avoir réussi en quelques années à mettre au point un modèle de fonctionnement pérenne pour le Palais de Tokyo, à en faire un lieu internationalement reconnu, et nous nous attendions à ce que cette réussite nous vaille des propositions françaises. Finalement, passionné par le fait d'inventer des outils nouveaux, j'ai monté un centre d'art à Kiev, en Ukraine, la Fondation Victor Pinchuk. J'étais responsable de la constitution de la collection, de la définition des objectifs et du pilotage de l'aménagement d'un lieu dans le centre de la ville, pour lequel j'ai proposé un architecte français, Philippe Chiamba-

retta[1]. Ensuite, quand j'ai été engagé par la Tate
Modern à Londres, j'ai passé la main. Ce que j'ai
retrouvé à la Tate, c'est mon « cœur de métier ». C'est
ça qui m'intéresse : alterner les fonctions. Mon prochain boulot, j'aimerais bien que ce soit plutôt un travail sur un ensemble, sur la construction d'une situation
dont je puisse maîtriser tous les aspects. Aujourd'hui,
par exemple, l'école d'art me semble être une idée à
réinventer.

**Philippe de Montebello, l'ancien patron du Metropolitan
Museum of Art de New York, nous disait que son travail
avait beaucoup changé en trente ans, que la partie admi-
nistrative et financière était devenue très pesante...**

NB – Je suis d'accord avec lui. Mais, en France, on pose
très mal le problème. Certains clament que les musées
doivent être dirigés par des commerciaux ou des gestion-
naires profil HEC. Les autres tiennent le discours classique français sur la prééminence du « corps des
conservateurs ». En vérité, il est possible que la direction
d'une institution artistique du XXIe siècle ne relève ni de
ce profil ni de l'autre... Il vaut mieux, en tout cas, que
l'artistique soit à la tête des institutions et que l'inten-
dance suive. Un pur gestionnaire sera *a priori* incapable
de cette intuition qui permet un positionnement fin sur la
scène artistique internationale, et il n'aura pas les
réseaux internationaux indispensables à son développement. Deux impératifs absolus, avant même que se
posent la question de la rencontre entre le monde des
créateurs et celui des financiers, et celle de la pérennisa-
tion d'un lieu. Pour le dire vite, des gens issus du monde

---

1. En 2008, Nicolas Bourriaud a lancé la revue *Stream* avec
l'architecte Philippe Chiambaretta et l'éditeur Christophe Le Gac.

de l'art me paraissent mieux profilés pour ça, à condition d'avoir des aptitudes au management : d'abord parce qu'ils ont les connexions nécessaires, et des idées souvent plus originales ; ensuite parce qu'il s'agit de se différencier promptement dans un univers très compétitif. On l'oublie trop fréquemment : l'objectif premier est de produire du sens, qui est un vrai capital. On ne dirige pas un musée comme on dirige Eurodisney.

Est-ce que vous pensez que l'art contemporain doit apporter un moment de joie à ceux qui découvrent des choses auxquelles ils n'avaient pas pensé ?

NB – Je dirais que ce que doit apporter l'art, pas seulement contemporain, c'est de l'intensité. Cette intensité-là peut s'exprimer de manières différentes, des sentiments joyeux comme tristes, peu importe. Elle nous incite à renouveler notre relation au monde et à nous-mêmes en nous permettant, tout à coup, de chausser les lunettes de quelqu'un d'autre pour voir les choses différemment. Ce qui m'intéresse en tant que « regardeur », c'est de voir le monde à travers Rubens, Mondrian ou Mike Kelley tout autant que de voir leurs œuvres. La seule bonne définition de l'art pour moi, c'est : « une activité qui consiste à produire des relations au monde ». Les gens qui détestent l'art, surtout l'art contemporain, sont des gens qui ne veulent surtout pas être bousculés dans leurs certitudes. Parce qu'ils croient savoir d'avance comment le monde fonctionne. Or les œuvres d'art nous montrent que le monde qui nous entoure est précaire – un empilement de scénarios, un montage de formes que l'artiste se donne pour tâche de déconstruire. Quand je vois une œuvre d'art qui me passionne, je suis dans le doute productif. C'est ça, la sensation la plus fine et la plus élevée qu'on puisse ressentir.

Il y a plein de gens qui se contentent de l'excitation que procurent la nouveauté de l'art, son marché... Mais l'excitation sans l'intensité, c'est comme la jouissance sans le plaisir !

Comment voyez-vous votre parcours à long terme, quel serait le parcours idéal ?

NB – Ce serait un parcours dans lequel je n'aurais pas « cédé sur mon désir », pour employer une formule lacanienne. J'ai des ambitions à la fois dans l'écriture, dans le commissariat d'exposition et dans l'institution culturelle. Pour l'heure, je viens de sortir un nouveau livre, *Radicant*[1], un essai théorique sur la globalisation de l'art. En gros, le XXᵉ siècle a été radical, en politique, en art, dans les idées. Radical signifie « qui appartient à la racine ». L'art du XXᵉ siècle éliminait le superflu pour arriver au principe originel : le monochrome, l'objet brut, l'objet de consommation, l'abstraction, le surréalisme... Le principe originel, c'est le radicalisme. Pour moi, le XXIᵉ siècle va être *radicant*. Ce mot suit « radical » dans le dictionnaire, et il veut dire « qui fait pousser ses racines au fur et à mesure qu'il avance ». Comme le lierre : on coupe les racines originelles du lierre, et il continuera à avancer. Ce que j'ai essayé d'écrire, c'est une théorie de la globalisation en tant qu'elle nous amène à un constructivisme complet. Notre identité n'est pas uniquement dépendante de nos origines. Je suis français au départ, mais mon identité est dynamique, elle se constitue par le dialogue entre mes racines et des « sols » successifs. Ce

---

1. Nicolas Bourriaud, *The Radicant*, New York, Sternberg Press, 2009, trad. fr. *Radicant. Pour une esthétique de la globalisation*, Denoël, 2009. (Le livre a également été traduit en allemand.)

livre est effectivement une critique assez violente de la notion d'origine, au profit de l'errance, du noma-disme, à la fois des formes et des idées. La modernité est un exode, à l'opposé du postmodernisme, qui assigne l'artiste à son identité géographique ou culturelle et en déduit le sens de l'œuvre. On vit dans un monde de plus en plus mobile. Et ce qu'il m'intéresse de voir, c'est la façon dont l'art d'aujourd'hui reflète cette mobilité, et même, d'une certaine manière, l'accélère, en refusant tout ce qui s'apparente à la question de l'origine, tout ce qui est de l'ordre de l'inscription identitaire, pour aller vers une altermodernité éclatée, à l'image du monde glo-balisé qui nous entoure. *« Fuck the origins »* pourrait être un très bon slogan *(rires)*.

Remerciements

En débutant notre enquête, nous entrions dans un monde dont les acteurs ne nous étaient pas familiers et dont les règles du jeu nous restaient inconnues. Que soient remerciés tous ceux qui nous ont ouvert leurs portes, qui ont répondu sans détour à nos multiples questions, ainsi que ceux, nombreux, qui nous ont apporté aide et conseils.

Ce travail, nous n'aurions pas pu le mener à bien sans la bienveillance de nos confrères **Georgina Adam**, **Harry Bellet**, **Élisabeth Couturier**.

Sans les complicités de la réalisatrice **Marianne Lamour**, de **Marie d'Origny** et du réalisateur **Patrice du Tertre**.
Patrice nous a accompagnées à la première foire de Shanghai, Marianne nous a suivies tout au long du parcours, de Paris à New York, de Londres à Miami, de Bâle à Venise.

Nous devons aussi beaucoup à :
l'aide affectueuse du sociologue **Michel Lamberti**, qui a été essentielle pour décrypter l'évolution de l'art en Chine ;
la confiance de **Claude Durand** ;
l'exigence éditoriale de notre éditrice **Sophie de Closets** ;
la vigilance d'**Élise Roy** dans la préparation du manuscrit.

Tous ont permis qu'aboutisse cet ouvrage, qui a pour ambition de permettre aux amateurs et aux curieux de comprendre ce qui se passe au Pays des merveilles.

Table des matières

Photocomposition Nord Compo
Villeneuve-d'Ascq

Pour l'éditeur, le principe est d'utiliser des papiers composés de fibres naturelles, renouvelables, recyclables et fabriquées à partir de bois issus de forêts qui adoptent un système d'aménagement durable.

En outre, l'éditeur attend de ses fournisseurs de papier qu'ils s'inscrivent dans une démarche de certification environnementale reconnue.

Cet ouvrage a été imprimé en France par
CPI Bussière
à Saint-Amand-Montrond (Cher)
en mai 2010

35-57-2460-0/03

ISBN 978-2-213-62260-6

Dépôt légal : avril 2010.
N° d'impression : 101550/4.